KB151252

사랑 욕망 고통 전이 물질(돈)
유머농담 정신증을 분석하다

프로이트 · 라깡의
정신심리분석 사랑하기

Loving Psychoanalysis of Freud & Lacan

이
유
섭

박영
story

제1부 사랑 고통 욕망을 분석하다

제2부 사랑과 물질(돈)을 분석하다

제3부 유머농담과 웃음을 분석하다

제4부 라깡의 정신심리분석 사랑하기

제5부 정신증을 분석하다

자동차, 비행기, PC, 휴대폰, TV, 냉장고, 반도체, 인공위성 등의 첨단 기계를 만들고, 자본주의의 상행위를 하며, 물질문명의 신자유주의를 받아들인 소위 현대의 인류는 말하는 존재라는 사실을 점점 망각하는 것 같다.

그럼에도 불구하고 현 인류의 조상격인 호모 사피엔스는 십 수만 년 전부터 언어를 사용해왔다.[1] 그들은 말하기를 배움과 동시에 결국 죽을 수밖에 없는 자신을 발견한다. 이런 발견에 응답하듯이 문화 활동을 발전시키고 말하는 동물인 인간 존재의 드라마를 펼치면서 소위 인류 문명을 발명한 것이다.

호모 사피엔스는 시체를 매장하는 풍습을 갖고 있었다. 일종의 장례 의식을 치른 것이다. 이들은 죽음의 의미를 이해하고 죽음에 대한 공포를 극복하기 위해 종교의 개념도 형성하기 시작했다. 호모 사피엔스가 이처럼 언어와 문화, 종교를 꽃피우는 사이 지구 환경은 오늘날과 비슷한 모습으로 변했다. 대륙의 구분이 명확해졌고, 물이 풍부해졌다. 호모 사피엔스는 기술도 발전시켰다. 굳이 먹을 것을 찾아 이동하지 않고 정착 생활을 하면서 식량을 충분히 구할 수 있는 수준이 되었다. 특히 손재주를 발전시켜 독특한 석기도 만들어 썼다. 추상적 사고와 언어생활, 도구의 사용과 목축의 시작 등 인류가 정착 생활을 할 수

---

1) 지구상에 오늘날의 '인류'라고 이름 붙일 만한 존재가 등장한 것은 15만 년에서 25만 년 전쯤이다. 호모 사피엔스는 '지혜가 있는 사람'이라는 의미다. 호모 사피엔스는 언어를 사용하고, 수렵 활동을 하며, 동물을 길들일 줄 알았다. 언어의 사용으로 추상적인 사고도 하고 사물의 상징화가 가능했으며, 죽음과 사후 세계에까지 인간의 관념을 확장시켰다.

있는 근거가 발달하였고, 이후 인류는 부족 사회의 탄생에서 여러 문명의 발전에 이르기까지 급속도로 발달하게 된다.

각자의 문명은 고유한 말의 사용을 시작으로 점차 여러 명이 거주할 수 있는 정착 사회, 부족 사회, 집단 사회, 국가 사회 등 공동체적 삶, 사회적 유대를 발명하고 창조행위와 문화예술 생활을 작품화하면서 오늘날의 지구촌으로 놀라운 발달을 거듭해왔다.

그럼에도 불구하고 21세기 초기를 넘어선 현재, 인류는 현실적으로 더불어 산다는 공동체적 삶에 대한 생각이 무엇인지 희미해져 가고, 점점 더 많은 인구 증가가 일어나고 있고, 많은 사람들이 대도시로 모여들고 있으며, 환경 오염과 극심한 경쟁, 인종갈등, 종교 갈등, 빈부 격차, 지역 갈등, 정치 갈등, 가족 갈등 등의 각종 갈등으로 인해 행복의 약속에도 불구하고 어느 지역에선 아직도 전쟁이 멈추질 않고, 삶의 조건은 더욱 팍팍해지고, 각종 범죄가 더 늘어나고 삶이 더 경직되고 있는 것 같다.

이 모든 일은, 마치 문명의 운동이 이런 죽을 수밖에 없는 인간을 치유하기 위한 방향으로 진행되는 것 같다. 어쨌든 죽을 수밖에 없는 인간의 발견, 죽음의 발견은 인간성의 첫 걸음을 구성하게 했다. 분명 죽음을 제거하는 것은 불가능하기에 그런 의미에서 죽음의 불안은 돌이킬 수 없는 것이고, 완전히 치료할 수 없는 것일 것이다. 죽음에 직면해서, 우주의 수수께끼에 직면해서, 공동체적 삶의 어려움에 직면해서, 현대인은 그냥 순응하거나, 그 불안과 우울의 마음을 우울증후군으로 특징화하여 살거나, 그것을 잊기 위해 핑계를 대고 다른 사람 탓으로 돌리거나, 다른 것에 집착을 하며 살거나, 사후세계의 영생을 찾는 헛된 상상을 꿈꾸거나, 스스로 만든 자기 자신의 산물의 문제로 보아 스스로 치유하려는 노력 등등의 모습을 취한다.

또 다른 한편으로, 철학이나 종교, 예술, 영성에 비교하여 우월을 주장하는 자연과학적 우월주의는 인간을 본능적 대상의 종으로 추락

시켜버린다. 인간을 생물학적 본능의 존재라는 가정 하에 인간을 숫자로 계산하고 인간의 몸을 각종 기계로 검사하고 측정하며 실험하고 해부하는 등의 온갖 지식 생산을 수행한다. 그리하여 그런 과학은 인간 존재의 의미, 감정과 즐거움, 향유하는 주이상스의 존재, 말하는 존재의 언어들을 빼앗아버린다.

그래서 우리는 "나는 누구인가", "내 삶의 의미는 무얼까?", "어떻게 살아야 할까?", "세상은 쓸모없는 것이 아닐진대 그렇다면 세상은 왜 존재할까?", "나는 무엇을 원할까?" 같은 의문을 간직하며 생활한다.

현대 문명인은 컴퓨터를 모델로 기능을 수행한다. 자기 신체와 자기의 정신심리, 자기가 속해있는 사회, 지식, 과학, 문화 예술 등 이와 관련된 모든 것은 같은 언어, 같은 기계를 사용하는 프로그램 내에서의 다운로드 정보로 평가된다. 이런 행위들이 이용하는 이성적 사고는 생물－심리－사회적인 결정주의를 완전하게 찾아내는 것이다. 가령 범죄인나 성폭행, 살인사건, 건강 이상, 대형 사고나 사건이 발생하면, 인터넷을 통해 정보를 검색하여 결국 그것은 사회 제도 및 환경의 문제라거나 정치 문제라거나 가족의 실패나, 어릴 때 자란 환경의 문제 때문이라거나, 유전이라거나, 생화학적 결함이라거나, 사이코패스(반사회적 인격장애) 라거나, 정신증(조현병) 같은 인지적 장애의 실패로 일어난 사고 등으로 간주한다.

그렇게 컴퓨터 정보가 모든 것을 알려주기에, 우리가 모든 것을 컴퓨터에 의존하게 되면, 인간은 기계화되어 결국 우리는 살아있는 자기 몸, 자기 신체에서 멀어지고 무감각해지며 그것을 없애버리고, 애정 교감의 성을 없애며, 사랑과 욕망을 없애버리고, 관계의 교감도 없애고, 죄책감마저도 없애버린다. 기계에 의존하면서 내 자신의 생명력 있는 몸과 마음을 서서히 잃어버리는 현상이 침투해오는 것이다. 이른바 기계적 인간의 위험이 인류를 좀벌레처럼 좀먹어오고 있다. 우리 주위에서 아무 감성과 죄책감 없이 벌어지는 묻지마 살해, 연쇄살해, 연쇄범죄, 사이버도박, 사이버범죄, 성폭행, 종속 살해의 단면에서 우린 이런 현상을 종종 목격한다.

이런 맥락에서 우리는 우리의 고유 감정, 우리 이웃과 다르게 구별되는 나만의 감정, 나의 생각이 어디서부터 유래하는지를 검토해보지 않을 수 없을 것이다.

나의 이름은 나의 부모로부터 제공되었지만, 그것은 나보다 나의 부모와 나와 가까운 지인들이 더 오랫동안 더 많이 부른다. 나는 다른 사람들과 함께 한다. 일과 교육, 소통, 지식, 사랑, 정보, 놀이, 운동 등을 함께 나눈다. 그러나 그것들만으로 나를 위하여 나란 존재의 진실을 드러내 보이기에는 충분하지 않다. 말하자면 나는 정말 더 실재적이고 진실한 좀 더 친밀한 나의 존재, 나 자신의 진실에 관하여 아는 것에 결여되어 있다. 나는 그런 나 자신의 진실을 잘 알지 못하기에 결국 그저 스스로 알아서 살아야 한다. 이것이 바로 인간 운명의 커다란 파라독스이다. 인간은 그렇게 부족한 앎, 결핍, 결여에 의해 결정된 개인 주체이다.

프로이트가 무의식의 이름으로 발명한 것이 바로 그것이다. 실제로 말하는 사람인 우리는 누구나 다 앎의 부재, 결여에 부딪친다. 그럼에도 불구하고 우리의 나를 찾고자 하는 바람은 계속된다. 어느 누구도 개인 주체의 사고, 그 욕망을 없애지는 못한다. 바야흐로 주체는 끊임없이 앎의 결여를 채우고 싶어 한다. 그래서 교육과 공부, 종교, 신앙이 있게 되고, 미신과 터부가 있으며, 또 다른 것으로는 말실수, 실수 행위, 꿈, 환타즘(환상, 상상, 공상, 망상 등), 망각, 실수, 우연과 트라우마, 농담 등 프로이트가 '일상생활의 정신병리'로 언급한 많은 것들이 있게 된다.

여기서 우리는 하나의 아이러니를 제기한다. 무의식은 해석에 의해 드러나게 되는 어떤 앎이 아니다. 무의식은 차라리 앎의 구멍, 앎의 결여이고, 그것은 조직화된 모든 앎을 틀어지게 한다. 가령 내가 누군가 사람의 이름을 잘못 불렀다고 치자. 잘못 부르는 실수가 일어나는 그 순간에, 나는 왜 실수했는지, 무의식적으로 무슨 생각을 표현한 것인지 알지 못하고, 그런 생각을 했는지 안했는지 혼동을 일으키게 된다. 그런 어떤 미스테리에 직면한 것이다. 아차, 이름을 잘못 불렀네, 내가 왜 이름을 잘못 불렀지? 누가 이름을 잘못 부르게 했지? 이름을 잘못 부른 이유는?

결국 그냥 말실수를 덮어버리고, 억압하고, 그런 앎의 실패로 인해 우리들 각자는 알지는 못하지만 자신을 잃어버리지 않고자 하는 그 어떤 감정, 그런 자기만의 고유 감정을 찾으려는 지점, 그런 타협지점에 몰두하게 될 것이다. 그러면서 함께 살, 공생의 지점에 안주하기를 찾는다.

한편으로는 잘 받아들여야 하고 서로 잘 지내야 한다는 그럴듯한 핑계로 적응과 순응, 대중과 동일시하면서, 왕따 당하거나 소외되거나 소멸되지 않기 위하여 늘 애쓴다. 다른 편으로는 우리는 이런 자기만의 고유의 감정을 고집하고, 그것이 공동체적인 삶의 해체로 가지는 않을 것이라는 견해를 고수한다. 각자는 각자만의 진실이 있고, 각자만의 쾌감, 희열, 주이상스가 있으며, 각자만의 자유, 개성, 생김새, 유희, 욕망, 종교, 고향, 취미, 성격 등이 있다는 핑계를 대면서…

바야흐로 이런 식으로 주체는, 공동체에 자기만의 고유성의 유대를 맺는 것에 안심하면서 다소 의식적인 해결을 취하면서 스트레스 속의 불안과 고통, 증상을 벗어나려 한다. 옳건 그르건 간에 위기와 위협을 느꼈을 때, 낯선 행위들로 반응하고, 방어적 반응들을 표출하며, 화를 표출하고, 어리석고 무례한 표현들을 하지 않는 사람이 누가 있을까?

    어떤 사람은 바이러스의 감염에 대항해서 하루에도 쉴 새 없이, 셀 수 없이 손을 씻고, 어떤 이는 밤에 잠자기 전에 거의 의례처럼 셀 수 없이 방문, 창문, 현관문, 모든 문을 반복적으로 확인한다. 어떤 이는 자신의 외모 콤플렉스 때문에 사람 만나기를 회피한다. 어떤 이는 남 잘되는 꼴을 참지 못하여 배 아파하며 사사건건 시비 걸며 따진다. 또 어떤 이는 직장 일에 기분 상해 집에 와선 아내나 자녀에게 화풀이한다. 또 어떤 사람은 많은 사람들이 있는 곳, 버스나 지하철, 도서관 같은 곳에서는 어지럽고, 식은땀이 흐르고 숨이 넘어갈 듯 힘들고 두렵다고 하고, 또 어떤 이는 잠잘 때 문을 열어놓지 않으면 답답해서 못 살겠다고 그 추운 겨울에도 문을 열어놓고 자야 한다. 어떤 학생은 왕따의 상처로 학교를 가지 않으며 아무도 나의 마음을 알아주지 않는다고 하고 그것의 도피처로 게임에 빠져있다. 또 어떤 여학생은 독재적인 아버지의 폭력적 말과 쌍욕에 시달리면서 아무 대응도 못하고 참기만 하다가 급기야 심신증, 신체화 반응으로 경련을 일으키는 히스테리 경련의 아픔을 앓는다. 우리는 이런 증상들을 겪는 주체를 다음과 같이 불러본다. **'나는 고통스럽다. 그러므로 나는 존재한다'**.

    프로이트는 이런 문제들, 이런 증상들의 해결을 위해 정신심리분석 치료를 창안했다. 방식은 분석내담자가 갖고 있는 문제에 응답하고 해결되기를 바라는 간절함으로 분석내담자의 마음과 함께하는 것으로 구성한다. 그들에게 부여된 아픔들과 무거운 짐들과 고장 난 것들을 작업장에 올려놓고, 그들이 고통스러워하는 증상들의 의미와 기능을 진단하고 자문자답하며, 필요한 경우에 좀 더 나은, 최선의 좋은 삶을 위한 어떤 해결을 찾도록 돕는다. 그리하여 말하고 사랑하고 일하고 즐기는 등 삶을 살아가는 능력을 회복하고 잠재력을 발휘하도록 하는 것이다. 정신심리분석은 그런 것들을 간파하여 그것들을 무의식의 결여라는 작업장에 올려놓는다. 그것은 신이나 점쟁이, 과학, 의학 같은 것에서 해답을 찾는 것이라기보다는 분석내담자, 즉 분석수행자2) (analysant, 분석내담자, 아날리장) 스스로가 응답하며 대화로 풀어가면서 증상의 해결을 찾도록 한다.

분석 상담의 공간에서 내담자는 자신의 고통을 하소연 한다.

"나는 괴롭습니다. 직장의 적응이 너무 힘듭니다. 제가 남을 너무 의식하는 것 같습니다. 직장 상사나 남자들이 일거수일투족을 감시하는 것 같아서 그것에 신경쓰는 데 하루를 다 보냅니다. 자꾸 남과 비교하게 됩니다. 다른 여자가 나보다 더 예쁘고, 세련되고, 나은 것 같아 괴롭습니다".

"애들도 대학 다니고, 남편도 저를 매우 아끼며, 가정 형편도 그런대로 괜찮은 아주 평범한 가정인데, 몇 년 전부터 몸이 늘 좋지 않아서 집에서 앓고 있습니다. 병원에서는 아무 이상이 없다고 하는데, 관절염에라도 걸린 것처럼 온몸이 쑤시고 아픕니다. 매사에 의욕이 없고 사람 만나는 것이 두렵고 자신이 없어서 늘 집에만 있습니다. 하루하루 정말 힘듭니다".

"직장에서 일할 의욕이 없습니다. 그냥 시키는 일만 하고, 종종 실수를 저지릅니다. 남들과 어울리지 못해서 심한 소외감과 열등감에 빠

---

2) 정신심리를 분석하여 상담해주는 상담전문가를 psychanalyste(정신심리분석가)라 하고, 정신심리분석 상담을 하러 온 분석내담자를 psychanalysant(정신심리분석 수행자)이라 부른다. 프랑스어 psychanalysant의 접미사 −ant는 현재분사의 형태이다. 이것의 의미는 정신심리분석을 수행하는 사람은 분석하러 와서 현재 분석을 수행하는 분석내담자 자신이라는 의미를 함축한다. 라깡은 프랑스어 접시마(Analysant)이 시니피앙의 앙(Signifiant)과의 발음상의 같음을 강조하면서 분석내담자가 '떠오르는 생각(자유 연상)'을 말하는 것을 시니피앙이 말하는 것으로, 즉 '그거(거시기)가 말한다(Ça parle)'라고 말하면서 환자라는 개념을 버렸다. 필자는 편의상 줄여서 분석가(분석상담자)와 분석내담자(아날리장 또는 내담자)로 쓰기로 한다.

져있습니다. 남들처럼 성숙해지고 싶고, 일의 보람도 찾고, 희망도 갖고 싶습니다".

"건망증이 심해서 걱정입니다. 가끔 가스레인지에 찌개를 태우고, 휴대폰을 냉장고에 넣고는 종일 찾고, 가끔 남편한테 '왜 멍하냐!'고 핀잔도 듣습니다. 매사에 의욕이 없고 지루합니다. 아주 갑갑해 죽겠습니다".

"딸아이가 어린이집에 적응을 못해서 걱정입니다. 선생님이 말을 안 하는 건지 못하는 건지 말을 안 하고 애들과 어울리지 못하고 혼자 그냥 이상한 행동을 한다고 합니다. 좀 더 지나면 나아지겠지 했는데, 지금도 마찬가지입니다. 선생님은 자폐증상이 있는 것 같으니 병원에 가보라 말씀하십니다".

"하루하루가 괴로움의 연속입니다. 걸어 다닐 때 지나가는 사람을 어떻게 대해야 할지, 시선을 어디에 두어야 할지 신경 쓰여 가슴이 답답하고 소화도 되지 않습니다. 만약 지나가는 사람과 눈이라도 마주치면 겁이 나고 위축됩니다. 지극히 비관적인 일이든 사소한 일이든 어떤 어려운 일을 접하게 되면, 하루 종일 신경이 쓰여 그 일만 생각하고 걱정하며 괴로워합니다".

"몸이 늘 개운하지 않고, 무겁고 쑤시고 아픕니다. 다른 친구들이 그렇게 우울할 때 남편과 잠자리를 가지면 풀린다고 하는데, 저는 전혀 그렇지가 않습니다. 결혼해서 지금까지 불감증이었던 것 같습니다".

"남편은 의심이 많고 불면증에 시달립니다. 언제나 저의 통화를 엿듣습니다. 평상시에 남편은 시어머니를 극진히 위하는데, 어떨 때는 늦은 밤에 시부모가 자는 방에 들어가 시부모를 괴롭힙니다. 시어머니와 의견 충돌이 생기면 이유 불문하고 남편은 저를 학대합니다".

　이렇게 분석내담자는 분석상담자에게 저마다 자신의 아픈 고통들을 토로한다. 그 고통은 원초적 트라우마의 고통으로 이해된다. 그 어떤 내담자도 스스로 자기 문제를 해결하기에는 너무도 역부족이기에, 분석가의 현존에 실재적 비중을 부여하게 된다. 분석의 공간에서 분석내담자는 원초적으로 겪은 트라우마, 심적 상흔, 심적 상처들이자 심층적으로는 나르시시즘의 상처들을 분석가에게 전하면서 다시 그 상흔들, 아픔들을 체험한다. 그래서 분석가는 내담자의 마음과 몸의 뼛속까지 이해하기를 멈추지 말아야 한다. 그것은 신뢰의 형성이고 전이의 형성이며 사랑의 감정을 함축하는 의미를 담는다. 그렇게 정신심리분석은 사랑의 담론을 펼치게 된다.

제1부
사랑 고통 욕망을 분석하다

제1장

사랑의 아픔은 무얼까?

어떤 노래 가사대로 '총 맞은 것처럼' 가슴에 멍이 들도록 그렇게 아프게 하고, 슬픔 속에 그토록 힘들게 하는 것이 도대체 무엇일까? 프로이트는 주저 없이 사랑하는 사람(대상)의 상실이라고 답한다.

그렇다. 사랑하는 사람, 사랑하는 어머니, 아버지, 아들, 딸, 아내, 남편, 사랑하는 애인, 사랑하는 친구, 나의 이상, 목표, 돈, 권력, 자존심, 명예, 건강 등등의 갑작스런 죽음과 상실은 우리를 슬프게 하고 힘들게 하며 고통스럽게 한다. 어찌 보면 사랑 때문에, 우리들은 고통이라는 피할 수 없는 전제를 품에 안고 살고 있는지도 모른다. 노래 가사처럼 사랑하는 만큼 아프다고 말할 수 있을 것이다.

오늘날 정신분석학, 즉 정신심리분석 이론과 원리, 기술 등이 잘 소개되어 널리 알려져 있는 것이 사실이다. 꿈의 해석, 오이디푸스 콤플렉스, 무의식, 의식, 억압, 성, 리비도, 나르시시즘(자아도취애, 자기애), 욕망, 충동, 에로스, 죽음 충동, 자아, 초자아, 방어기제 등에 이르기까지 인터넷만 두드려도 이 이론들을 쉽게 접할 수 있다. 그러나 그런 일반화된 이론들과 분석적 실천을 통해 수행하는 과정은 전혀 별개의 것이며, 임상 실천을 눈에 보이는 사물처럼 이론적 도식으로 그렇게 쉽게 말할 수 있는 것은 아니다. 정신심리분석은, 분석가가 분석내담자(아날리장 analysant)와의 직접적인 대화를 통해 표출하는 아픔, 사랑의 아픔 그 고통을 토해내는 언어로 수행한다. 그 언어는 눈에 보이

듯 명시되어 있지 않은 채 감추어져 있는 무의식의 언어, 육체가 담긴 욕망의 언어를 통해 행해진다. 분석내담자는 그렇게 무의식의 언어로 자신의 근원적인 아픔, 심적 외상, 그 트라우마(traumas) 때문에 고통받고 있음을 이야기한다.

신체적 고통과는 다르게 정신심리적인 고통은 신체 조직의 훼손 없이 발생한다. 심적 고통이 발생한 동기는 신체적 상해의 장소가 아니고 사랑하는 대상과의 유대감정의 상처이다. 사랑하는 대상과 맺은 강력한 유대감, 그 애정의 갑작스런 단절의 결과로 생긴 이별의 아픔이 정신심리적인 고통을 낳는다. 이런 잔인하고 갑작스런 이별은 마음 속 깊은 곳에서 용솟음치는 소리 없는 외침, 영혼의 괴로움처럼 즉각적으로 내면의 고통을 유발한다. 가령 부모님의 죽음과 같이 사랑하는 사람과의 갑작스런 이별은 정신심리적인 체계의 항상성을 부수어버리고 마음의 균형을 잃게 하며 즐거움을 잃고 고통을 낳는다.

프로이트는 그의 글 『억제, 증상, 불안』에서 심적 고통과 불안을 구별하면서 사랑하는 대상의 상실에 관한 명제를 피력한다. 그는 그 아픔이 사랑하는 사람과의 애정적 상실에 대한 반응이라면, 불안은 이런 상실의 위협에 직면한 반응이라 했다(Freud S., 1926/1990: 99-100). 사실 아픔, 심적 고통은 사랑하는 대상의 상실감으로 인한 충격, 그 쇼킹, 그 충동에 대한 반응인 반면에 불안은 그 충격, 그 쇼킹이 몰고 올 위협에 대한 반응이라 할 수 있다. 그렇다면 예상치 못한 갑작스런 상실로 인해 충격과 고통을 준 이 대상은 과연 누구인가? 사랑의 아픔이란 무엇일까?

제2장

트라우마(Trauma)의 고통

　우선 정신심리분석적인 의미에서 고통은 심적 고통을 말하는 것으로 정신심리가 충격 받을 때의 감정, 즉 그때 자아가 의식적으로 느끼는 아픈 마음의 움직임으로 이해된다. 다른 말로 트라우마의 고통을 의미한다. 그것은 자아가 트라우마에 대항하여 방어할 때 생산되는 고통이다. 정신심리가 사랑하는 대상의 상실이라는 충격을 받게 되면 자아는 그것을 다시 찾으려고 씨름하게 되는데, 그때 자아는 의식적으로 방어적인 반응으로 그 충격의 감정, 즉 고통을 겪게 되는 것이다. 사랑하는 대상의 상실이라는 충격의 혼란이 자아에게 전해지면, 자아는 자신의 모든 정신심리적인 에너지를 동원하여 그 충격으로부터 벗어나려 하고, 또한 동시에 모든 정신심리적인 에너지를 동원하여 그 상실한 대상을 향한 정신심리적 재현, 영상(이미지)에 에너지를 집중 투여한다. 가령 세월호 침몰의 참사로 갑작스럽게 자녀를 잃은 부모들은 자녀의 죽음을 인정하지 않으려 하고 죽음과 관련된 모든 사람들, 선장이나 선원들, 선박 회사, 해양 경찰, 무능한 대통령과 정부 등을 극도로 미워하고 증오하며, 부모 자신도 자책하고 원망하며 후회하면서 살아만 있어주면 내 목숨을 다해 너를 돌보고 사랑하겠노라고 모든 고통을 토해낸다. 그렇게 자아는 자신의 모든 에너지를 그 사랑하는 죽은 대상의 정신심리적인 이미지에 집중 투여하며 죽은 대상이 살아있는 듯 몰두하게 된다.

세월호 참사나 대형 참사에서 보아 온 것처럼, 우리는 종종 사랑하는 아내나 남편, 부모님, 자녀 등 가족의 갑작스런 죽음에 직면하여 그 괴로움에 죽은 사람 사진을 모셔 놓고 살아생전의 모습들을 떠올리며 마치 산 사람과 대화하듯 홀로 울며 독백하는 모습들을 본다. 모든 에너지는 죽은 사랑하는 사람의 재현, 영상에 쇄도하고 집중하게 된다. 그렇게 죽은 대상에 모든 괴로움을 투여한 자아는 많은 에너지를 허비하여 점점 기력이 없어진다. 그러므로 고통은 기력이 없는 자아와 죽은 대상에 너무 많이 투여된 영상 사이에 존재하는 괴리감에서 기인한다고 할 수 있다.

결국 사랑하는 대상의 갑작스런 상실에 따른 충격에 대항하는 자아의 반응은 에너지의 차원에서 두 가지의 운동으로 구성된다. 하나는 그 충격을 잊으려하고 그 괴로움을 피하려는 에너지의 끝없는 투여, 즉 에너지 탈투여 운동이요, 다른 하나는 정신심리적 영상, 이미지, 그 재현으로 모든 에너지를 사랑하는 대상에 투여하는 초투여(과잉투여) 운동이다. 여기서 우리는 정신심리적인 고통이 이 두 가지 모습의 이중적 방어 과정의 결과라는 사실을 알 수 있다. 트라우마에 대항한 이 두 가지 모습의 방어 운동이 고통을 낳는다. 탈투여의 고통이 억제와 억압으로 인한 마비된 병리적 형태를 띤다면, 초투여의 고통은 가슴을 에는 아픔을 준다. 여기서 우리는 두 상태로 분리된 자아를 발견한다. 사라진 사랑하는 대상에 완전히 동일시하는 한 점에 압축되고 집착된 자아와, 탈투여하는 기력이 다한 빈약한 자아이다(Nasio, 2003: 40).

가령 너무도 사랑하는 어머니의 갑작스런 죽음으로 인한 고통에 빠진 고등학교 1학년의 소년이 있었다. 아버지가 안 계셔서 얼른 잘 자라서 불철주야 나와 가족을 위해 일하고 고생하시는 어머니를 보호하고 효도하며 행복하게 해주는 것이 꿈이었던 소년은 학교 수업 시간에 어머니의 응급함을 듣고 병원에 달려갔지만 어머니는 이미 세상을 떠난다. 병명의 진단과 수술 그리고 수술의 실패로 어머니는 아무 예고나 유언도 없이 그렇게 세상을 떠나고, 소년은 결혼한 누이와 함께 살게 되지만 소년은 어머니의 죽음을 받아들일 수 없는 고통의 나락으로 빠져든다. 한편으로 소년은 어머니의 죽음을 부정하고 살아생전에 하시던 어머니의 모습들에 동일시하면서 자아를 버리고 어머니의 살아생전의 영상, 그 재현을 자기 내부로 받아들이게 되고, 다른 한편으로 이미 돌아가신 어머니는 다시 돌아오지 않는다는 것을 알면서 자기를 지배하고 있는 어머니의 영상으로부터 벗어나려고 하는 이중의 고통을 겪고 있었던 것이다. 소년의 자아는 돌아가신 사랑하는 어머니의 영상에 매달린 사랑의 감정과 현실 속에 존재하지 않는 어머니 사이에서 괴리의 고통을 겪는 것이다. 자아는, 정신심리에 각인된 사랑하는 대상(어머니)의 영상을 지속시키려 하지만, 동시에 이 대상은 더 이상 다시는 돌아오지 않는다는 것을 안다. 그 사이에서 자아는 어찌할 수 없는 고통을 겪는다.

소년을 더욱 힘들게 하는 것은 어머니의 죽음이라기보다는 오히려 소년이 잘 알고 있듯이 다시 돌아올 수 없는 현존하지 않는 어머니인데, 어떻게 어머니를 향한 사랑을 현실에서 계속 지속시켜 가느냐는 것이다.[1] 이렇듯 사랑과 앎의 괴리가 고통을 낳는다. 사라진 존재를 다시 살게 하도록 하는 사랑과 그것은 현존할 수 없다는 생각 사이의 간극은 너무도 참을 수 없는 고통과 분열을 주기에, 소년은 어머니의 죽음을 부인하고 어머니 부재의 현실에 반항하며 결코 어머니의 죽음을 받아들이지 않게 된다. 장차 이 젊은이는 거의 미쳐서 삶의 탈선과 방황, 고독과 공황 상태에 빠지게 된다.

---

[1] 이런 맥락에서 1974년, 이어 1979년에 연속적으로 갑자기 부모를 잃은 20대 초중반의 청년 박근혜가 겪은 트라우마의 고통이 현실 속에서 아버지처럼 대통령이 되어 아버지처럼 정치하고 어머니처럼 흉내 내고 하는 등의 부모동일시를 했던 메커니즘을 이해할 수 있을 것이다.

제3장

욕구와 요청(사랑의 요구) 그리고 욕망

1) 인간 욕망의 탄생

  프로이트는 일찍이 꿈과 말실수 건망증과 같은 실수 행위, 농담 등 무의식의 형성물들은 욕망의 표현이요, 무의식적 욕망의 표현 현상임을 말했다. 우리 인간이, 어린 아기가 세상에 나오는 신화적인 순간을 생각해보자. 태어나기 전에, 아니 임신 전에, 이미 어떤 존재들이 있었다. 부모들, 조부모들, 친인척 또는 이웃들의 담론 속에서 아기들이 이미 존재해 있었다. 가령 어머니의 경우 어머니가 어릴 때, 장난감 가지고 놀던 시절에 이미 이름이 주어졌고, 할머니와 할아버지 그리고 그들의 친지들과 이웃들은 놀고 있는 딸(어머니)을 보고 무럭무럭 자라서 사랑하는 사람을 만나서 떡두꺼비 같은 아들딸 낳고 잘 살라고 수없이 말하고 상상하곤 했을 것이다. 이렇게 아이들은, 우리 인간은 태어나기 오래전부터 부모와 조부모, 친지 등 이웃 사람들의 말에 의해, 욕망에 의해 이미 인생이 탄생되는 것이다.

  아기가 막 탄생하여 외치는 울음은 포유류 동물의 울음과 다르지 않다. 울음은 욕구의 동물적인 표현이다. 이 울음은 아직 아기 자신의 의도나 생각을 갖고 있지 않다. 아직 엄마, 아빠 등 대상, 세상에 대한 지각이 없다. 태아 때는 양수 속에서 아무 생각 없이 떠 있었고, 출생 후에는 어떤 물체나 사람을 알지 못하고 생각 없이 표류하고 있는 것이다. 자기가 받는 사랑과 도움도 인식하지 못하고 느낌을 교환할 줄도 모르고 있다. 아기는 완전히 무기력한 상태에 있고, 어른의, 주위의 도움 없이는 살 수 없다(이유섭, 2012: 81).

　　그런데 이때 어떤 큰타자(A), 가령 어머니가 아기의 울음을 듣고, 아기의 그 울음에 "아가야! 배고프니… 또는 더우니… 또는 어디 아프니… 또는 엄마가 안아 줄까… 또는 엄마가 놀아줄까… 또는 엄마가 노래 불러 줄게… 또는 엎어줄까… 또는 또 찡찡대냐… 보채지 마라… 웬수 또 울어대는 구나…" 등으로 응답을 하면서 어떤 의미(signification)를 부여한다. 그러면 아기는 차츰 어머니의 응답을 알아가기 시작한다. 아기는 어머니의 말에 동일시한다. 아기는 벌써 자기 이름이 불려지고 세상 사물(가령, '영미', '길동이', '엄마', '아빠', '할머니', '형', '언니', '오빠', '누나', '쭈쭈', '맘마', '노래', 'TV', '휴대폰' 등)에 이름이 붙여지는 것에 동화한다. 아기가 자기 울음을 듣는 동시에 큰타자(가령 어머니의 말)의 응답을 받는다. 큰타자의 응답은 울음을 부름으로 변형시킨다. 울면 부른다. 울음은 아무 의미가 없기 때문에 불려지는 것, 즉 부름에 아기의 동일시가 일어난다. 여기서 우리는 부름이 울음에 앞선다는 파라독스를 발견한다. 이제 부름은 모든 요구, 요청의 전형이 된다. 그러므로 탄생에서부터 주체는 역의 형태로 큰타자로부터 주체 자신의 메시지를 받는다. 탄생에서부터 주체와 큰타자는 서로 상관관계를 맺고 있음을 알 수 있다. 이 큰타자는 아기가 탄생하기 오래전부터 고유의 언어로 말해져 왔던 것들이고, 이것들이 라깡의 시니피앙들의 보고, 프로이트의 무의식의 재현(체계)들을 형성한다.

　　아기에게 이 큰타자는 아주 막강한 힘을 가지게 되는데, 이유는 큰타자가 아기의 욕구(생리적 본능)를 채워줄 수 있어서일 뿐만 아니라, 큰타자의 응답이 모든 힘을 갖고 있다는 더 근본적인 이유 때문이다.

큰타자의 응답 없이는, 울음이 부름에로의 변형 없이는 아기는 인간 세상에 들어올 수 없고, 말하는 주체로 인간화 될 수 없으며, 단지 동물처럼 욕구(생리적 본능)의 존재로 남을 뿐이다.

우리는 어린 시절 버려져 동물로 키워진 많은 아이들의 경우를 알고 있다.

1972년 인도 어느 밀림에서 발견된 4살 샴데오의 모습은 피부가 시커멓고 손톱은 갈고리처럼 길었다. 샴데오는 양식을 사수하기 위해 짐승들과 싸워야 했고 때로는 늑대와의 소통으로 함께 사냥을 하는 모습도 보였다. 구출된 후에도 생닭을 먹고, 피를 마셨다. 재활센터로 이송되어 언어를 가르쳤지만 예스/노 정도만 알고 대부분 으르렁거렸다. 발견될 당시 신고자에 따르면 무릎과 팔꿈치에 굳은살이 가득했으며 늑대처럼 네발로 기어 다녔다고 한다. 그는 재활치료 중에도 늑대와 몸짓을 하고 대화를 할 수 있었다. 재활훈련을 통해 사회인이 되었으나 1985년 사망했다.

인도의 늑대 굴에서 발견된 야생소녀 카말라(Kamala)도 버려진 아이였다. 그 아이가 잡혀 왔을 때는 8세 정도 되었는데 늑대처럼 네발로 비호같이 빨리 뛰었고, 밤에는 눈을 반짝이면서 늑대 소리를 내었다. 그뿐만 아니라 날고기를 송곳니로 뜯어 먹었고, 고기 냄새를 멀리서도 맡았다. 학자들은 이 소녀에게 말을 가르치려고 했지만 8년 동안 겨우 50개의 단어밖에 배우지 못하고 죽었다.

1800년 겨울에 프랑스 아비롱(Aveyron) 숲에서 12살쯤 된 소년이 나타났는데, 벌거벗고 네발로 달리며 나무뿌리 등을 날것으로 먹는 이 야생 소년은 소리를 낼 수는 있었지만 언어는 없었다. 이 소년은 농아를 연구하는 박사에게 맡겨져 훈련한 결과 몇 개의 단어만 배울 수 있는 정도였다고 한다.

미국에서 제니(Genie)라는 13세 여아가 1970년 캘리포니아에서 발견되었는데, 그녀는 생후 20개월부터 작은방에 격리되어 자라왔다. 발가벗겨진 채 매일매일 작은방의 의자에 앉아 있어야 했고, 단지 손과 발만을 움직이도록 아버지에 의해 허락되었다. 간혹 밤에 덮을 수 있는 것이 주어졌지만 가지고 놀 것은 아무것도 없었다. 배가 고파 소리를 내면 아버지는 그녀를 때리고 으르렁거릴 뿐 절대 말은 걸지 않았다. 그녀가 발견되었을 때 그녀는 똑바로 설 수 없었을 뿐만 아니라 말도 할 수 없었고, 단지 흐느낄 수 있을 뿐이었다. 많은 학자들이 이 소녀에게 관심을 보였는데, 그중 언어학자 커티스(Curtiss)는 7년 동안 그녀를 대상으로 연구하였다. 이 소녀가 격리되기 전에 말을 하였다는 것으로 보아 결코 선천적으로 말을 못하는 아이로 태어난 것이 아니었음에도 말을 배우지 못하였다. 언어 훈련을 받은 후 6~7개월이 지나서 두 단어를 합쳐서 말을 하였지만 그 후의 언어 발달이 급속히 일어나지 않았다. 정상적인 아동은 두 단어를 합쳐 말을 시작한 후 폭발적인 언어의 사용이 일어나는데 제니(Genie)는 그렇지 않았다.

이와 같은 예들은 라깡의 개념으로 큰타자 없이는 인간이 인간화된 문명 사회에 들어올 수 없다는 사실을 증명하게 한다.
라깡(Jacques Lacan)은 그것을 다음과 같이 말한다.

> "이런 막강한 힘, 최고의 권력, 이 권력으로부터 능력이 탄생하는 그런 권력을 위한 유일의 시니피앙을 택한다. 우리는 그것을 유일 자질(유일성, le trait unaire)이라 하고, 주체가 그 시니피앙을 취하여 보이지 않는 증표를 충족하면서, 그 유일 자질은 자아 이상을 형성하는 최초의 동일시 상태에서 주체를 소외시킨다". (Lacan, 1966: 808)

라깡은 프로이트의 용어 '유일자질(Einzigerzug)'을 선택했다. 라깡은 그 유일자질을 S1(시니피앙 1)이라 했고, 그것에 대립되는 시니피앙을 S2(시니피앙 2)라 했다. 즉 주체는 큰타자(Autre) 안에서 최초의 권력의 표시로서 유일 시니피앙(S1)을 선취한다. 인간 주체는 선취된 큰타자의 언어의 영역에 들어옴으로써 존재의 결핍을 충족하게 되고 인간 존재로서의 정체성을 확립하게 된다. 말하자면 큰타자의 응답이 주체와 큰타자를 구성하는 것이다. 그리고 그 큰타자의 응답이 아기를 인간화시키고, 큰타자의 언어로 연결시키며, 언어로 다시 큰타자에게 전달하는 것이다. 이제 욕구의 만족을 얻기 위하여 주체는 부름들을 수정하면서 큰타자를 조절해갈 것이다. 이 부름들은 차츰 생리적인 본능만을 가진 동물들과 구별되는 분절된 요청(요구)들, 충동들로 변형되어진다.

충동(pulsion)이라는 용어는 1950년대에 요청(요구 demande)의 시니피앙을 이야기할 때 등장한다. 라깡은 충동(pulsion)을 본능(instinct)과 대립시킨다. 본능은 어떤 알 수 없는 것의 인식이라 정의하고, 충동은 주체가 어떤 인식이 없는 것의 앎이라 정의한다(Lacan, 1966: 803).

동물은 생명유지와 생명 출산을 하게 하는 아는 – 행위(savoir – faire: 행함의 앎)로 탄생한다. 아는 – 행위는 유전에 의해 전수받을 뿐이다. 반대로 인간은 조숙한 행위와 언어의 세계로의 들어옴에 의해, 이 과정을 위해 반드시 본능의 욕구(besoin)에서 요청(요구 demande)의 행위를 거쳐서 인간화 될 수 있을 뿐이다. 가령 구순애 만족을 위한 큰타자에의 요청이나 항문 충동의 만족을 위한 큰타자에의 요청, 오이디푸스적 요청, 시선의 요청, 목소리의 요청과 같은 요청들을 거쳐야 한다. 인간의 모든 문화에서는 각 문화에 따라 충동의 조숙한 교육이나 이런 충동의 만족을 조절하는 교육을 수행한다. 가령 "아무 거나 먹지 마라", "아무 때나 먹지 마라, 얌전히 먹어야지", "남을 때리지 마라", "남을 해하지 마라", "엄마가 노래 불러 줄게", "아빠가 동화책 읽어 줄게", "노래하자", "손 씻어라", "옷 잘 입어야지", "아무 때나 옷 벗지 말고 노출하지 마라", "아무 곳에나 대소변을 보지 마라" 등등…

2) 사랑의 요청(요구)과 욕망

아이의 요청에 응답하면서 큰타자(어머니)는 자기가 가진 것, 모유(우유)를 아기에게 주는 것이 아니라, 사랑을 준다. 어머니의 젖은 동물의 젖과 다른 사랑을 의미한다. 증여의 이런 최초의 형태가 아기를 위해서는 사랑의 시련이 된다. 그런 이유로 모든 요청은 사랑의 요청이고, 그 사랑은 대상을 통해 결코 완전한 만족을 채우지 못할 것이다.

요청의 사이클 안에 주체가 들어온다는 것의 의미는 울음을 부름으로 행하게 하는 응답하는 힘의 증표를 찾으려는 아기의 경향을 의미하기 때문에 그것은 최초의 동일시와 상관되어 있다. 그러므로 모든 요청은 그것이 큰타자의 작품으로 구성되어 있기 때문에 동일시를 인도한다. 큰타자의 수완에 의해서 신경증자는 전이의 공간에 들어와서 동일시라는 초벌 작품으로 생기를 얻는다(Lacan, 1966: 679). 어떤 의미에서 요청의 변증론은 분석적 치료의 공간에서 전이로 무대화하는 원리라 할 수 있다. 분석은 분석내담자가 전지전능하다고 가정된 분석가에게 자기의 아픔들, 욕망들을 요청하면서 펼쳐지는 무대 공간이다.

라깡은 『에크리(Ecrits)』에서 욕망의 탄생을 다음과 같이 말한다.

> "욕망(désir)은, 요청(demande 요구)이 욕구(besoin)에 의해 찢어진 그 잉여에서 시작된다. 부름의 요청이 큰타자의 장소에서는 무조건적으로 유일하게 수행될 수 있는 그런 요청은 만능적인 만족을 주지 못하는 욕구(우리는 이것을 불안이라 부른다)의 결핍이 가져다줄 수 있는 결여의 형태를 열면서, 잉여가 시작된다". (Lacan, 1966: 814)

큰타자와 주체의 분리가 잘 작동되기 위해서는 욕구와 요청(요구) 사이에 잘 짜여진 것이 찢어지는 그런 것, 그런 이미지가 작동되어야 한다. 욕구와 요청 사이에 어떤 결여, 잉여, 편차가 유지되어야 한다.

진실로 아기의 모든 요청에 지체 없이 완벽한 응답이 충족된다면, 아기는 말과 욕망에 어떻게 접근하는 것인지 알 수 없게 된다. 그러므로 이런 결핍, 이런 결여가 욕망을 낳는다. 또한 욕구의 절대 만족이 없는 결핍, 결여, 무(無)가 불안을 낳는 장본인이기도 하다. 그래서 욕망의 주체가 되는 그 순간부터 우리는 불안의 주체, 불안에 속한 주체가 된다. 이것이 바로 인간의 조건이다. 이제 인간 존재는 욕망으로 결여를 대신하면서 존재를 꽃피워가는 길을 가는 것이다. 욕망은 인간에게만 존재하는 현상이다. 욕망은 다양한 모습을 담고 있다. 그것은 정열적인 힘을 주고 샘솟는 원천이며 신비로운 매력의 대상이다. 그것은 인생의 심장처럼 삶의 깊이를 탐구하며 씨름한다. 세상 모두가 애용하는 '사랑한다', '좋아한다'는 말로 욕망을 에둘러 말할 수 있겠다.

3) 전이 대상과 환타즘의 기호론($◇a)

위니코트(Winnicott D.W.)는 욕구와 요청(요구) 사이의 적당한 거리를 유지하는 것을 아는 것을 멜라니 클라인(Melanie Klein)의 좋은 엄마/나쁜 엄마의 개념을 빌어 '충분히 좋은 엄마'라고 불렀다. 위니코트는 아기가 생후 첫 몇 달되는 동안 아기와 아주 밀접하게 일체가 되고, 이론적으로 아기의 욕구들을 완전하게 수용하는 엄마를 충분히 좋은 엄마라고 평가한다. 다시 말하면, 영아가 정신심리적 건강을 위해 아무런 손상 없이 조절할 수 있도록 해주는 충분히 좋은 엄마를 말한다. 이러한 엄마는 충분히 좋은 환경을 의미하고, 이것의 중요성은 향후 인간의 정신건강에 매우 지대한 영향을 미칠 것이다. 충분히 좋은 엄마는 어린 영아가 타고난 성향을 바탕으로 정신심리적이고 신체적 삶을 발달하게 한다. 충분히 좋은 엄마의 보살핌으로 아이는 존재의 연속성을 느끼게 되고, 이것을 토대로 진정한 자아를 구성하게 될 것이다.

라깡은 그것에 만족하지 않고 아버지 메타포(은유)라는 개념으로 엄마의 기분에 굴레를 씌운다. 라깡은 모성적 큰타자(엄마)의 기분에 따른 현기증을 상기하고 법에 의해 굴레를 씌울 필요성을 발견한 것이다. 아기의 현기증은, 기분에 따라 그것을 빼앗거나 강제로 먹이거나 심심풀이로 먹이거나 할 수 있는 큰타자의 막강한 권력에 관련되어 있다. 아버지 메타포, 부성적 큰타자는 아기와 엄마의 이런 관계에 해결의 중재로 등장하는데, 이것이 바로 법이다. 이유는 법과 욕망은 같은 대상이기 때문이다. 금하는 것은 욕망하는 것이다. 아버지 은유의 기능은 욕망과 법이 조화를 이루게 한다.

　　라깡은 위니코트의 충분히 좋은 엄마(good-enough mother)보다는 전이적 대상(이행적 대상 transitional object)의 개념을 주목했던 것 같다. 구순단계의 젖먹이 나르시시즘의 아기는 자기가 전능하고 자신이 욕구 대상을 창조하며 엄마와 일체라는 환상을 갖는 그런 시기를 겪은 후, 차츰 자신과 엄마는 분리되어 있으나 자신의 욕구를 만족시키려면 엄마에게 의존해야 하고, 그리고 환상이 현실과 같지 않다는 것을 발견하게 된다. 그런 이유로 아이는 엄마 상실의 불안과, 환상과 현실의 불일치에 대한 불안에 직면하여 자신의 삶을 지속하기 위하여 엄마를 대신하는 대상, 엄마의 체취를 간직한 대상, 즉 손가락, 턱받이 수건, 시트, 이불, 유사 젖꼭지, 인형 등을 자기 입으로 가져가 빨면서 엄마 젖을 대신하는 환타즘을 행한다. 위니코트는 이 대상을 전이적 대상이라 불렀다. 전이적 대상은 아이의 불안을 방어하고 안심시킨다. 이 대상은 엄마를 대신하고 엄마의 특성을 부여한다. 또한 그것은 아이의 전이 과정을 나타내 보이는데, 이것은 엄마와 하나라는 상태로부터 더 나아가 엄마와 외부의 어떤 대상들과 관계를 맺고, 분리되는 상태로의 전이 과정이다. 그것은 전지전능한 통제로부터 조절과 타협으로의 이행을 나타낸다. 결국 이런 전이적 공간은 계속 지속될 것이다.

　　라깡은 전이적 대상의 개념에서부터 환타즘(fantasme) 이론을 전개시켰고 환타즘의 기호론($ \Diamond a$)을 발견했다. 라깡의 세미나 4권『대상

관계』와 세미나 10권 『불안』에서 라깡은 모든 전이적 대상의 모태를 어머니의 젖이라 했다(Lacan, 1956: 34, 1963: 376).

젖은 아기와 엄마 둘이 함께 소유한 두 개의 젖꼭지로 받아들여진다. 그것은 엄마의 것이기도 하고, 아기의 것이기도 하다. 아기에게 젖은 자기의 것이다. 아기가 어머니 젖꼭지에서 젖을 나오게 했기 때문이고, 시기적절할 때 아기에게 젖을 제공하면서 엄마는 아기가 스스로 젖(대상)을 창조해내었다는 착각을 주었기 때문이다.

외부인식에 대한 인식이 없던 신생아가 젖을 먹거나 신체적인 보살핌을 받으면서 아기는 큰타자(엄마)라는 존재의 속성을 느끼고, 동시에 엄마를, 엄마의 젖을 자기 신체의 일부, 부분 대상으로 느낀다. 엄마의 젖과 말을 통해서 아기는 그것들을 자기 신체의 한 부분으로 지각한다. 젖(엄마)이라는 대상과의 관계를 형성하면서 아기는 인성을 형성해간다. 말하자면 아기 주체, 인간 주체는 타자와의 관계를 통해서 존재의 기초를 세운다(이유섭, 2012: 81).

시간이 경과함에 따라 젖가슴 대신 다른 대상(전이적 대상), 특히 신체의 일부분인 자기 손가락이나 엄마의 체취가 담긴 이불 담요나 턱수건, 가짜 젖꼭지, 인형 등이 구순 충동을 지속하는 실재 대상이 된다. 이 전이적 대상들은 엄마를 대체하는 환유적 대상들이다. 그리고 그것들은 환타즘(fantasme)의 구실이 된다. 이 대상들은 엄마와 아기의 연결을 구성하는 미끼의 중개물이다. 이것들은 서로에 속한 것이고, 엄마가 부재할 때 아기에게 연속적으로 머물게 하는 합접(∧)인 동시에 그것으로부터 분리하게 이접(∨)의 속성을 갖게 된다.

합접(∧)인 동시에 이접(∨)인 이런 복잡한 관계의 기호론을 라깡은 그 두 기호가 합쳐진 각인의 상징 기호 다이아몬드 마름모꼴 ◇로 표시한다. 그러므로 많은 의미로 읽혀지고 있는 환타즘의 기호식 $\mathcal{S}◇a$는 잃어버린 대상을 환상의 미끼로 분리시키는 주체의 환타즘을 의미하는 것으로 이해할 수 있다. 우리는 a를 대상 a라 부른다. 그래서 대상 a는 주체의 분리(ʒ)와 결여(잉여, ◇)를 낳게 하고, 주체는 환타즘을 통해 잃어버린 사랑하는 대상을 확인한다. 대상 a는 환타즘의 동인이고, 환타즘의 시니피앙(◇)은 그 결과적 원인이다(Lacan, 1966: 27 – 28).

이 대상 a 덕분에 어머니(큰타자)에 대한 욕망을 지탱하게 되고, 임상의 공간에서는 분석내담자가 치료를 향해가도록 한다. 그리하여 결국에 그 대상은 잃어버린 것, 사랑하는 대상의 상실이라는 그런 체득의 과정을 겪고 나서 우리는 욕망의 원인을 구축하게 된다.

제4장

사랑하는 대상과 환타즘

우리는 사랑하는 대상의 상실로 인해 그토록 고통을 겪는다면, 사랑하는 대상, 사랑하는 타자는 누구이고 무엇인지를 밝혀야 한다. 우선 사랑하는 대상, 사랑하는 존재는 정신심리적인 영역이고 이 심리영역은 구체적인 어떤 사람을 지시하는 것과 다른 것이다. 사랑하는 대상은 그 대상이 사라질 때 무너져 내린 우리 자신의 무의식, 우리 자신 내면의 미지의 부분을 의미한다. 라깡은 사랑의 미스테리인 이 부분을 '대상 a(objet a)'라 했다. 대상 a는 우리가 모르는 이 부분을 정의하기 위하여, 이 잡을 수 없는 사랑하는 타자의 현존을 정의하기 위하여, 이 사랑하는 대상이 외부 세계에서 사라졌을 때 잃어버린 이 사물(la chose, das Ding, 물), 최초의 근원적인 큰타자(Autre, 어머니)를 정의하기 위하여 그것을 '대상 a(objet petit a)'라 한 것이다(Chemama, 1993: 189–190).

가령 우리나라에 살아있는 전설의 권투선수 홍수환(2020년 현재 한국권투위원회 회장, 69세)씨가 있다. 1977년 11월 27일 파나마의 링에서 세계복싱협회(WBA) 주니어페더급 초대 타이틀을 걸고 당시 홍수환 선수와 카라스키야(당시 '지옥에서 온 악마'로 불리며 11전 11승 모두 KO로 승리를 하던 유명한 무적의 파나마 권투선수) 선수가 맞붙었다. 카라스키야는 2라운드에서만 4차례 다운을 빼앗아냈으나 홍수환은 놀라운 투지로 일어서고 또 일어섰다. 홍수환은 3라운드에서 회심의 왼손 레프트 혹 한 방으로 극적으로 전세를 뒤집고 기적과 같은 KO승을 거뒀다. 홍수환 선수의 '4전 5기' 신화가 탄생한 것이다. 당시 국민들은 홍수환 선수의 승리 소식으로 암울한 군사 독재 정권 하에서도 얼마나 신나고 좋았던지 지금도 추억이 생생하다. 바로 그 당사자인 홍수환 선수가 2018년 2월 2일 KBS TV <아침마당>에 출현했다. 사회자가, 과거에 선수로서 권투 경기하는 중 힘들었을 때, 어떻게 이겨냈느냐는 질문을 한다. 홍수환 선수는 상대편의 주먹을 맞고 쓰러진 순간 어머니 생각, 어머니의 사랑을 떠올리며 힘을 얻고 이겨냈노라고 대답했다. 그때 홍수환 선수에게 어머니는 사랑하는 대상 바로 '대상 a'가 되는 것이다.

사랑하는 대상, 대상 a가 내 안에 선택되고 내 안에서 생생하게 살아 활동하기 위해서는 외부 대상이 내 안으로 변형되는 두 단계의 과정을 겪는다. 첫 번째 단계는 우리를 매력에 빠지게 한 사람을 상상하는 것이다. 그것은 우리의 욕망을 깨우게 하고 그 욕망의 힘에 푹 빠지게 하는 대상이 된다. 그것은 홍수환 선수처럼 참고 이겨내는 힘이요, 승리를 실현할 수 있는 힘이고, 무엇인가가 근원에서 나오게 하는 힘이다. 존재를 존재하게 하는 힘이다. 점차 두 번째 단계에 이르면 그 선택된 대상에 순응하고 매달리게 되는데, 그 일은 그 대상이 우리 자신으로 체화되고 우리 자신의 일부로 될 때까지 진행된다. 조금씩 조금씩 마치 담장이 넝쿨이 담을 덮어가듯이 우리는 그 대상을 덮어갈 것이다. 우리는 그 대상을 사랑과 미움과 불안을 실은 채 다양한 겹겹의 이미지로 포장한다. 우리는 그 대상을 무의식적인 다양한 상징적 재현물로 고정시키려 한다. 나의 심리 내부에서 배태된 이 모든 담장이 넝쿨, 나와 맺어진 내 안에 살아있는 이 사랑하는 대상의 이미지와 이 모든 시니피앙의 총체는, 그리고 나의 사랑하는 대상을 향한 '환타즘(fantasme)'은 욕망의 맹렬한 힘으로 나의 정기를 불태운다. 환타즘은 인간주체의 정신심리적 현실을 표현하는 것으로 주체의 상상적 삶을 의미하고 주체 스스로가 자신의 과거 경험을 재현하는 방식을 의미한다 (이유섭, 2012: 82).

　이런 측면에서 정신심리분석적인 환타즘은 선택된 사랑하는 대상과 무의식의 주체를 용접하는 그런 의미를 부여하는 명칭이다. 무의식 안에 용접된 사랑하는 대상과 주체의 합접은 욕망의 실제적인 힘으로 생기를 불러일으키는 시니피앙들과 이미지들의 합금이다. 시니피앙과 이미지의 총체로 이루어진 그런 욕망의 솟구침으로 사랑하는 대상이 나를 자극하고, 나는 그 대상을 자극하며, 이렇게 우리를 단단히 연결시키고 결속시킨다. 그럼에도 불구하고 이 환타즘은 욕망의 맹렬한 충동을 불러일으키면서도 이 충동을 잠재우고 길들이는 기능을 한다. 환타즘은 충동을 내포하면서 또한 과도한 폭주를 피하면서 욕망이 절대적인 만족에 이르지 못하도록 방해를 한다. 그때부터 환타즘은 불만족으로 자리를 잡고 무의식 체계의 항상성에 안주한다. 다시 말해서 사랑하는 대상의 보호기능은 사랑하는 환타즘 대상의 보호기능이라 이해할 수 있다. 환타즘은 보호자라는 의미인데, 그 이유는 환타즘이 욕망의 과도한 소용돌이, 그런 충동의 카오스, 혼돈, 위기, 불안을 불러일으키는 위험으로부터 우리를 보호하기 때문이다.

　이제 사랑하는 대상은 환타즘의 형태로 우리 내부에서 생생하게 살아있게 하기 위하여 외부적 모습을 취하는 것을 멈춘다. 그리하여 우리가 가장 좋아하는 존재가 가장 불만인 존재로 된다. 이런 욕망의 불만족의 모습은 일상생활에서 사랑하는 대상에 바라는 만큼 실망하고 불만을 갖는 형태로 나타난다. 이렇게 사랑하는 대상은 사랑하는 큰타자(Autre)일 뿐만 아니라, 불평과 미움, 증오, 비난, 욕설의 큰타자도 된다. 그래서 우리는 신경증과 정신증 및 일상생활에서 가장 가까운 사랑하는 사람, 부모나 남편, 아내, 자녀에게 불평하고 짜증내며 미워하고 의심하며 욕설하는 경우를 본다. 가장 흔한 예로 사춘기 청소년의 모습에서 쉽게 발견할 수 있다. 우리는 과민하고 쉽게 짜증내고 화내며 불평하고 원망하며 도전적이고 반항적인 사춘기 청소년의 그런 모습들을 본다.

사랑하는 대상은 그렇게 이중의 모습으로 존재한다. 한편은 외부 세상에서 살아있는 개인으로 존재하고, 다른 한편으로는 상상적, 상징적, 실재적 형태를 띤 환타즘의 모습으로 존재한다. 이 후자는 욕망의 거역할 수 없는 영원한 흐름을 조절하고 무의식의 세계를 구성한다. 사랑하는 대상과 겪었던 우리 모두의 행동과 판단과 감정 등은 환타즘에 의해 결정되기 때문에 환타즘은 우리를 지배하게 된다. 우리는 그 대상의 이미지와 나 자신의 이미지 사이의 복합적인 융합, 혼융, 퓨전으로 태어난 이미지들로 짜여진 베일, 장막 속에서 그 대상을 보고, 대상의 소리를 듣고, 대상을 느끼고, 대상을 접촉할 뿐이다. 무의식의 상징적인 재현들로 엮어진 그물망이 사랑에 대한 우리의 연결을 엄격하게 제한하게 되는 것이다.

제5장

실재계·상징계·상상계의 사랑

나지오(J.-D. Nasio)가 제시한 라깡의 세 가지 차원의 측면에서 환타즘의 대상을 생각해 보자.

먼저 무의식 안에서의 사랑하는 대상, 이 타자의 실재적 현존, 실재계는 개념화하기에 가장 어려운 문제를 제기한다. 이유는 이 '실재'라는 개념을 너무도 단순히 사랑하는 실제 대상, 그 실제 인물로 상정하는 경향이 있기 때문이다. '실재(계)'적 대상으로서의 실재는 어떤 실제 인물이 아니라, 이 인물로 인해 무의식 안에서 어떤 힘을 깨우는 대상을 말한다. 이 무의식의 힘에 의해 나는 나의 존재를 존재하게 하고, 그것 없이는 내가 더 이상 내가 아닌 어떤 일관성 없는, 혼돈의 내가 될 것이다. 실재계 대상 안에서 한결같이 사는 것이고, 그 대상의 힘으로 우리 육체에 힘을 불어넣고 체험을 하게 하는 것이다. 이 실재계 대상은 어떤 상징이나 그 어떤 재현으로 그것을 의미화할 수 없는 에너지이다. 라깡의 개념에서 '실재계(le réel)'는 개념으로 명명할 수 없는 에너지이지만, 이 힘으로 대상과 주체는 각각 정신심리적 일관성을 유지하게 되고, 사랑의 공통적인 유대를 맺게 된다. 실재계 대상은 우리의 몸과 마음, 몸과 무의식을 연결해주는 거역할 수 없는 미지의 힘이다(Nasio 2003: 62).

그러므로 실재계 대상, 실재계 타자는 실제 인물이 아니라, 실제 인물에 생명을 주는 비인칭적인 순수한 심적 에너지 부분이다. 이 에너지가 나의 비인칭적인 부분과 공통적인 실재를 연결시킨다. 너에게 속하지도 않고 나에게 속하지도 않는, 우리 서로에게 속하지 않는 실재계 대상이 존재하기 위하여 우리의 신체는 욕망으로 살아 숨 쉬어야 하고 욕망의 전율을 느껴야 한다.

사랑하는 대상의 실재(계)적 상태가 나와 너라는 두 상대 간에 에너지를 연결시키고 우리의 무의식을 갖추게 하는 제 3의 힘이라면, 사랑하는 '상징계 대상'은 이 힘의 리듬, 즉 욕망의 리듬이나 율동이 될 것이다. 욕망의 힘은 맹목적이고 우둔한 충동이 아니라, 긴장의 고조와 저하를 어느 정도 조절하는 연속성 있는 율동과 구심력 운동으로 생각해야 한다. 우리들의 욕망은 독특하고 세심한 리듬에 의해 조절되는 힘이다. 태초부터 삶은 감동적인 고동치는 에너지의 시작이었기 때문에 리듬은 욕망, 즉 삶의 최초의 상징적인 표현이다(Nasio, 2003: 63).

그러므로 욕망하는 충동적인 힘이 실재계라면, 그것은 재현불가능하기 때문이다. 이 힘을 표현하는 리듬의 다양한 형태들은 상징적인 것이다. 왜냐하면 그것들은 재현할 수 있는 것이기 때문이다. 이런 이유로 우리의 무의식 안에 내재한 사랑하는 대상, 타자의 상징적인 현존은 나를 흥분시키는 그 힘과 나의 응답 사이에, 사랑하는 대상의 역할과 내가 느끼는 불만족 사이의 조화로운 화음과 리듬이라 할 수 있다. 인간 개개인의 욕망은, 개인의 감수성의 정도에 따라 많은 굴곡을 겪으면서 점진적으로 변화하기 때문에 사랑하는 대상을 나에게 꼭 맞도록 채우고 그렇게 바꿀 수 없다. 그 어떤 타자도, 나의 욕망의 리듬의 그 세세함을 똑같이 겪을 수 없기 때문에 사랑하는 대상을 내게 맞도록 바꿀 수 없다. 그래서 상징적 기능인 조화와 리듬이 필수적이다. 우리는 나와 사랑하는 대상 사이에 교환을 통한 화음을 추구하지만, 둘 사이의 만족은 완전한 일치를 이루지 못한다. 교환을 통한 만족이 있지만, 완전한 만족, 절대 만족의 측면에서는 불만족이 있다. 우리는 여기서 나의 사랑하는 대상이 내 앞에 있는 한 개인일 뿐만 아니라, 어떤 힘, 흥분시키는 욕망하는 힘이요, 또한 불만족의 대상도 된다는 것을 알 수 있다. 말하자면 사랑하는 대상은 사랑의 연결고리를 삶의 리듬 안으로 압축시킨다. 그래서 나의 무의식에 내재한 사랑하는 대상의 상징적인 현존은 나의 욕망을 조절하는 운율로 이해될 수 있다. 사랑하는 대상, 이 상징적인 타자는 욕망하는 나의 마음의 템포를 조절하는 정신심리적인 리듬이고 운율이다(Nasio 2003: 65).

프로이트적 개념의 측면에서 사랑하는 대상의 상징적 상태는 억압의 개념으로 이해할 수 있을 것이고, 라깡적 측면에서는 아버지-이름(Nom-du-père)의 시니피앙으로 고려할 수 있을 것이다. 그것은, 억압이나 아버지-이름의 시니피앙이 항상 맹목적인 충동을 조절하는 기능을 하는 것처럼 사랑하는 대상을 향한 분출하는 욕망의 힘에 수로의 역할을 하고 어떤 체계를 세우고 지휘하는 역할을 하는 것이다. 이렇게 사랑하는 상징계 대상은 우리의 욕망 결속의 지속을 방해하는 상징적 기능을 수행한다. 나에게 욕망을 심어준 주인, 사랑하는 대상은 내가 주이상스, 희열에 홀딱 반해 빠지지 못하도록 방해하는 역할을 한다. 그것은 나를 보호하고 나를 불만족하게 한다. 그러므로 상징계 대상은 억압과 아버지-이름 시니피앙의 모습이라 할 수 있다.

살아있는 생명(몸)으로서의 사랑하는 사람은 나의 욕망을 불러일으킨 원천일 뿐만 아니라, 정신심리 내부에 이미지의 형태로 투사된 영상, 실루엣이다. 사랑하는 타자의 몸은 내부화된 영상으로 이중화된다. 우리의 무의식 안에 상상적인 존재로 동일시하는 것이 바로 이 내면화된 사랑하는 대상의 영상이다. 이 이미지의 대상, 상상계 대상, 상상적 타자는 단순한 이미지이지만, 그것은 또한 나 자신의 이미지를 지속적으로 반영하고 반추하는 잘 다듬어진 이미지라는 특수성을 갖는다. 나는 선택된 내면화된 이미지의 거울에 반추하면서 나 자신의 이미지를 잡는다. 선택된 타자의 이미지가 나 자신의 거울이 되는 것이다. 나의 무의식 안에 간직한 사랑하는 대상의 영상은, 살아있는 사람으로, 생명력 있는 육화된 모습으로 지탱되고 떠받들어 진다면, 아름다운 광채를 풍길 것이고 나의 영상들을 반향 할 것이며 나의 애정감정을 자극시킬 것이다. 무의식 안에 이중화된 이런 거울상이 우리의 이런 감정들을 생산해내고 충분히 생생한 영상들로 반향 될 수 있기 위해서는 사랑하는 대상이 살아 있어야만 한다. 말하자면 이런 영상들은 사랑하는 대상의 육신의 모습, 육화된 모습에 직접 연결된 욕망의 리듬, 그 활동적인 충동 덕분에 생명력의 생기를 얻는다. 이런 욕망의 힘이 영상들에 에너지를 부여하고, 잔잔한 호수의 표면에 물결치는 파장을 불러일으키며, 우리들의 감정을 창조할 수 있게 하는 것이다. 간직된 이 영상들로부터 곧 어떤 애정 감정이 탄생한다. 가끔 우리 자신의 나르시시즘적인 사랑을 강화시키는 우리 자신에 빠지는 나르시시즘, 자아도취애의 영상을 탄생시키기도 한다. 다른 측면에서 이런 나르시시즘은 자기 자신을 기만하는 영상을 낳고, 자신의 증오를 낳기도 한다. 우리는 종종 임상을 통해 사랑하는 대상에 의존하고 복종하는 그런 영상에 빠져서 불안과 근심과 죄책감에 시달리는 사람들을 본다. 우리는 사이비 종교(교주)나 다단계, 도박, 어떤 중독에 빠져서 불안과 죄책감에 시달리는 경우들을 잘 알고 있다.

그러므로 무의식 안에 선택된 사랑하는 상상계 대상의 정신심리적인 거울영상은 거울 표면에 나타난 모습을 얘기하는 것이 아니라, 거울을 통해 타자의 영상과 나의 영상이 끊임없이 반추되고 혼융되는 작은 조각들로 파편화된 거울영상을 의미하는 것이다. 우리가 선택한 사랑하는 대상의 무의식적 영상은 조각난 거울의 영상들이고 그래서 반추된 영상들은 항상 부분적이고 끊임없이 변한다(Nasio, 2003: 67). 이 상상적 영상들은 청각, 시각, 촉각, 미각, 후각, 즉 5감각 언어의 영상들로 구성되어 있다. 또한 사랑하는 상상계 대상은 우리의 애정감정뿐만 아니라, 우리의 가치를 형성하게 한다. 우리는 선택한 사랑하는 사람에게 다양한 가치나 사고를 부여한다. 우리는 암암리에 간직한 생각을 사랑하는 대상에 부여하면서 그 대상을 우리의 손에 묶어두려 하고 그 상상적 대상에 대한 애정에 집착하게 된다. 우리는 어린 아이를 키우는 부모들에게서 그런 모습을 볼 수 있다. 1914년 논문 「나르시시즘의 소개」에서 프로이트는 부모들의 입장을 소개한다. 자녀들을 향한 부모들의 사랑은 나르시시즘의 재탄생을 의미한다. 부모들의 나르시시즘의 '재생', '부활'로 부모들은 자녀들에게 자신들이 포기했던 꿈과 소망을 투사시킨다(Freud, 1914/1968: 96). 그렇게 부모들은 종종 자기가 이루지 못한 꿈과 소망을 사랑하는 상상적 대상인 자녀들에게 투사하면서 보상받으려고 자신들의 나르시시즘, 자아도취애를 즐긴다.

❖ ❖ ❖

결국 사랑하는 대상은 우리를 살게 하고 우리의 욕망을 조절하며 우리 자신을 구성하고 조직하는 환타즘이라 말할 수 있다. 그것은 어떤 사람일뿐만 아니라, 그의 이미지와 함께 나의 영상의 거울(상상계)을 구성하고, 욕망의 힘 그 에너지(실재계)를 통하여 그 에너지에 리듬의 틀(상징계)을 세우게 된다. 또한 사랑하는 대상은, 우리들의 욕망의 근원이자 상상적 투사의 대상인 살아있는 육체를 지탱하며 살아가도록 한다. 다시 말하면 사랑하는 대상은 무의식의 환타즘이라 불리는 우리 자신의 일부이다. 그러나 이 일부분은 나 개인의 내부에 갇혀있는 것이 아니라, 두 존재 사이의 공간에 펼쳐져있는 것이고 서로 친밀하게 엮여 있는 것이다. 사랑하는 대상 둘은 서로 상호적으로 무의식의 재현이라는 환타즘에 의해 살고 있고, 그 환타즘에 우리 존재는 서로 엮여있다. 이 둘은 환타즘에 의해 둘만의 고유하고도 공통적인 정신심리적인 형태를 갖는다. 말하자면 무의식의 환타즘은 둘 사이의 공간 내부에 위치한 보이지 않는 정신심리적인 건물이요 복합 건축물이다.

　　우리가 사랑하는 대상을 잃어버리는 때에 이르면, 환타즘은 기둥이 무너지는 건물처럼 와르르 무너지고 붕괴된다. 바로 그때 고통이 등장한다. 사랑하는 대상을 잃으면서 우리는 우리의 삶이자 우리의 삶에 힘을 주었던 욕망의 힘의 근원을 상실한다. 또한 우리는 우리의 영상을 반추했던 우리 자신의 내부 거울을 지탱하고 받쳐주던 사랑하는 대상의 그 영상, 그 실루엣을 상실한다. 사랑하는 대상을 잃으면서 또한 우리는 욕망의 실재적 힘을 생생하게 살아있게 하던 리듬을 상실한다. 리듬을 잃는다는 것은 무의식을 일관성 있게 제어하던 그 경계, 그 절제, 상징적 타자를 잃는 것과 다름 아니다. 결국 근원적인 엄마를 잃고, 우리의 상상적 투사 대상을 잃으며, 우리의 공통적 욕망의 리듬을 상실하고 우리 인생의 심적 구조에 없어서는 안 될 환타즘의 짜임과 그 일관성을 상실하여 혼란과 혼돈, 좌절과 공허, 허무, 무기력, 자책감 등 심연의 고통을 겪는다.

제2부
사랑과 물질(돈)을 분석하다

제1장

돈(물질)의 애정적인 사용

겉으로 드러난 인간의 다양한 행위들의 내면적 원인의 근원에 돈, 물질이라는 요인이 작동하고 있는 경우가 많은데도 불구하고, 정신심리적인 임상을 연구하는 많은 학자들은 이 주제에 관하여 체계적으로 탐구하는 것을 경시하는 것을 본다. 부자이건 가난하건 간에 많은 사람들은 개인적으로 경제적인 문제, 돈 문제와 지속적으로 싸우고 있다.

우리는 인생에서 개개인이 간직한 돈, 물질에 대한 무의식적 사고가 일상의 인간관계와 금전 거래, 직업선택, 소비, 상행위에 얼마나 밀접하게 연결되어 있는지를 임상적 경험을 통해 확인한다. 또한 그것은 가족 관계에서나 주변 환경에 직면해서 우리의 욕망과 반응에 영향을 주고, 우리의 의식적이고 무의식적인 행위에 영향을 준다. 개개인들이 나타내 보이는 돈의 상징적 내용들은, 부모, 형제자매, 친지, 친구, 이웃의 영향과 교육의 영향, 그리고 TV, 인터넷, SNS, 휴대폰 등의 대중매체를 포함하여 자신이 체험한 경험에 따른 주체의 입장이 서로 밀접하게 관련되어 있다.

우리가 바라는 많은 일들과 직업들, 우리가 제공하는 많은 서비스들은 돈이라는 용어로 바꾸어 측정될 수 있다. 애정적 안정, 평안이라 부르는 우리의 마음 상태도 그 초석에는 돈의 올바른 사용에 근거하기도 한다. 돈의 합리적이고 유용한 사용은 편안한 만족감을 주고 애정의 안정을 낳는다. 돈 사용의 오남용으로 주체가 자신의 욕망과 도덕

사이에서 갈등에 부딪치게 되면, 어떤 종류의 흥조나 위험, 위기, 불행에 직면하거나 아니면 그런 갈등의 결과로 비정상적이고 병리적인 소비 행위나 돈 거래 행위, 범죄행위, 대인 관계를 하게 된다.

뿌리 깊은 어떤 무의식의 동기들이 돈을 자연스럽고 규모 있게 사용하는 것을 방해하는 것이다. 이런 사람들은 자신의 수입이나 저축금액과는 상관없이 오늘날 우리 시대에 가장 많이 퍼져있는 '물질의 병', '돈의 포로', '돈의 노예'라는 심신증(psychosomatism)에 시달리고 있다고 할 수 있다.

제2장

사랑 충동과 물질(돈)의 무의식

1) 사랑 충동(성적 충동)과 본능의 구별

정신심리분석학은 사랑 충동(성적 충동)과 본능을 분명히 구별한다. 식욕 같은 본능, 즉 생물학적 자기보존 본능은 주체의 삶 자체가 위협을 받는다 하더라도 본능적 만족감을 변화시킬 수 없다. 그래서 개인이 포만감을 획득하기 위해 사용하는 에너지는 변동이 없다. 말하자면 배고플 때는 먹고, 먹어서 배부르면 그만이다. 반대로 사랑의 충동은 만족감을 단번에 완전히 획득할 수 없고, 다만 부분 만족을 얻거나 다른 대체물로 변경할 수 있을 뿐이다. 말하자면 사랑의 에너지, 리비도는 다른 활동을 위해 변형될 수 있다. 따라서 사랑 충동 대상, 리비도의 대상은 다양할 수 있다.

정신심리분석적인 개념으로서의 성은 생식적 의미의 성이 아니다. 그것은 생식 기관의 성보다 훨씬 넓은 개념이다. 우리는 입, 항문, 눈, 목소리, 피부에서부터 환타즘에 이르기까지 어떤 쾌감을 일으키는 모든 행위를 성적인 것이라 부른다. 성은 리비도적 삶의 본질적인 표본을 의미한다. 정신심리적인 삶 속에 사는 우리는 긴장에서 결코 완전히 자유로울 수 없다. 끊임없는 긴장, 자극, 스트레스가 인간 정신심리 세계, 즉 주체에게 주어진다. 그러면 주체는 긴장, 스트레스로부터 벗어나서 고양된 평온한 정신심리 상태에 안주하고자 끊임없이 긴장 해소하기 활동을 한다. 정신심리의 세계는 긴장을, 스트레스를 제거하고

자 부단히 애쓰지만 결코 그것의 완전한 제거에 이르지 못한다. 정신심리분석에서 그 고통스러운 긴장 상태를 불쾌라 부른다. 피할 수 없는 불쾌의 상태와 대립적인 상태가 있는데 우리는 그것을 절대쾌, 절대만족의 상태라 한다.

절대쾌는 영원한 이상적이고 완전한 쾌감, 절대만족, 성행위 당사자의 완전한 일치를 상징하는 개념이다. 이상적 근친상간이라는 신화적이고 우주적인 형상을 내포한다는 뜻이 담겨있는 개념이다. 그 절대쾌의 상태는 정신심리의 세계가 모든 스트레스, 모든 긴장, 모든 충동 에너지를 즉시 내보내고 모든 긴장, 스트레스를 완전히 100%로 제거하는 데 성공하면 도래할 테지만, 불행하게도 우리의 정신심리 세계는 그렇게 하도록 되어있지 않다. 그런 이유로 절대쾌의 상태는 하나의 가설이요, 가정일 뿐이다. 라깡(J. Lacan)은 절대쾌에 이르지 못하는 것을 "성 관계는 없다(Il n'y a pas de rapport sexuel.)"(Lacan, 1975: 35)라는 명제로 풀이한다. 불가능한 이상이지만 절대적인 만족을 바라는 이런 성향들로부터 신체 성감대라는 표상체가 발생한다. 신체 성감대의 성향들은 불가능한 근친상간, 절대쾌를 대체하는 것으로 외형화된 것이다. 이런 성향들을 성적 충동, 애정 충동, 사랑 충동이라 부른다. 사랑 충동들은 다형적 형태를 띤다. 어린아이를 보자면 그들도 지극히 일찍부터 사랑의 쾌감, 성적 쾌감, 즉 즐거움의 환희가 눈뜬다는 것을 알 수 있다. 그것이 꼭 두 성의 결합이 아니더라도 그에 어떤 신체적 부위에 리드미컬한 율동적 흥분을 주는 즐거움이면 무엇이나 성적인 특징으로 간주된다.

2) 사랑 충동과 리비도 단계

사실 어린 시절에 여러 부위의 성감대 －모든 신체가 성감대가 될 수 있다－ 의 자극으로 행해지는 사랑 충동 원리는 후에 어른의 성행위와 비교하여 다를 바가 없다. 가령 구순단계 구순애의 어린아이 젖 빨기는 손가락 빨기, 턱수건 빨기, 가짜 젖꼭지 빨기, 장난감 빨기 등으로 이어지고, 그것은 다시 음주, 흡연, 키스로 연속된다. 말하자면 이런 즐거움의 환희가 바로 성애의 특성이라는 사실을 부인할 수 없다. 때문에 인간의 발달과 성숙에서 사랑을 능가하는 어떤 객관적인 기준은 없다. 사랑이 바로 개인의 행동 반응을 가늠하는 척도이다.

인간 개인의 사랑 발달, 애정 발달의 계속성을 설명하기 위하여, 프로이트는 신체 부위를 떠올리는 방식을 선택했고, 선택된 각 신체 발달 단계에 특징하는 성애적 쾌감을 설명했다. 말하자면 리비도의 발달과 대상과의 선택 관계를 연결 지은 것이다. 리비도는 인간성 전체를 배태하는 무의식의 에너지이다. 인간의 내부에 생명에 이르기 위하여 발달해가는 수단으로 사랑 충동, 성 충동, 애정 충동의 그런 에너지, 리비도가 항상 작용한다. 리비도는 인생의 여정에서 발달을 지향하면서 단계를 거친다. 단계란 인간 주체의 변화 발달의 기능을 의미하는 것으로 대상과의 관계 양상, 목표와의 관계 양상이다. 그리하여 구순단계는 애정 충동의 쾌감이 입과 빨기, 깨물기에 관계되고, 항문 단계는 대변 활동과 관련된 에로티시즘이 되며, 성기 단계는 성기 부위의 자위 만족을 하면서 오이디푸스적 경험을 겪고, 사춘기의 생식 단계로 이어지고, 어른의 성으로 이행된다.

결국 신체의 어떤 부위도 흥분과 쾌감을 일으킬 수 있지만, 자극을 받으면 흥분이 집중적으로 일어나는 중요한 성감대는 입, 젖, 항문, 성기(생식기)이다. 여기에 라깡은 목소리와 시선을 첨부했다.

프로이트의 성 충동, 사랑 충동은 네 가지 요인으로 구성된다.

첫 번째로 **기원**이라는 요인이다. 그 요인에서 성 충동, 사랑 충동이 솟아오른다.

두 번째로 성 충동, 사랑 충동을 움직이는 **힘**이라는 요인이다. 그 힘이 성 충동을 움직인다.

세 번째로 성 충동, 사랑 충동을 자극하는 **목표**라는 요인이다.

네 번째는 성 충동, 사랑 충동은 **대상**이라는 요인을 섬기는데, 그 대상을 매개로 성 충동은 자신의 이상적 목표에 이르려고 한다. 이 대상은 사물 또는 인물인데, 가끔 자기 자신이거나 다른 사람도 된다. 그러나 이 대상은 항상 실제라기보다는 어떤 환상화된 대상이다(Nasio, 1994: 47 – 48).

사실, 프로이트가 유년기의 성애를 발견하고 성 충동에 대한 가설을 세우게 된 동기는 성 변태라 부르는 도착증 문제를 연구하면서부터 시작된다. 즉 첫째로 동성이나 동성의 성에만 매력을 느끼는 사람들이 있다는 사실이다. 둘째로 욕망이 성적 욕망과 똑같이 활동하지만 남성의 페니스와 여성의 질이 아닌 항문이나 입으로 성행위를 하는 사람들도 있다는 사실이다. 셋째로 자기의 성기에 대하여 상당히 조기에 흥미를 보이고, 막상 성행위가 시작되기 전에 사정을 하는 사람들이 있다는 사실이다.

성도착자들이 생식기관인 성기 부분이 아닌 다른 부위의 성감대를 자극 흥분시키며 행하는 성 쾌감 유발 행위에 의거하여, 프로이트는 부위 충동의 가설을 세우면서 유년기의 성애, 인간의 성애를 이해하게 된다. 프로이트 시대 이전에 인간의 성에 대한 인식은 하나의 동물 본능으로써 반대되는 성을 택해서 성기의 결합을 하는 성교행위만으로 생각했었다. 그러나 프로이트의 유년기 성애의 발견은 금세기에 극복하지 못했던 것들에 대한 엄청난 일보를 디디게 했다. 유년기는 이데올로기적으로 말해서 순수한 것으로 고려되었고, 오직 사춘기에 이르러서야만 비로소 인간의 성애가 시작된다고 생각했기 때문에 어떤 면에서 그것은 가장 모욕적인 이론으로 평가될 수도 있었을 텐데 말이다.

어쨌든, 아이는 본능적 욕구의 충족과는 별개로 어떤 특별한 즐거움의 쾌감을 찾는다. 예를 들면 젖먹이 아이는 배고픔에 대한 충족 너머로 젖 빨기에 연관된 쾌감을 찾는다. 젖 빨기 성애는 입술의 율동 운동과 반복 운동을 통한 쾌감이다. 그것은 젖 먹은 후에도 자기 손가락을 계속 빠는 것을 봐서도 알 수 있다. 배설하는 아이는 마찬가지의 쾌감을 느낀다. 노폐물을 내보내는 만족감과는 별도로, 항문에 연결된 결장과 항문 괄약근의 자극에 결부된 긴장과 이완의 쾌감을 느끼는 것이다.

여기서 강조할 사항은 인간은 태어날 때부터 이미 완전한 사랑, 완벽한 성 쾌감, 절대쾌가 결여되어 있다는 점이고, 이를 메울 사랑 충동, 성 충동은 부분적으로 행해질 수밖에 없으며, 이 부분 충동, 부분 성감대, 즉 라깡의 용어대로 부분 대상의 실현으로 만족할 뿐이라는 사실이다. 그래서 라깡은 이 부분 대상을 대상 a(objet a)라 명명했다. 아기에게 이 대상 a는 젖, 변, 성기, 목소리, 시선 그리고 엄마와 아기 사이를 분리시키는 모든 것으로 정의한다.

사랑 충동, 성 충동들은 다형적 형태를 띤다. 그것들은 무의식 영역을 다스리고 그것들의 존재는 태아 때부터 시작된 우리의 역사를 거슬러 추적 확인된다. 그러므로 우리는 어른들에게도 지속적으로 남아 있는 어린 시절의 충동들과 그 경향을 다음과 같은 세 가지로 설명할 수 있다.

첫 번째의 경향은 정신심리의 내부로부터 기원한 계속적인 성 충동들, 애정 충동들이다.

두 번째의 경향은 성 충동의 목표를 바꾸면서 다른 사회적 가치로 승화된다. 문화, 예술, 지식, 우애, 일, 놀이, 스포츠 등의 실현으로 교체하는 것이다.

세 번째는 억압에 의해 이 충동들에 반대하여 발생하는 반동 형성들이다.

물론 이 세 충동의 경향이 서로 혼합될 수도 있다.

가령 위의 첫 번째의 성 충동이 항문 성애 충동의 경우에 적용되어 어른들의 성 행위로 적용될 때, 우리는 그것을 항문 성교나 그와 유사한 항문적 성교라고 할 수 있을 것이다.

위의 두 번째의 충동들의 승화, 가령 항문 충동의 승화는 절약, 저축으로 대표되는 경제적 특징으로 될 것이다. 말하자면 변가리기의 아이는 좀 더 주목할 만한 항문적 자극을 낳기 위하여 그 변을 참으려 할 것이다. 어른의 경우는 좀 더 많은 심리적인 자극을 낳기 위하여 돈을 벌고 저축할 것이다.

세 번째의 반동 형성, 즉 항문 충동에 반대한 반동 형성은 변을 혐오나 더러움, 불결로 표출할 것이다.

3) 항문단계 리비도와 물질(돈)

항문단계의 성애에 관련되어 물질(돈)에 관한 정신심리분석 이론의 중심적인 관점은, 변은 아이의 자율성을 낳는 산물이요 소유물이라는 것이다. 아이가 가능한 한 오랫동안 자신의 변을 버리지 않고 가지려 한다면, 그 변을 통해서 경제적 소유의 특징을 알았기 때문이다. 저축의 경제적 특징은 내장의 내용물을 저장하면서 생산되는 즐거움에 근거한다.

또한 아이의 관점에서 변가리기는 타자(부모나 보모)에 대하여 아이가 힘을 행사하는 것이기도 하다. 부모의 요청에 아이가 변을 잘 가리는 것은 칭찬과 사랑, 착함과 똑똑함으로 평가된다. 변을 잘 가리지 못하면 징벌과 미움, 바보, 더러움으로 야단맞는다. 아이는 그렇게 그의 환경에 직면해서, 변가리기라는 환경에 직면해서 영향을 받게 된다. 그렇게 아이는 아이가 직면한 환경 속에서 체험하면서 힘의 개념을 발견하고 자아를 찾아간다(이유섭, 2012: 97).

우리는 일상생활 인간관계의 많은 부분에서 이런 힘의 개념을 겪고 있다. 속칭 갑과 을의 관계에서 이런 힘의 관계가 적나라하게 작동하고 있는 모습을 발견할 수 있다. 미성숙한 대부분의 권력 관계나 돈과 관련된 상거래나 자본 시장에서 흔히 벌어지는 일이다.

이렇게 항문단계의 리비도는 경제적 특징의 어떤 원인이요 발생지인데, 그것을 위에서 제시한 세 가지 경향으로 분별해보면 다음과 같다.

첫 번째 방향은 구두쇠 근성, 인색함, 질투, 불신, 의심, 강박, 반추, 되새김, 내면화, 은폐, 복잡한 합리성, 얌전한 척, 성적 억압이다.

두 번째 승화의 방향은 세심, 청결, 규칙, 질서정연, 엄격함, 정직이다.

세 번째 반동형성의 방향은 무질서, 낭비, 방탕, 더러움, 거짓, 교활 등이다.

그러므로 변의 무의식적 대체놀이에 맞서는 부모(보모, 교육자)의 태도는 아주 중요하다고 할 수 있다. 부모(보모, 교육자)의 교육 태도는 어린 아이의 사회생활 적응과 발달에 장애가 되든지 이롭게 되든지 하게 된다. 지나친 규제를 하여 아이가 변을 참는 일이 심해지면 변비를 갖게 되고, 그로 인해 어른들은 꾸지람하고 변비치료를 하여야 하는 악순환의 상황에 빠질 수 있다.

이런 요인들의 기본적인 형태들에는 이미 강박적 성격의 양상들이 보이고 그것들이 극단적으로 되면 강박 신경증이 된다. 그러므로 너무 엄격한 조기 교육이나 또는 너무 방치하여 보살핌의 부재는 어떤 신경증적인 증상을 형성할 수 있다. 부모(보모)의 의식적이고 무의식적인 교육 방법은 아이의 성격 형성에 결정적인 영향을 미치게 된다. 영향을 받은 부모와 어른에 의해 아이들은 자신들의 이미지, 자신들의 자아를 형성하게 되고, 그런 교육적인 전통에 의해 사회적 질서와 문화가 형성되며 그런 전통은 세대로 전해지면서 영속적으로 지속하게 된다. 그런 이유로 항문단계의 특징은 부모의 교육 방법의 지속을 수행하는 보수적 경향을 갖는다. 여기서 우리는 소위 어른들 잔소리의 보수적인 특징을 볼 수 있다.

또한 항문 단계의 특징은 구순 단계의 성애와 매우 밀접하게 연결되어 있다. 아이는 처음에 입/항문, 음식의 들어감/음식의 나옴, 주다/받다와 같은 두 종류의 쾌감을 갖고, 이어 보존(저축)이라는 세 번째 요인이 첨부되는 쾌감을 갖는다. 어릴 때 변가리기 시기에 아이는, 자기의 육체 생산물(배설물)을 억제하지 못하고 방출을 하게 되었는데, 그 방출이 배설 기관, 배설 구멍의 층위에서 쾌감을 주는 자극을 느꼈다. 장차 이런 쾌감은, 아이가 변가리기와 같이 교육의 요청에 순종하게 될 때, 자신의 육체 생산물(배설물)을 다시 취하고 보존하는 쾌감을 다시 느끼게 될 것이다. 이런 과정의 연속된 연결로 그런 신체 기관들은 쾌감을 느끼는 감각의 부위가 되었으며, 그것을 토대로 점차 경제의 개념인 소유, 보존, 저축이라는 심적 쾌감이 세워지게 된 것이다. 그리하여 아이에게 젖과 변과 같은 대상의 소유는 내체화(incorporation)의 기원을 전한다.

요약하면 애초에 밖에서 온 그 무엇을 안에서 받아들이는 쾌감과 육체의 내용물(배설물)을 내보내는 쾌감이 있었던 것이다. 이어 거기에 육체의 내용물(배설물, 물질, 돈)을 보존하고 유지하고 소유하는 즐거움이 첨가되었던 것이다.

변과 돈이 무의식적으로 서로 연결되어 있다는 생각은 많이 읽혀지는 동화 "황금 똥을 누는 고양이"의 예를 들 수 있다.

옛날에 언니와 동생이 살았는데, 언니와 동생은 같은 날 결혼을 하게 되었다. 언니는 부잣집 비단 장수에게, 동생은 가난한 어부한테 시집을 갔다.

어느 날 동생이 언니네 가게에 생선을 팔러 갔으나, 언니는 동생의 생선을 냄새난다고 치우라며 저리 가라고 내쫓고 가게 안으로 들어가 버렸다.

그러자 바구니 속의 생선이 눈물을 흘리며 살려달라고 은혜를 절대 잊지 않겠다고 말을 한다. 불쌍히 여긴 동생은 물고기를 바다에 놓아주었다. 그런데 잠시 뒤 바닷속에서 멋진 남자가 나타나더니 자신은 용왕의 아들이라며 살려준 은혜를 갚고 싶다고 말하고, 동생에게 선물을 고르라고 했다.

동생은 고양이를 선택하고, 고양이를 잘 길렀더니, 고양이는 매일 황금 똥을 누었고 그로 인해 동생은 부자가 되어 잘 살았다는 이야기이다.

　고대 문화나 신화, 콩트, 민담이나 무의식의 사고, 꿈, 강박 신경증 등에서 황금은 변과 밀접히 관련되어 나타나고 있는 모습을 본다. 그런 이야기들에는 대개 주인공의 은혜를 선물로 갚는데, 그 선물이 황금으로 변하는 똥과 관련되고, 악당이 그의 앞잡이들에게 선물로 황금을 선물하게 되는데, 그 앞잡이들이 악당의 두목으로부터 등을 돌릴 때, 그 황금은 변으로 바뀐다. 우리의 전해오는 구전에서 똥을 밟으면 행운(물질)이 생길 것이라든지, 꿈에 변을 보거나 변을 접촉하면 돈이 생길 것이라고 말한다. 고대 바빌론에서는 황금은 지옥의 똥으로 묘사된다(S. Freud IX, 1959: 174).

　어떤 면에서 정신심리분석은 신화나 민담과 같이 사람들의 심리적 산물의 내면에 흐르는 마음 이해를 통찰한다. 앞선 세대의 경험에 의한 이런 이야기, 이런 상징을 통해 전해 내려오는 계통발생적 기원들은 개인의 심리적 삶에 뿌리내리게 하는 속성을 지니기 때문에, 계통발생과 개체발생 요인의 상호 연관성을 탐구하는 작업도 분석에서는 중요한 일이다.

　프로이트는 아이의 항문 단계 성애와 후에 발달된 인색함의 성격적 특성 사이에 밀접한 관련성이 있음을 발견했다. 그는 정리정돈하고 절약하며 인색하고 구두쇠적인 성격을 가진 한 내담자를 서술했다. 그 내담자의 어린 시절을 분석 탐구하는 중에 프로이트는, 그 남자가 어린 시절에 변을 참고 유지하는 식으로 잉여적인 쾌감을 얻는 즐거움에 변을 내보내고 장을 비우는 것을 거부했었던 일을 발견했다(S. Freud IX, 1959: 170). 그리고 그것은 나이가 들어가면서도 무의식적으로 지속되었다. 그는 그런 식으로 일상생활 속에서 변(돈)의 유지에 몰두하게 된 것이다. 바야흐로 변은 돈으로 대체되어 그는 어린 시절의 변을 유지하는 것처럼 돈을 절약하고 저축하면서 인색함의 쾌감을 찾게 된 것이다.

　아이의 항문 리비도의 집중에 관한 이와 같은 관찰과 어른의 분석에서 발견한 이런 리비도적 탐구는 가장 가치 있는 인간의 소유물인 물질이 어떻게 인간이 오물로 거부했던 배설물의 상징이 되었는지를 이해하게 해 준다. 이 두 근원적 리비도에서 얻은 체험을 통해서 우리는, 아이는 기원적으로 최소한의 억압 없이 배설하는 쾌감을 즐기고 있음을 알 수 있고 또한 변을 보존하는 것도 아이에게 쾌감, 주이상스(jouissance)를 생산한다는 것을 알 수 있다. 그래서 보존한 변은 최초의 경제물, 돈이 되고, 그 변, 돈은 모든 신체 활동을 통해 지속적으로 무의식과 관련된 사고로 이어지게 되어 절약, 저축, 경제라는 정신심리적인 성향으로 우리의 내부에 머물게 된다.

제3장

성장 과정에서의 돈의 개념과 애정 관계

아이들이 성장하면서 겪는 돈에 대한 개념과 그에 관한 애정관계 양상을 보면 일반적으로 만 3세 경 전까지의 아이들은 돈에 대해서 불확실하고 불명확한 생각, 별 의미 없는 상태에 있기에 돈을 주면 그냥 팽개치거나 타인에게 줘버린다. 돈에 대한 첫 번째 경험은 가게나 마트에서의 어머니의 상행위를 보고, 즉 엄마가 지갑, 핸드백, 손가방을 뒤지고는 거기서 동전이나 지폐, 카드를 지불하는 것을 발견하는 것으로 시작한다. 동전을 사용하는 대부분의 나라들에서 아이들은 돈을 응시하고 동전들을 가지고 장난치고 부딪쳐 소리도 내어보며 동전들을 만져본다. 아마도 입으로 가져가 보기도 할 테지만 곧 좋은 맛이 아니라는 것을 알아차리고 내뱉을 것이다. 누군가가 동전을 던지면 그것으로 놀이를 할 것이다. 자연스럽게 동전 굴리기나 동전 던지기 또는 동전 감추기 놀이 등은 이 시기의 아이에게 애정적인 만족을 주게 될 것이다. 동전보다 지폐를 많이 사용하는 경우에는 형이나 누나, 언니, 오빠들의 세뱃돈을 받는 행위나 용돈 받는 행위, 부모님이 돈을 귀중히 보관하는 모습, 돈으로 물건을 사는 모습 등을 통해서 돈은 좋은 애정의 대상으로 여길 것이다.

만 3세에서 6세에 아이는 부모들의 상거래 모습을 목격하고는 원하는 장소에서 원하는 순간에 돈을 지불하면 돈보다도 더 좋은 물건들을 얻을 수 있다는 것을 배운다. 이 시기에 아이들은 돈은 마술적인 힘이 있다고 실제로 믿는다. 사실 부모들은 물건을 사기 전에 지갑에서 지폐나 카드를 꺼내거나 주머니나 지갑에 손을 넣은 다음 무엇인가를 뒤적이다 돈을 찾아서 주면 원하는 물건이 무엇이든지 얻기 때문이다.

아이들에 따라 약간의 차이는 있으나, 초등학교 입학 전후 무렵부터 아이는 동전이나 지폐를 계산하는 법을 배운다. 그리하여 돈의 상징적인 내용이나 상거래의 상징적인 내용을 토대로 다른 사람의 애정적인 반응을 발전해가는 법을 배우기 시작한다. 결국 좋은 애정 관계의 의미로 그가 원하는 물건, 아이스크림, 사탕, 과자, 인형, 장난감 등을 보상받는 기쁨을 누리게 된다. 그 후부터 아이는 돈으로 온갖 물건, 장난감, 옷, 신발, 학용품 등을 얻을 수 있다는 것을 알게 된다.

아이의 정신 속에서 돈과 즐거움은 서로 서로 연관을 맺게 되고, 부모들은 아이들이 자신들의 말을 잘 들으면 잘했다는 의미의 보상으로 돈을 사용하게 된다. 이런 경우에 아이는 사랑과 돈은 서로 분리될 수 없는 것으로 이해한다. 부모들은 용돈이나 선물의 형태로 아이들의 마음을 정해준다. 가끔 부모가 아이에게 용돈이나 원하는 물건을 사주는 것을 거부하는 일이 발생하면 아이는 '부모가 나를 더 이상 사랑하지 않는다'고 생각하여 거부당하는 느낌, 버림받는 느낌을 갖게 되는 수도 있다. 그래서 울고불고 사달라고 고집을 부리는 일이 종종 발생하는 것이다. 그런 식으로 이 나이의 아이는, 부모는 많은 돈을 가지고 있다고 믿고 자기를 사랑하지 않으면 돈 주는 것을 거부한다고 믿는 것이다.

이 무렵에 아이는 자기 용돈이나 선물을 잘 받아내는 방법을 터득할 수 있다. 공부를 잘하거나 심부름을 잘하거나 인사를 잘하거나 시키는 일을 잘 수행하면, 부모들이 용돈이나 원하는 물건을 사준다는 것을 알아차린다. 어떤 경우에는 돈을 줄 때까지 또는 원하는 물건을 살 수 있을 때까지 부모와 실랑이가 벌어지기도 한다.

　　학교생활을 비롯한 사회생활을 발전시켜 가는 과정에서 아이는 일이 그렇게 순조롭게만 진행되는 것이 아니라는 사실을 주목한다. 다른 많은 아이들이 자기보다 더 많은 돈을 가졌다고 생각한다. 그래서 돈 많은 애들에 대한 부러움과 시기가 일어나기도 한다. 아이는 이제 다른 애들만큼 갖지 못한 것에 익숙해지거나 아니면 그것을 전혀 익숙하게 받아들이지 못하는 양상으로 나타난다. 그런 경우 도움이 되는 안심의 상황은 다른 애들이 자기보다 용돈이 조금 적다고 느꼈을 때이다. 그것은 아이에게 우월감을 갖게 해서 다소의 안심을 줄 수 있다.

　　어쨌든 이런 상황에서 아이는 자기보다 용돈이 조금 많은 아이와 놀기를 선호하거나 자기보다 용돈이 조금 적은 아이와 놀기를 선호하거나 하게 된다. 도시의 밀집된 아파트나 주택에 사는 아이들에게는 때로는 돈이 아파트나 주택의 크기로 비교 대상이 되어 나타나기도 한다. 물론 이런 경향들은 대개 부모나 주위의 어른들이 하는 말을 듣고 그것이 학교에서 친구들 사이에 반복되는 방식인 것이다. 돈과 물질에 관련된 친구들과의 이런 식의 관계를 맺는 양상들이 나중에 어른이 되어서 다른 사람들과 관계를 맺는 경제적인 사고에 영향을 미칠 수 있다.

　　성장해 감에 따라 아이는 점점 내 것과 남의 것의 개념을 분명하게 구별한다. 그리고 아이는 친구들끼리 과자와 빵, 떡볶이, 피자와 같은 음식을 먹고는 서로 나누어 내는 식으로 서로 주고받는 교환의 토대에 근거하여 다른 애들과 돈을 나누어 공유하는 방법을 터득한다. 또한 아이는 사랑을 돈으로 사려고도 하고 놀이 친구의 우정을 돈으로 사려고도 한다.

　　사례를 들면, 돈은 아주 넉넉했으나 이러저러한 이유로 독자인 아이에 대한 죄책감이 많아서 아이를 애지중지 과보호하며 원하는 것이면 무엇이든 사주던 어느 가정이 있었다. 당연히 그 아이는 또래에 비해 사회적 관계와 친구 관계, 대인 관계 등에 뒤쳐졌다. 초등학교 1학년의 어느 날부터 아이는 엄마에게 돈을 달라고 했다. 영문을 모르고 엄마는 돈을 주곤 했는데, 그런 일이 계속되어 돈을 어디에 쓰는지 알아본즉, 돈으로 학교 친구들에게 여러 가지 과자나 장난감 등을 사주곤 했다는 것이다. 그 아이는 친구 관계에 대한 자신의 미숙함을 돈으로 보상하며 친구들을 사귀고 있었던 것이다.

일반적으로 초등학교 시절의 아이는 점점 물질적 소유를 원하고 탐내는 방향으로 관심을 향함에도 불구하고 아이는 자신의 부모가 다른 애들의 부모보다 돈을 그렇게 많이 갖고 있지 못하다는 것을 진솔하게 알아차린다. 나의 부모가 최고의 힘을 가진 것이 아니라는 것을 느낀다. 원하는 물건을 갖는 것에 한계를 발견한다. 이런 발견의 순간 아이는 불만과 불안감이 증대하고, 가끔은 그런 마음을 폭력적으로 표출한다. 짜증을 내고 화를 내며 때로는 주먹을 휘두르기도 한다. 또는 틈만 나면 집 밖으로 나갈 궁리를 한다. 대부분의 부모들은 아이가 그렇게 혼란스러운 감정으로 화내고 두려워하며 불만의 감정을 갖는 이유를 이해하지 못한다.

부모는 이렇게 혼란스러워 하는 아이를 진정시켜야 하고 사랑으로 감싸야 하며 점차 아이가 필요한 만큼의 돈이 충분히 있다는 것을 이해시켜야 한다. 그리하여 돈은 형편과 필요에 따라 적절하게 규모 있게 쓰는 것이라는 그런 현실 감각을 키워가도록 인도해야 한다.

그러나 아이의 이런 모습에 직면한 대부분의 부모는 화를 낸다. 버릇이 잘 못 들었다고 다른 애들의 못된 짓만 배운다고 야단친다. 때로는 부부간에 아이의 이런 모습 때문에 서로를 탓하며 다툼도 벌어진다. 어쨌든 부모는 아이의 낭비를 비난하고 나무라게 되는데, 이런 나무람이 지속되면 아이는 자신의 소비를 적절하고 규모 있게 애용하는 것에 자신감을 잃게 된다. 또한 이 나이 시기에 돈의 소비와 돈의 시기 적절한 규모 있는 사용과 저축에 대한 부모들의 이해는 아이들에게 전해진다. 장차 그런 것들이 아이의 미래의 소비와 돈 거래 성향, 경제관념 등을 결정하게 될 것이다.

돈에 대하여 애정적으로 뭔가 부족함이 있는 아이는 돈이 많은 아이를 사귀면서 그에게 아첨을 떨면서 돈에 대한 열등감을 해결하려 할 수 있다. 또는 돈이 많은 것, 부자에 대한 피해의식과 보상심리로 시기와 탐욕을 불러일으키는 자기보다 힘이 약한 아이의 돈이나 물건을 빼앗는 경우도 있다. 다른 아이의 돈이나 물건을 빼앗는 이런 경우는 대개 발각이 되어서 부모나 선생님, 경찰 등 어른에게 벌을 받게 된다. 그렇지 않으면 반대로 자기와 같은 수준의 아이만을 친구로 사귀거나 또는 자기보다 가난한 수준의 아이만을 친구로 사귀는 수도 있다. 돈으로부터 빨리 독립하기 위하여 어린 나이에 가능한 한 많이 돈을 저축하는 것에 열중할 수도 있다. 어떤 공상을 즐기는 아이들은 상상 속에서 부모가 굉장히 부자라고 생각하고 자기가 원하는 만큼 무한한 양의 많은 물건과 선물들을 사서 갖는 상상적 즐거움을 떠올리며 금전적 어려움의 현실을 상상 세계로 도피하는 경향도 있다.

이 시절에 돈 문제, 돈으로 원하는 물건을 사는 문제가 해결될 때까지 아이들은 부모에게 조르고 떼를 쓰는 일이 종종 발생한다. 아이들을 키우는 부모들은 어느 정도 그런 실랑이를 겪기 마련이다. 아이는 가족 구성원들 사이에 공용으로 쓰는 많은 물건들이 있는 것처럼 돈 역시 우리 가족 모두에게 공용인 그 무엇이라고 쉽게 생각할 수도 있다. 그래서 흔하지 않게 아이가 돈을 훔치는 일이 발생한다. 아마도 아이는 무의식적으로 부모가 자기에게 무관심하게 대한다고 느꼈기 때문에 자기에게 부족한 부모님의 사랑을 돈 훔치는 것으로 보상하고 그렇게 관심을 끌려는 생각일 수도 있는 것이다. 아무튼 물질과 돈을 훔치는 것에 대한 첫 증상들이 나타날 때, 부모와 선생님 등이 이에 대처하는 방식은 아이가 미래에 사회에 적응해가는 능력에 중대한 영향을 미칠 수 있다.

청소년기에 자기 집의 소득 수준에 따른 계층적 차이는 점점 예민하게 부과된다. 예컨대 가장 예민했던 사춘기 시절 중학교 때, 아버지의 사업 실패로 등록금을 못 내고 늦게 내게 되어 2차, 3차로 이름 불리며 반 애들 앞에서 등록금 내라고 독촉받았던 경험을 겪은 한 여성은 그 후부터 그때의 그 창피함이 큰 상처가 되어 악착같이 돈을 모으고, 쓰지 않고 절약하며 저축하는 돈에 대한 강박 관념이 생겼다. 그 여성의 강박 관념은 결혼해서도 계속되어 남편과 자녀들에게 핀잔을 듣곤 했다.

또한 사춘기 소년소녀들은 성에 눈을 뜨기 때문에 이전보다 더 많은 돈이 필요하다. 이성에게 매력적으로 보이기 위해 눈에 띄는 옷이나 신발, 시계 등, 소위 메이커를 사는 것에 돈의 일정 부분을 소비하기도 하고 몸치장이나 이성과의 만남에 돈의 일정 부분을 투자하기도 한다. 사춘기 아이들의 돈 문제의 해결은 각각의 경험에 따라 다양하게 나타날 것이다.

설령 어린 시절부터 매우 규모 있게 돈 문제를 잘 해결해 왔던 아이라 할지라도 이 시기에는 금전상의 새로운 어려움에 직면한다. 원하는 액수는 좀 더 많은데, 아직은 돈을 벌지 못하는 청소년기라는 현실의 벽이 가로 놓여있고 미래에 돈을 벌 채비를 갖추어 독립해야 하는 부담도 지고 있기 때문이다.

제4장

돈의 규모 있는 애정적인 사용

이런 돈에 관한 개인의 통시적 이해를 토대로 총체적인 관점에서 돈에 대한 애정적인 사용 방식을 살펴본다.

사람에 따라 수입이 적거나 중간 정도이거나 많거나 한다. 그래서 수입을 규모 있게 애정적으로 잘 사용하는 사람은 자신의 현실적 수입에 따라 돈을 잘 관리한다. 우선 그는 기본적인 일, 즉 음식과 옷, 교통비, 공과금, 세금, 용돈 등에 돈을 사용하고 애정적인 안정을 유지하고 미래를 준비하는 의미로 특별히 돈을 저축하기도 한다. 이런 사용은 어떤 죄책감 없이 기본적이고 바람직한 방향에 돈을 사용하는 것으로 볼 수 있다.

이런 유형의 사용은 가능한 한 기분 좋은 삶의 방식을 찾음과 동시에 충분한 저축과 안전장치를 마련하는 것으로 보인다. 이런 사람은 소비와 부채와 저축을 잘 관리하는 현실적 이해를 바탕으로 돈에 대한 사용에 융통성이 있다. 좋은 신용도와 신뢰를 기뻐하고 소비를 남용하지 않는다. 재정을 합리적으로 투자하며, 투기하지 않는다. 그런 사람은 사회적 혼돈 상태에서 투기하여 벌려고 하지 않으며 재물을 가로채지도 않는다. 그리고 가족 구성원이 벌어들인 수입을 공정하게 나눈다. 필요하다면 누군가에게 꼭 필요하고 유용하다고 생각되면 재정적인 희생을 감수할 수도 있다.

일반적으로 그는 어린 시절에 물질적으로나 정서적으로 부모와 형제자매 간에 커다란 갈등이나 싸움 없이 좋은 관계를 유지해 왔을 것이다. 그의 부모는 그에게 어떻게 돈을 합리적으로 사용하는지를 암암리에 보여주었을 것이다. 그는 어른이 되어서는 건전한 상 윤리관, 상도덕을 잘 내면화하여 합리적이고 융통성 있고 수용적인 모습으로 돈을 버는 목적과 사용하는 방법을 잘 정하게 될 것이다. 그리고 다른 사람과의 경쟁에서 성실하고 올바르게 임할 것이다. 자기보다 재물이 많은 사람을 시기하지 않고 받아들일 것이고, 그는 종종 수입이 부재하지만 가치가 있다고 생각되는 사람들을 기꺼이 도울 것이다.

제5장

돈 소비의 강박적인 거부

돈을 쓰는 것, 소비를 강박적으로 거부하는 유형의 사람은 수입의 정도가 어떠하든지 간에 수입에 비례해서 일상생활의 삶을 영위하기 위해 충분히 돈을 번다. 그러나 그는 내부적으로 경제적인 불안정에 관한 어떤 두려움을 갖고 있기에 소비 능력이 있음에도 불구하고 돈을 소비하는 것을 부단히 억제한다. 그는 복잡한 생각으로 최소의 소비와 최대의 저축에 집착하면서 무의식적으로 어떤 두려움과 씨름한다. 그는 수입을 저축해서 상당 양의 돈이 모아져 있고 재정적으로 아무런 위험이 없음에도 불구하고 이런 식의 생활 방식을 계속 고집한다. 돈 쓰는 것을 이렇게 고집스럽게 억제하는 사람을 우리는 살림꾼, 구두쇠, 깍쟁이, 수전노, 치사함, 인색함 등의 용어로 표현한다.

돈 쓰는 것에 인색한 사람은 가치 있다고 생각되는 것에만 교환 가치를 얻기 위해 돈을 쓴다. 거의 돈을 안 쓰지만, 자기가 좋아하는 꼭 필요한 물건이나 음식 등 교환 가치가 있다고 생각하는 것에만 돈을 쓴다. 그는 물건의 품질보다는 가격이 싼 물건, 싼 음식에만 관심을 갖는다. 이런 구두쇠는 자기 자신이 만들 수 있는 물건은 절대 사지 않고, 자신의 공휴일에도 소비 지출을 하지 않기 위하여 직장에서 일을 하면서 보내는 경우가 많다.

소비 지출의 강박적인 거부를 즐기는 이런 사람은 다른 사람과의 인간관계에서 좋지 못한 오해의 관계를 낳을 수 있다. 이유는 다른 사람들이 자기 돈을 갈취할지도 모른다는 무의식적 두려움을 갖고 있기 때문에, 편안하고 믿음직한 관계를 맺기 어렵다. 인간관계의 깊이와 넓이와 기간의 모든 측면에서 구두쇠적인 인색함의 정도에 따라 인간관계가 축소되어 가고, 급기야 은둔적인 고독에 갇히게 될 수도 있다. 돈의 노예가 되고 사랑에 굶주린 이런 사람들은 인간관계 곳곳에서 거절당하는 어려움에 직면할 것이다.

대개 이런 사람은 어린 시절에 가난과 징벌과 통제에 시달려서 사랑과 보살핌이 결핍되어 있는 경우가 많다. 그래서 그에게 돈은 사랑과 자애와 안정의 상징이 된 것이다.

이런 사람에겐 어떤 사건이 발생해서 그동안 해오던 소비 지출을 거부하던 이런 방식이 심하게 무너지는 일이 종종 발생한다. 그 결과 최소한의 경제력을 버틸 힘조차 무너지는 공황과 불안, 우울 상태에 빠지는 무시무시한 두려움의 날을 맞게 될 수도 있다. 아마도 이런 사람은 원하는 만큼의 사랑을 주면서 접근하는 사기꾼의 덫이나 성, 도박이나 투기 등 어떤 중독에 걸릴 확률이 높다.

제6장

강박적인 소비 남용

우리 주변에는 충동구매라 불리는 강박적 소비 남용이 심각하다. 강박적 소비 남용을 하는 사람은 내부적 불안을 감추기 위해 필요한 돈을 쓰면서 최소한의 욕망을 즉시 만족하려 한다. 그러나 그것을 현실적인 관점에서 볼 때는, 그 사람이 산 물건이나 지불한 서비스에는 그렇게 해야 할 하등의 이유가 없어 보인다. 무엇 때문에 그런 물건을 사고 그런 노고를 지불하는지 이유를 발견하기가 힘들다. 이런 강박적 소비를 하는 사람은 소비를 위해 소비를 할 뿐이다. 술이 술을 마시는 것처럼 말이다.

소비의 강박적인 거부를 하는 사람들이 다양한 이유에서 그렇게 하는 것처럼 강박적 소비 남용을 하는 사람들도 다양한 이유를 가지고 있다. 종종 낭비벽이 있는 사람은 돈이 그에게 제공해 주는 우월감, 권력의 만족을 얻기 위해 자신의 돈을 허비한다. 그러나 주목할 것은 그런 소비가 돈에 의존하게 되어 그를 수동성과 의존성의 상태로 퇴행하게 한다는 것이다. 그런 강박적 소비를 하는 사람들은 남편이나, 아내, 가족, 부모로부터 재정적인 의존을 하며 사는 사람들이 많다.

이런 강박적 소비 남용을 하는 사람들의 인생사를 보면, 어린 시절에 부모로부터 과잉보호 속에서 사랑과 애정의 대체물로 과다한 돈과 선물을 받으며 살아온 경우가 많고, 그로 인해 죄책감을 키워온 경우가 많다. 대개 부모 중의 한 사람은 돈을 낭비한다고 아이에게 혼을 내고 엄하게 대했을 것이다. 그럼에도 한 쪽 부모로부터 아이는 용돈을 계속적으로 비밀스럽게 받게 되고, 아이는 받은 용돈 모두를 얼른 써버리는 습관을 갖게 된다. 그래야 새로 소비할 용돈을 또 얻을 수 있기 때문이다. 바야흐로 다른 쪽 부모는 그의 낭비벽 때문에 걱정이 되어 아이를 벌하는 일이 벌어지고, 그것 때문에 부부 사이에는 갈등이 벌어지게 된다. 아이는 돈을 저축하는 일과 돈을 쓰는 일의 균형을 찾지 못하고 좌절과 불만과 죄책감이 쌓여간다. 그렇게 아이는 규모 있게 돈을 쓰고 장차 미래를 위해 돈을 저축해야 하는 것을 결코 배우지 못하는 것이다.

또 다른 강박적인 소비 남용을 하는 사람은 어린 시절 돈이 부족했고 사랑이 부족했던 아픔의 심리 상태를 표출하는 경우이다. 그런 돈과 사랑의 부족에 대한 체험은 무의식적으로 돈을 지출하는 데 강박적이고 이기주의적이게 했는데, 강박적으로 돈을 쓰면서 사랑을 제공하려 하고, 그의 부모가 지불해야 할 부채인 사랑과 돈을 대신 제공하려 하는 심리적 상태를 갖게 되는 것이다.

이런 경우의 지출 행위는 종종 가정불화를 일으키는 원인이 되기도 한다. 가족의 수입에 따라 적절하고 규모 있게 지출해야 하는데, 어느 날 기분에 따라 과도한 지출을 했기에 가족 생활비가 모자라게 되기 때문이다.

두 아이를 둔 한 아버지는 새로운 전자제품을 꼭 사야만 하고 아이들에게는 필요 이상의 장난감을 사주는 식으로 강박적 소비에 시달린다. 어린 시절 계모 밑에서 겪었던 애정 부족과, 갖고 싶고 사고 싶은 장난감과 물건들을 사지 못하고 억압했던 아픔과 열등감이 작용하여 신형 전자제품이 나오면 그 사랑 부족과 열등감을 보상하여야 하기에 꼭 사야만 하는 강박관념에 시달리는 것이다. 반면에 자녀들에게는 자기처럼 상처를 받지 않게 자신의 아픔을 보상하려는 심리에서 필요 이상의 물건들을 사주는 행위를 반복한다. 그리하여 아내는 늘 생활비에 쪼들리고 빚을 내고, 남편과는 심하게 싸우고 하는 삶을 반복하게 되면서 가정의 위기를 겪게 된다.

성숙하지 못한, 미숙한 소비를 강박적으로 하는 사람들이 있다. 그는 어렵게 일을 하여 돈을 벌었지만, 어렸을 때부터 과잉보호 속에서 애지중지 키워준 부모에게 감사의 마음으로 돈을 다 맡긴 다음, 자기가 벌어온 돈을 다시 다 타서 모두 써야 직성이 풀리는 방식의 소비를 하는 것이다. 마치 어린 시절에 부모에 의존하여 용돈을 타 쓰던 것과 같은 방식이다.

부모는 아직도 이 사람의 양복이나 넥타이, 신발, 속옷, 양말, 건강식품, 보약 등을 사주고 각종 세금이나 공과금 등을 다 처리해 준다. 결혼해서도 부모님이 가까이 살면서 이런 일을 계속 지속하게 되면 부부 갈등과 고부 갈등으로 인한 심각한 위기가 닥칠 수도 있을 것이다. 아니면 부모님 대신에 또는 부모님이 돌아가신 후에는 아내에게 부모님이 해주던 역할을 계속하도록 강요하게 될 것이다. 그는 어떤 경우이든 어린 시절의 방식대로 소비해야 만족을 얻는 것이다.

제7장

나르시시즘의 자아도취적 소비 남용

나르시시즘의 자아도취적인 소비 남용을 하는 사람들은 옷과 보석, 신발, 핸드백, 장신구, 미용, 피부 미용, 성형 등에 돈을 소비하는 것을 좋아한다. 이들의 관심은 단지 외부에 자신의 모습을 드러내 보이는 것에 있다. 겉모습의 치장으로 다른 사람들에게 아름다움의 칭송을 받기를 원한다. 자기 과시를 위해 돈을 소비하는 사람들은 많은 대중들의 시선을 바란다. 이유는 자신의 특별함, 자기의 특별한 매력을 다른 사람들이 칭송할 때, 가장 많은 기쁨과 희열, 주이상스(jouissance)를 느끼기 때문이다. 대중적인 모임이나 단체, 조직에 거액의 기부금을 기꺼이 쓰는 경우를 예로 들 수 있다. 이런 자아도취적 소비를 하는 사람은 자기가 속한 단체에 많은 돈을 쓰면서 사회적 명성을 유지하기를 좋아한다.

자아도취적 소비 남용의 또 다른 부류는 골동품이나 최신전자제품, 명품가구, 명품자동차, 명품 집, 명품 옷, 명품 가방, 소위 명품을 찾는다. 명품으로 자신을 과시하고 타인의 부러움을 받으며, 자신을 돋보이게 하는 데에 돈을 소비하는 것이다. 그들을 가장 힘들게 하는 일은 소비를 위한 돈이 결코 충분하지 않다는 것이다. 그들 중의 많은 사람은 흡족한 소비를 서두르는 마음에서 까다롭고 힘든 일도 잘 견디어서 돈을 번다. 그렇지 못하면 부채를 지면서까지 소비를 하게 될 것이다. 자아도취적인 어떤 사람은 남은 안중에 없이 오직 자기에게 필요한 돈을 획득하고 자기를 위한 소비를 위하여 도덕과 법을 무시하면서까지 돈을 버는 사람도 있다. 우리는 매스컴에 가끔씩 등장하는 도둑질한 돈으로 명품 사고 유흥을 즐기면서 탕진하는 범죄인들의 행태를 듣곤 한다.

그는 이렇게 다른 사람들과의 친해지기 위해서나, 다른 사람에게 특별대우 받기를 바라는 것과 같이, 사랑받는 것을 돈으로 사려고 하면서 자신의 콤플렉스와 열등감과 씨름하면서 타자의 사랑을 사는 것이 가능한 것인지 끊임없이 찾는다. 그러나 그의 노력은 성숙하게 발전하는 것이 아니라 다른 사람들에게 점점 사랑의 동냥을 구하는 일만이 증폭되는 헛된 나르시시즘적 환상의 올무에 빠지게 될 것이다. 결국 그런 그의 고통은 술, 알코올로 돌리게 되고, 알코올에 깊이 빠지면서 술집을 전전하며 돈을 낭비하게 될 것이다. 그것은 또한 가정불화로 이어질 것이다. 남편의 이런 모습에 직면한 부인은 남편의 낭비벽을 비난하며 다툼을 한다. 부인은 아무리 해도 화난 마음이 풀리지 않는다. 그녀는 마음을 위로받고 싶은데, 위로해 줄 사람이 없어서 힘들고 우울하다. 그래서 그녀는 집을 나가 쇼핑을 하거나, 온라인 쇼핑에 몰두한다. 괜스레 옷과 신발, 가방, 모자, 음식 등 물건을 사댄다. 실제로 별 필요도 없는 물건들이다. 그녀는 그것들을 결코 입지도 신지도 쓰지도 먹지도 않는다. 그녀는 남편의 낭비벽에 화가 나서 무의식적으로 충동구매에 빠진 것이다.

운동선수들이나 연예인들 중에 소비 남용, 자아도취적 소비를 하는 사람들이 있다. 그들은 경기에서 승리하거나 연예 활동의 인기를 구가하는 것에 커다란 희망을 가질 뿐만 아니라, 경기에 지거나 인기를 잃는 것에 대한 두려움도 있기에 그런 마음을 소비 남용으로 대신한다. 자아도취적으로 그들은 많은 일을 하지 않고도 중요한 수입을 올리기를 바란다. 그래서 그들은 어떤 놀이와 유흥, 소비 남용하면서 그들의 이런 바람을 스스로 채찍하고 벌한다. 그들이 돈을 벌면, 술집과 레스토랑, 친구들, 선후배들을 만나면서 한 턱 내는 것으로 나르시시즘의 자아도취적 소비를 하는 것이다.

소비 남용을 하는 많은 사람들은 지폐를 사용하는 것보다 카드를 사용하는 것을 더 선호한다. 카드의 사용은 물건을 사는 순간만은 최소한 무한한 구매를 할 수 있다는 우월감과 권력감을 주기 때문이다. 그에게 돈을 쓰면서 느끼는 자극적인 희열은 물건 습득이 주는 만족보다 훨씬 강한 기쁨을 준다.

가끔 이런 소비를 즐기는 사람이 여자라면 그녀는 아주 요염하고 귀엽고 수다스러워서 어떤 남자의 보호를 유도하는 일이 발생한다. 그리하여 그녀가 물건 살 돈이 부족할 때, 그녀의 보호자인 그 남자는 그 돈을 지불해주는 일이 발생하고 매번 남자는 그녀의 보호와 만족을 위해 희생하는 사람이 된다. 만약 그 남자가 이런 보호를 해주지 않으면, 그녀는 돈을 뜯어내기 위하여 성적인 유혹으로 방향을 바꾼다. 우리는 여기서 무의식적 소비 욕구 때문에 하는 매춘 심리나 돈 때문에 결혼하는 심리의 한 부분을 볼 수 있다.

제8장

격려금과 재정 상태의 부정적 표출

어떤 사람은 자기가 가진 돈이 없는 것에 수치심을 느껴서 반대의 형태로 부정적 표출을 한다. 가령 아주 가난한 집에 태어나서 인생이 불행하다고 생각하는 사람이 있다. 그래서 그 사람은 다른 사람들이 자기를 부유한 사람으로 봐주기를 바라는 마음에서 돈을 허비하고, 의심 없이 부유한 사람인 것처럼 행세하며 그러기 위해서 부유한 사람과 친하게 지내며 사귀려 한다. 우리 주위에는 빚을 지고 비싼 집에 살면서 허덕이는 이른바 하우스 푸어들이 많이 있다. 그들은 부유한 곳에서 부유한 여자나 부유한 남자와 결혼하려고 모든 노력을 다한다. 자연히 배우자의 돈이나 부모의 재산에 의존하며 살게 되기 때문에 돈의 수입이 없는 경우가 많다. 그런 사람은 돈 많은 행세를 하기 위하여 가능한 모든 음모와 부정을 저지를 수도 있다.

또 어떤 사람은 수동적이고 의존적인 상태를 지속하면서 측은히 여겨지는 것을 원하는 사람이 있다. 그 사람은 자신이 보유한 돈을 소비하지 않기 위하여 돈 없다고 하소연하고 동냥을 구한다. 그러면서 속으로는 숨겨놓고 보유한 자기 저축의 잠재적인 우월감에 희열을 느낀다. 그런 사람들 중의 많은 사람은 어떤 수상한 적에게 자기 돈을 뺏기지나 않을까 노심초사의 두려움을 갖는 경우가 많다. 그래서 그 사람은 가난하다고 수입이 줄어든다고 엄살을 부리며 돈을 도난당하는 것에 안전장치를 마련한다. 그런 사람은 은행을 믿지 않기에 돈을 여기저기로 옮겨 저축하거나 아니면 자기 집의 어떤 곳에 비밀리에 숨겨 놓는다. 그런 사람의 심리 상태는 무의식적으로 자기 징벌을 원하고 자기가 가진 것을 포기하도록 압박당하는 심리를 갖고 있는 것이다.

격려금은 타인의 상태를 건설적인 의미로 격려하고 고무하는 경우로 쓰일 수도 있거나 또는 타인을 조종하는 부정적인 의미로 쓰일 수 있다. 사례금이 건설적인 의미로 쓰여지는 경우 그것은 개인을 위해서나 단체를 위해서 사회적으로 바람직한 활동을 개선하게 한다. 가령 아이에게 주는 용돈은 격려의 차원에서 아이를 더욱 좋은 방향과 바람직한 행위로 인도 할 수 있다. 어른에게 격려금이 지불되면 일하는 데 더욱 힘을 내게 될 것이다. 격려금이 긍정적 의미로 사용되면 교육에 좋은 영향을 미칠 것이고, 삶을 향상시킬 것이며, 건강을 증진시킬 것이고, 과학과 예술의 측면에서는 창조성을 고양시킬 수 있을 것이다. 또한 환자를 위한 격려금이나 사망한 가족을 위한 조의금은 환자나 상을 당한 가족들이 정신심리적으로 재활하는 데 유용하게 쓰일 수 있다.

그러나 불행하게도 격려금은 또한 파괴적이고 부정적인 돈으로 이용될 수 있고, 좋은 품성이나 도덕과 법과는 반대되는 행위를 하게 할 수 있다. 격려금으로 매수하여 반대 세력의 저항을 무찌르는 데 이용될 수 있다. 그런 매수를 위한 격려금이 충분히 많은 거액이 제공되면, 매수당한 사람은 그 금액의 유혹에 넘어가 매수에 복종하게 되어 반사회적이고 불법적인 파렴치한 행위를 수행하게 된다. 그쯤 되면 우리는 그것을 뇌물이라 한다. 거기에는 뇌물을 통해 상대방을 조종하고 학대하는 가학증(사디즘)적 주이상스, 가학증적 쾌감을 담고 있다. 그리하여 가학증자 사디스트는 다른 사람을 가해하거나, 지배하거나, 굴복시키거나, 직권 남용하거나, 독재 권력을 추구하는 경향 등으로 나타난다(이유섭, 2012: 98).

　우리 사회는 선물이 뇌물이 되는 국가사회적 병폐를 오랫동안 경험해 왔다. 이른바 김영란법으로 나아지긴 했으나 아직도 회사나 국가기관, 사회 곳곳에서 이런 병폐가 발생하고 있다.

제9장

'쥐 인간' 사례의 돈에 대한 강박관념

본명이 란저, 에른스트(LANZER Ernst, 1878–1914)인 '쥐 인간' 사례는 도라 사례와 늑대 인간 사례 사이에 진행된, 프로이트가 공식적으로 발표한 두 번째 가장 큰 정신심리분석 치료로서, 가장 잘 완성되고 구조화된 논리성을 갖고 있는 것으로 평가된다. 치료는 1907년 10월에서 1908년 7월까지 9개월간 진행되었다. 프로이트는 수요심리학회에서 다섯 번에 걸쳐 이 사례를 언급했고, 1908년 4월 26일 잘츠부르크 국제정신분석학회(IPA) 첫 회의 때 이 사례를 다섯 시간 구술 발표로 소개하였다(Roudinesco, 2000: 627–628).

빈 중산층 유대 가정에서 태어난 에른스트 란저(Ernst Lanzer)는 7형제 중 네 번째 아이이다. 그의 아버지 하인리히 란저(Heinrich Lanzer)는 처음에는 어떤 가난한 여자를 사랑했으나 끝내는 에른스트(Ernst) 어머니인 부유한 로자 사브로스키(Rosa Sabrosky)와 결혼하였다.

1897년 법학 공부를 하고 변호사가 된 에른스트는 부유한 여성과 결혼을 원하는 아버지의 의견과는 반대로 기젤라 아들러(Gisela Adler)라는 가난한 사촌 뻘 되는 누이를 사랑하게 되었다. 불행은 겹쳐 이 아가씨는 아이를 가질 수 없는 난소 척출 수술을 받게 된다.

1898년 아버지 하인리히의 죽음으로 에른스트 란저는 아버지처럼 티롤 지방 황제 군대에 속하는 사격 부대에 입대하여 군대 경력을 쌓는다. 1901년부터 그는 이상한 병적인 성적 강박관념에 시달리기 시작한다. 그는 장례와 죽음 의식에 대해 유별난 흥미를 보였고, 거울에 비친 자신의 페니스를 바라보며 발기 정도를 확인하는 습관도 있었으며, 이어 자신을 향한 죄책감과 비난으로, 이것은 바로 신앙심과 기도로 이어지긴 했지만, 수 없는 자살 유혹을 느끼곤 했다. 그는 목을 면도칼로 자르거나 물에 투신하여 버리는 충동도 느끼곤 했다.

1905년 27살에 그는 심각한 강박 신경증에 시달린다. 부유한 여성과 결혼시키려는 부모의 계획을 거부했음에도 그는 가난한 여인 기젤라와도 결혼을 결심하지 못한다.

1907년 여름, 바야흐로 두 개의 사건이 프로이트와 함께 치료받는 기간 중에 발생한다. 7월, 갈리시에서 군사 훈련 중 체벌 담당자인 네멕젝(Nemeczek) 대위에게서 동양의 잔인한 고문 이야기를 듣게 된다. 죄수를 발가벗겨 결박한 채 무릎을 꿇게 하고 땅에 굽히게 한 채, 그의 엉덩이에 구멍 뚫린 커다란 항아리를 엎어 놓는다. 그 속에는 쥐 한 마리가 날뛰고 있다. 먹을 것도 없는 상태에서 항아리 구멍으로 들어온 쥐는 불이 빨갛게 달구어진 나무줄기를 보자 흥분하여 불을 피해 죄수의 항문 창자 속을 뚫고 들어가 피투성이의 상처를 입힌다. 30분 후 죄수와 함께 쥐는 질식해 죽어 버린다는 이야기였다.

그 날 에른스트 란저는 훈련 중 코안경을 잃어 버렸다. 그는 곧 빈 안경점에 다른 안경을 사달라고 부탁하는 전보를 쳤다. 이틀 후 그는 대위를 통해 안경을 받게 되는데, 대위는 우편물 책임자인 다비드(David) 중위가 우편요금을 대신 지불해 줄 것이라고 말했다.

안경 값을 지불해야 하는 것에 대해, 란저는 빚 상환에 대한 강박적인 사고와 얽혀서 강박증적 행동을 보였다. 고문 이야기와 빚 갚는 이야기가 뒤섞이면서 '쥐 인간'의 기억 속에 다른 돈 갚는 이야기가 떠올랐다. 그의 아버지는 예전에 노름빚을 진 적이 있었다. 아버지는 어떤 친구가 필요한 돈을 빌려주어 노름빚을 상환하므로 불명예에서 벗어났다. 아버지는 아들이 제대 후에 빚을 갚을 심사로 그 사람을 찾으려 했으나 그러지도 못하고 빚도 갚지 못하였다(Freud X, 1957: 210-211).

동양의 '쥐 이야기'의 강박 감정에 사로잡힌 에른스트 란저는 1907년 10월 1일 프로이트 분석실에 들어와, 단숨에 자유 연상을 했고, 6살로 거슬러 올라가 성적인 회고담을 말한다. 6살 때쯤 어린 에른스트는 자위행위의 실수를 범했는데 아버지로부터 벌을 받는다. 즉 자위행위에 대한 책망이 성에 대한 아버지의 금기로 억압 각인되었다. 그의 자위행위는 어른이 되어서도 줄곧 계속되고, 이에 대한 죄책감은 아버지의 금기와 얽혀서 아버지의 죽음, 면도칼로 목을 자르고 싶은 충동, 여자의 벗은 몸을 보고 싶은 충동, 사랑하는 애인에게 무슨 일이 닥칠 것 같은 두려움, 쥐 형벌의 두려움, 안경 값의 지불에 대한 생각 등 여러 형태의 강박증적 사고를 낳는다.

마침 쥐 형벌을 듣던 시점에 Z마을 우체국의 한 여직원을 흠모하고 있었다. 성 충동이 일어나고 아버지의 금기가 떠오르게 되어, 란저는 아버지를 제거하고 싶은 충동에 시달리고 이로 인한 죄책감은 자신의 목을 면도칼로 자르거나 물에 빠져버리고 싶은 강박증의 방어기제로 표출된다.

또한 그는 안경 값을 지불하는 것에 대한 혼란스러운 강박증에 시달린다. 돈을 지불하지 않으면 아버지에게 쥐 형벌이 가해지지 않을까 하는 강박증이다. 그의 무의식에 쥐는 여러 시니피앙과 연결 고리를 맺고 있는데, 그중 하나는 돈으로 대체되어 표출된 것이다. 치료비를 말했을 때, 그는 "그렇게 많은 쥐(Ratten)를 한 시간 치료비(Raten)로 받습니까?"라고 말실수를 한다. 그리하여 그의 무의식에서 항문 속의 쥐는 대변이면서 돈을 상징하는 것이 된다(Freud X, 1957: 213-214).

안경 값의 지불은 또 다른 시니피앙의 연결고리에서 아버지가 군시절에 진 도박 빚을 생각나게 했다. 아들인 란저가 그렇게 복잡하게 기어이 안경 값을 지불했던 것도 노름빚을 못 갚은 아버지를 조소하는 행위로 아버지에게 일격을 가하는 상징적인 의미가 된다. 그는 아버지가 돈 많은 처녀와 결혼하라고 했지만, 돈 없는 처녀 기젤라와 결혼하고 싶어했던 것도 아버지에 대한 반감에서 온 것이라 할 수 있다. 같은 선상에서 언젠가 기젤라와 사랑에 빠져있었을 때인데, 그는 돈이 없어서 결혼을 엄두조차 못하고 있었다. 그때 문득 아버지가 돌아가시면 결혼할 만큼 돈이 생길 것이라는 생각을 했었다. 그렇게 어린 시절부터 자기에게 체벌을 가하고 무섭게 한 아버지를 제거하고 싶다는 오이디푸스적 무의식의 갈등은 에른스트 란저에게 끝없는 강박증을 낳게 한 것이다.

◆ ◆ ◆

오늘날 돈으로 많은 것을, 거의 모든 것을 살 수 있는 것으로 여겨진다. 그러나 돈이 가치 영역 전체를 독점할 수는 없다. 돈으로 가장 높고 가장 귀한 가치를 얻지는 못한다. 돈이 바로 가치인 것은 아니다. 돈은 다만 가치의 총체를 반영하는 거울일 뿐이다. 인간 존재는 고유의 존엄성을 지니고 있기에 우리들 각자는 자신의 영역, 자신의 환경에 처해 살아간다. 각자 자신의 언어와 자신의 문화와 역사, 자신의 세계를 갖고 살고 있기 때문에 물질이나 그 무엇으로, 또는 어느 누구도 다른 사람을 침해할 권리가 없다. 그러므로 상거래의 가치가 아닌, 물질 형태의 수단으로 획득될 수 없는 절대적 본질에 대한 정의에 주목하지 않을 수 없다. 정신심리분석이 최고의 가치를 리비도, 즉 사랑에 둔다는 것은 더 이상 놀랄 일이 아니라 여겨진다.

이와 유사한 예술의 가치처럼 이 사랑의 가치는 물질적 평가를 넘어서 위치하고 돈으로 구매하는 영역과는 다른 영역에 놓여있다. 그 영역을 우리는 라깡의 용어를 빌어 욕망의 원인, 대상 a로 부른다.

생명이 유지되기 위해서 물질은, 욕구는 필수적이다. 애초에 우리

는, 아기는 스스로 살 수 없기에 울음으로써 타인에게 도움을 요청한
다. 이 울음을 큰타자(엄마, 아빠 또는 보모)가 의미를 부여하며 응답한
다. 아기의 울음을 배고픔이나 아픔, 더움, 추움, 놀기, 음악 등으로 엄
마가 의미 부여를 해 응답해 주면('배고프니!', '어디 아프니!', '놀아 줄까?',
'음악 듣자'), 아이는 엄마의 의미 부여에 따라 자신의 울음을 부름으로
변형하여 받아들이게 된다. 그렇게 아기의 울음은 엄마의 부름, 엄마
에 대한 요청(요구)으로 변형되는 것이다. 요청(요구)은 다른 사람에게
말로 요청하는 욕구가 된다. 욕구는 언제나 어떤 대상(큰타자, 엄마, 아
빠)을 향하게 하고 그 대상으로 만족한다. 우리는 무엇인가를 누구에
게 요청(요구)한다. 그 요청은 물질(돈)의 순수한 욕구로 바뀔 수 없다.
욕구는 결코 순수한 상태로 존재하지 못하고 요청(요구)과 결국에는
욕망을 통하여 표현하는 언어의 증표를 항상 만난다(이유섭, 2006: 89).

결국 아기의 요청(요구)에 응답하면서 큰타자(엄마)는 모유를 제공
하는 것이 아니라, 사랑의 욕망을 제공하는 것이다. 이렇게 욕망이 욕
구의 형태로 나타나는 현상을 물질(돈)과 그것의 다양한 소비 형태로
이해할 수 있다.

젖이, 우유가 엄마가 아니라는 것을 발견하면서 아이는 엄마로부
터 분리되고 엄마 없이 살 수 있게 된다. 이제 욕구는 엄마의 욕망으로
나타난다. 엄마라는 대상은 아이의 욕구로 완전히 바뀌지지 않는다.
대상에 대한 이런 깨달음은 욕구와 욕망의 분절로 이해한다. 아이가
주어진 시간과 장소로 변형하고 동화 할 수 있었던 젖, 우유는 타인,
즉 타자가 갖는 것이라는 인식을 하게 된다. 반면 주어진 시간과 공간
을 넘어서 존재하기를 계속한 엄마는 욕구를 넘어서 존재할 수 있는
아주 다른 질서인 큰타자(Autre), 절대 타자의 세계가 된다. 이렇게 인
간은 작은타자(autre)와 큰타자(Autre)의 분리 이해를 통해서 타자의 요
청(요구)와 큰타자의 욕망이 얽혀있는 주체의 구조를 발전시켜나간다.

인간 주체의 분리와 결핍을 낳게 한 장본인으로써 욕망의 원인인

대상 a는 다양한 형태의 물질 소유와 소비의 환타즘(fantasme)을 통해 그 잃어버린 대상을 확인하려 한다. 다시 말해서 물질의 소유와 소비의 환타즘은 잃어버렸다고 가정하는 대상 a의 상상적 재현이라 할 수 있다. 그러므로 물질이나 돈, 인간관계 등, 어떤 대상과의 진정한 관계는 그 존재를 가능한 한 가장 먼 거리에 두면서도 사랑할 수 있을 만큼의 거리를 두면서 그 대상과 분리되어 존재해야 한다고 생각한다.

제3부

유머농담과 웃음을 분석하다

제1장

유머농담과 무의식 사고

어떤 무의식 생각, 무의식 사고, 무의식 재현이 억압되면, 그 억압된 생각들(숨겨진 것들, 감추어진 것들, 아픔들)은 의식의 검열을 피하기 위하여 부지불식간에 알지 못하는 형태로 변형하여 회귀할 수 있다. 그 대표적인 것 중의 하나가 부지불식간에 표출되는 유머농담이다. 유머농담에서 말의 중복 의미, 말의 복합의미가 이 변형 형태의 가장 유용한 형태로 구성될 수 있다.

일명 '삼시기 새끼'라는 유머농담이 있다. 농담의 화자는 집에서 남편의 식사를 차려주는 부인이다.

1. 하루도 차려주지 않아서 편하면, "영(young)식씨!"라 부르고,

2. 한 끼만 차려주면 "일시기, 일시가!"라 부르며,

3. 두 끼 먹으면 "이시기, 이새끼!"가 되고,

4. 세 끼 먹으면 "삼시기 새끼!"라 부르고,

5. 세 끼 먹고 간식 달라면 "간나 새끼!",

6. 종일 간식 찾으면 "종 간나 새끼!"라 한다고 …

또 다른 예로, 초등학교 3학년 학생들에게 퀴즈를 낸다.

문제; 술에 취해서 거리에서 큰 소리를 지르거나 노래를 부르는 것을 사자성어로 무엇이라 하나요?

아이1; "고성방가"
아이2; "고음불가"
아이3; "이럴수가"
아이4; "미친건가"
아이5; "아빠인가"

첫 번째 유머농담에서처럼 주부들의 억압들(가부장적 억압, 집안 살림, 부엌살림, 식사준비, 설거지, 남편 시중, 자녀 시중, 살림살이에 얽매임, 성적 억압, 자유와 여가 생활의 억압, 폭력, 북한욕으로 표출된 이데올로기적 억압 등)과 아버지들의 억압들(가부장적 남존여비, 가사의 미숙, 음식 미숙, 여가 생활 미숙, 성의 억압, 독립 미숙, 폭력, 남북 이데올로기적 억압 등)에 관한 무의식 사고들과, 두 번째 초등학생의 예에서 자라나는 어린이들의 억압과 아픔들[공부 스트레스, 경쟁의식, 공부 열등감, 어른들(사회)의 무질서, 사회병리, 아버지들 애환, 가족의 아픔 등]에 관한 무의식의 생각들이 유머농담 놀이로 표출되어 웃음과 공감을 일으키고, 그 속에 내포된 의미들의 자연스런 이해, 해석, 무의식의 앎으로 기능하는 역할을 하게 된다.

유머농담은 정신심리분석학적 꿈 이론의 표출내용/잠재내용처럼 잠재내용이 응축(condensation 압축)과 전치(deplacement 대치)의 메커니즘, 라깡의 용어로는 은유와 환유의 메커니즘으로 표출되는 현상으로 읽을 수 있다.

가령 추석을 맞이하여 어떤 사장이 사기 진작의 차원에서 전날 10명의 직원 중 8명에게 상품권을 선물했고, 그 다음날 이 사실을 모르는 2명 직원(출장으로 부재)에게 상품권을 주려고 다음과 같은 멘트를 던지자 직원들의 폭소와 박수가 만발한다.

"자, 수고들 많으십니다!, 지금부터 추석을 맞이하여 모범사원에게
무언가를, 상을… "

'추석상품권'이 '모범사원 상'으로 대치되어 표현되었고, 그것은
'억압된 경쟁심', '상을 받고 싶은 인정의 욕망', '업무 스트레스(일, 업무
처리, 대인관계, 상하관계 등)', '상사의 권위', '명절 증후군' 등 포도송이
처럼 뭉쳐있는 응축의 무의식적 사고들에 공감하여 일시에 웃음으로
표출되는 것이다.

유머농담을 행하거나 들으면 무엇 때문에 즐거울까? 유머농담은,
설령 그것이 일상에서 의식에 의해 억눌려진 사고라 할지라도, 의식의
검열이 기꺼이 허락하고 수락한 무의식 감정의 방출이기에 즐거움을
준다. 유머를 행하고 듣는 순간에 주체는 일상에서 지속적으로 유지하
고 있던 억압을 지속해야 할 하등의 필요가 없다. 인간 주체는 보통 아
픔이 재현되는 고통, 그 불안을 피하려고 무의식 사고가 의식화되는
것에 반대하여 늘 검열하면서 억압을 지속하고 있었다. 우리는 유머농
담을 이용하여 일상에 얽매여 있는 에너지(억압된 에너지)를 해방(방출)
시키는 쾌감을 맛보게 된다. 쾌감은 긴장의 감소, 스트레스의 해소로
정의할 수 있기 때문이다. 박장대소의 웃음은 이런 카타르시스(감정방
출, 정화) 주이상스의 대표적 증거인 셈이다. 우리는 유머농담의 말을
하면서 웃음을 나누게 되고, 우리의 마음에 담겨있는 억압들을 노출하
여 농담에 공감하며, 억압들, 마음의 스트레스를 나누게 된다.

제2장

라깡의 큰타자(Autre)와 유머농담

1) 무의식 충동과 욕망으로서의 유머농담

시중에 떠도는 유머농담의 상당 부분은 대부분 익명성을 띤다. 이유는 직접적으로 하기 어려운 무의식의 감정들이나 충동들, 억울함이나 비난, 보복을 우회로를 통해서 실현하려고 하기 때문이다. 자기 자신을 내보이고 표현해서 인정받고 싶은 충동, 성적 표현의 충동, 억압된 충동, 욕망 등 무의식의 충동과 욕망이 종종 유머농담을 생산하는 추동력이 된다.

프로이트는 홀로 유머농담을 하는 것은 보편적으로 인정되지 않는다고 말한다. 유머농담의 정신심리적 과정은 나와 상대 인물 그리고 제3자 사이에서 완성된다. 제3자가 유머농담의 완성을 위해 함께 작용하기 위한 불가결한 조건은 일정 정도의 우호 또는 중립이다. 즉, 유머농담에 대해 심한 적대 감정을 일으킬 수 있는 어떠한 요소도 없어야 한다(Freud, 1905/1991: 193).

우리는 유머농담을 하는 사람이 대부분 진지하게 긴장된 표정으로 농담을 표출하면 듣는 사람은 폭발적인 웃음으로 자신의 쾌감을 표출하는 것을 보게 된다. 내가 전해 들었던 유머농담을 남에게 전달할때, 내가 그 유머의 효과를 망치지 않기 위해서는 유머농담을 처음 했던 사람과 똑같이 수행해야만 한다. 유머농담으로 웃음이 만발하기 위해서는, 즉 유머농담이 효과를 발휘하기 위해서는 제3자가 유머농담을 한 화자와 많은 점에서 공감을 하고 비슷한 경험을 해봤으며 심리적으로 일치점들을 가져야 한다. 또한 무의식 감정의 방출, 해방의 비용이 자동적·자발적으로 표출되어야 하고, 주의집중 해야 하며, 주의집중에 방해가 없어야 한다. 그러기 위해 가능한 한 짧은 표현을 쓰려고 노력해야 하고, 쉽게 이해될 수 있어야 한다. 듣고 있는 제3자들 편에서는 무의식 감정을 방출하는 에너지 집중에 공감하며 그 공감이 미리 준비하고 강화되고 고조되면 더욱 유리하다. 또한 억압들이 쌓여있는 정도가 심하면 심할수록 유머농담으로 방출·해방되는 에너지는 더 높아진다. 억압과 스트레스가 심한 중·고등학교 청소년 학급에서 튀는 유머농담으로 폭소가 터지는 경우를 예로 들 수 있겠다.

2) 유머농담과 제3자의 공감

그렇게 유머농담은 화자와 수신자가 반드시 있기 마련인데, 수신자에는 청자를 포함하여 대체로 제3자가 필요하고, 제3자의 상태 또한 중요하다는 점을 다시 강조한다. 유머가 완성되기 위해서는 유머를 활성화하고 고무하는 정신심리적 작용에 다른 사람이 참여해야 한다. 유머농담은 어떤 사람을 겨냥할 수 있다. 가령 너덧 명의 모임에서 A라는 사람이 B라는 사람을 겨냥해서 농담을 던질 때, B를 포함하여 그 말을 듣고 있는 제3자들(C, D, E⋯)에게 말을 해야만 유머농담의 가치로 받아들여 웃음의 즐거움을 준다. 수신자들은 A의 말에 웃음으로 응답함으로써 농담을 받아들인다는 공감을 확인해준다. 그때 그 담화에 참여하는 수신자들은 무의식의 감정들, 무의식의 사고들, 무의식의 생각들을 추출해내는 원천, 소스, 원인으로 이해할 수 있다.

라깡은 제3자인 수신자들을 큰타자(Autre; 무의식 사고들의 연쇄, 시니피앙들의 연쇄, 즉 무의식 사고들의 원인)라는 개념으로 설명한다(Lacan,

1957/1998: 24 − 25).

청자들은 유머농담의 참여자가 되고 듣는 입장의 수신자 된다. 그렇게 수신자들은 자연스럽게 그 담화에 연루되고 유머농담의 큰타자(Autre)가 되어 유머농담을 유발하는 원인의 자리를 갖게 된다. 유머농담은 자아 속에서 기원하는 것이 아니라, 큰타자 속에서 기원하기 때문이다. 유머농담은 우리의 의식적 통제를 벗어나서 수행된다. 그것은 의식의 바깥 다른 장소, 무의식에서 유래하기에 무의식은 큰타자의 담론이라 부른다. 큰타자는 유머농담이 구성되는 장소이다. 그렇기 때문에 화자가 진지한 말을 했는데도, 청중은 웃을 수 있고, 화자가 유머농담을 했는데도 청중은 아무 반응이 없이 썰렁할 수 있는 것이다.

예컨대, 아이가 울 때마다 엄마가 젖(본능의 욕구)만 주면, 울음은 배고픔의 생물학적 욕구로만 해석될 것이지만, 울음을 욕망의 표현으로 이해할 수도 있다. 물론 아기에게 생명이 유지되기 위해 음식과 배설, 수면과 같은 생리적 본능, 욕구는 필수적이지만, 누군가의 따뜻한 돌봄, 애정도 필요로 한다. 아기는 자급자족을 할 수 없기에 누군가의 돌봄과 애정이 필수적이다. 음식과 배설, 수면도 누군가의 돌봄과 애정으로 가능하다고 본다. 아기는 울음의 표출로 타인에게 도움을 요청한다. 아기는 이렇게 요구(요청 demande)를 하는 것이다. 이렇게 요구는 다른 사람에게 말로 요청하는 욕구이다. 그러나 아기의 요청, 요구, 바람, 칭얼댐, 울음, 그 시니피앙은 불명확하기 때문에 엄마는 그것이 무엇을 뜻하는 것인지를 해석한다. 또한 울음으로 바라는 바를 요청(요구)하는 아기도 자기가 무엇을 원하는지 안다고 볼 수 없다. 그 울음, 그 행위, 그 시니피앙이 의미를 갖게 되는 것은 부모가, 돌보는 사람이 그것에 이름을 붙여주기 때문이다. "아가야!, 쭈쭈 줄까?", "놀아줄까!", "노래 듣자!", "스마트 폰 보여줄게!", "TV 보자!", "또 찡찡대냐!", "그만 좀 해! 미치겠다!" 등등이다.

아기가 편안함, 배고픔, 놀고 싶음, 좋음, 부드러움, 싫음, 거북함, 딱딱함, 매움, 짬, 씀, 고통스러움, 추움, 더움, 불편함, 불안 등을 느낄 수 있으나 그 의미를 부모가 어떻게 해석하느냐에 따라 느낌들의 의미가 결정될 수 있다. 만약 아기의 울음을 단지 먹을 것(욕구)으로만 응답하면, 아이가 느낀 느낌들은 배고픔의 의미로만 결정될 것이고, 안아 주는 것으로 응하면 아기는 엄마의 품의 의미로 결정할 것이며, 또는 놀기로만 응답하면 아기의 느낌들은 놀기의 의미로 결정될 것이고, 불안으로 응답하면 아기의 느낌은 불안으로 결정되는 것이다. 이렇게 의미는 사후적으로 결정된다. 의미는 사후적 산물이다. 의미는 아기에 의해서가 아니라 큰타자에 의해서 결정된다. 가령 아기의 울음을 단지 생리적 본능적 욕구의 표현으로만 응답하면 아기의 울음은 다른 의미를 닫아 버린 채 울음은 단지 배고픔의 욕구로 축소해 버리는 결과를 낳는다. 아기의 요청(요구)을 욕구로 축소해 버린다는 것은 아기가 타자를 향해 무엇인가 요청한다는 사실을 지워버리는 셈이 되는 것이다. 어떤 부모들은 아기의 울음을 종종 욕망의 표현으로 읽을 수 있다. 아기의 울음을 통해 안아주기, 애정, 관심, 노래듣기, 믿음, 놀이, 동화듣기, TV보기, 얘기하기 등과 같은 것들을 욕망한다고 해석할 수도 있다. 그러므로 욕망은 요청(요구)에서 싹트고 있다고 말 할 수 있다. 그 싹은 활짝 피어 꽃이 될 수도 있지만, 미리부터 잘릴 수도 있는 것이다.

순수한 욕구란 공증할 수 없고, 욕구는 어떤 대상을 향하여 요청(요구)하고 대상의 응답으로 만족되는 것이다. 우리는 무엇인가를 누구에게 요청(요구)한다. 그러나 그 요청은 사물의 순수한 욕구로 바뀔 수 없다.

가령 생리적 본능(욕구)인 음식을 예로 들어보자. 누군가와 만나 점심을 먹으러 근사한 식당에 갔다. 우리는 협의하여 한 음식을 먹든지, 아니면 각자 자기가 원하는 음식을 먹든지 한다. 그렇게 어떤 음식이든지 본능적인 순수한 음식, 순수한 욕구 그 자체는 없다. 각자가 바라는 음식, 요청(요구)하는 음식만이 있다. 생리적 본능인 음식의 욕구는 결코 순수한 상태로 존재하지 못하고, 원하는 바, 바라는 바의 요청(요구)과 결국에는 어떤 음식을 먹고 싶다는 욕망을 말이라는 수단을 통하여 결정한다. 우리에게 욕망을 표현하는 언어는 이미 항상 선존한다. 우리는 이미 선존하는 언어를 통해 음식을 먹을 수 있을 뿐이다. 그런데 말은, 언어는 큰타자의 욕망에 속한 것이기 때문에, 우리는 큰타자의 욕망을 욕망 할 수밖에 없다. 그래서 음식도 어린 시절에 어머니가 차려주던 음식, 그런 익숙한 음식을 욕망하든지, 어린 시절의 추억이 담긴 음식을 욕망하든지, 사랑하거나 좋아하는 사람과 먹던 음식 등을 욕망한다. 그래서 라깡이 말한 바처럼 우리는 큰타자의 욕망을 욕망한다고 말 할 수 있을 것이다.

결국 유머농담의 화자보다는 큰타자인 청자들이 어떤 태도를 보이느냐에 따라 화자의 말이 요청(요구)이 될 수도 있고 욕망이 될 수도 있는 것이다. 큰타자의 역할을 수행하는 청자가 화자의 말을 결정할 힘을 가지고 있기 때문이다. 유머농담에서의 의미는 청자들, 즉 큰타자의 장소(무의식의 장소)에서 결정된다. 그러므로 어떤 특정한 주장을 아무리 설득시켜보려 해도 그것의 의미는 청자들에게 다른 식으로 해석되어지는 경우들이 종종 일어난다. 의미는 항상 큰타자에 의해서 결정되기 때문이다.

제3장

라깡의 시니피앙과 유머농담

1) 무의식 감정의 방출과 힐링

　유머농담을 하여 청자들이 웃을 때, 화자는 자기 자신의 억압을 표출하고 억압의 방출을 통한 쾌감을 얻기 위해 청자들에게 공감과 동감의 웃음을 유발시키기 위함이 내재되어 있다. 그래서 화자는 유머농담이 성공했다는 객관적 증표로 웃음의 폭발에 공감하면서 자신의 목표대로 무의식이 원하는 바인 억압의 해방, 긴장의 해방, 스트레스 해소라는 쾌감을 달성한다. 그렇게 화자의 측면에서 유머농담은 청자들을 매개로 무의식 감정의 방출이라는 정신심리 과정을 겪게 되는 것이다.

　유머농담이 표출되는 순간, 공감으로 웃음이 터지는 그 순간 우리는 진실을 감지한다. 그러므로 유머농담은 무의식의 억압들의 재현이요 억압들로부터 해방되는 치유, 힐링의 기능을 갖는다.

　유머농담이 표출되는 순간, 유머농담의 말, 즉 하나의 시니피앙(S1)은 말하는 사람의 본의 아닌 의식하지 않은 표현이다. 순간적으로 의식하지 않고 말하지만 시기적절하게 정확하게 말해서 모든 사람이 웃게 되는 자발적인 응답, 응수라 할 수 있다. 그 응수의 시니피앙이 웃음을 주는 것은 미지의 다른 시니피앙들과 연결되어 있어서 일어난 일이다. 미지의 다른 시니피앙들은 과거에 실현되었거나 미래에 실현

될 잠재적인 시니피앙들, 잠재적인 무의식의 사고들이다. "삼시기 새끼" 농담에서 사모님들의 억압들(가부장적 억압, 집안 살림, 부엌살림, 식사준비, 설거지, 남편 시중, 자녀 시중, 살림살이에 얽매임, 성적 억압, 자유와 여가 생활의 억압, 욕으로 표출된 이데올로기적 억압 등)과 아버지들의 억압들(유교가부장적 남존여비, 가사 미숙, 음식 미숙, 여가 생활 미숙, 성의 억압, 독립 미숙, 폭력성, 남북전쟁의 트라우마와 남북 이데올로기적 억압 등)에 관한 잠재적 사고들이 바로 다른 시니피앙들(S2)이 될 것이고, 초등생 퀴즈의 예에서는 공부 스트레스, 과도한 경쟁, 어른들(사회)의 무질서, 사회병리와 개인병리, 아버지들과 관련된 가족의 아픔 등에 관련된 무의식의 생각들이 다른 시니피앙들(S2)이 될 것이다.

그리하여 라깡은 "하나의 시니피앙(S1)은 다른 시니피앙들(S2)을 위한 시니피앙일 뿐이다", "하나의 시니피앙(S1)은 다른 시니피앙들(S2)을 위하여 주체를 대표(대리표현, 재현)한다"라고 말한다. 시니피앙(Signifiant)을 약자로 S로 쓰고, 1은 유일한 하나라는 의미이다. 유머농담이 일어날 때, 그것은 그 순간에 발생한 단 하나 밖에 없는 유일 사건이고, 그것 혼자만으로는 의미가 생성되지 않는 사건이다. 그 유일 시니피앙(S1)은 그것과 긴밀한 관계를 갖고 있는 다른 사건들, 다른 시니피앙들(S2)을 위해서 존재한다. 순수한 의미에서 유머농담의 시니피앙은 말하는 존재의 부지불식간의 표현이다. 그 어떤 의도나 의식을 넘어서 나타난 예상치 못한 시니피앙이다. 그러므로 그것 자체만으로는 의미가 없다. 그저 있을 뿐인 떠도는 시니피앙일 뿐이다. 그것이 의미작용(signification), 의미생성, 의미가 되려면 다른 시니피앙들(S2, 2는 복수의 의미이다)과 관계되고 엮여있어야 한다는 조건에서 그저 있는 떠도는 시니피앙일 뿐이다. 이 다른 시니피앙들(S2)은 과거에 일어났던 무의식에 잠재된 것들이거나 아직 실현되지 않은 잠재적인 시니피앙들이다.

2) 시대와 개인의 응어리: 시니피앙(S1)과 반복(S2)

소쉬르에게서 영감을 받은 라깡은 시니피앙을 중심으로 주체 문제를 접근한다.

가령 어떤 정글의 숲속에서 전혀 알지 못하는 어느 고대 민족의 문자를 발견했다고 가정하자. 발견자인 우리는 미지의 수수께끼에 부딪친다. 우선 그 문자의 내용을 알지 못한다. 우리 한글로 써진 문자가 아니기 때문이다. 다른 나라의 언어를 모르는 낯선 곳을 여행할 때도 꼭 같은 경험을 하게 된다. 아기도 이런 경험을 한다. 아기는 처음에 사람들의 소리를 듣는다. 그러나 아기는 그 소리의 내용을 이해하지 못한다. 이렇게 애초에 인간은 의미를 알 수 없는 시니피앙과 만난다. 그런데 이들 시니피앙은 다른 사람들, 다른 주체들에게는 의미를 갖는 것이라고 가정할 수 있다. 마치 외국어가 그 외국어를 쓰는 사람들끼리는 의미를 아는 것처럼 말이다. 따라서 아기는 의미를 알기 위해서 다른 사람들, 다른 주체들의 존재 상황을 터득하여 그 시니피앙을 자기 것으로 받아들여야 한다. 말하자면 아기는, 우리는 배워서 다른 사람(타자)들 사이에 적용되는 법칙을 우리 것으로 습득하고 또 그것을 인정해야 의미의 세계에 들어오게 되는 것이다. 이렇게 인간은 시니피앙의 법칙에 종속되는 것이다. 애초에 우리가 아기일 때도 마찬가지의 경험을 했다. 그렇게 '의미를 모르던 것'이 의미를 터득하는 길이 열리고, '미지의 시니피앙'이 의미를 지닌 언어기호로 전환되는 것이다.

다시 말해서 시니피앙들이 처음에 빈 장소인 주체(아기)에게 의미의 영역으로 들어가기 위해 무엇을 해야 할지를 지시한다. 그렇게 되면 실재 주체이자 비어있는 주체인 빈 주체는 자신의 대리인(시니피앙)에게 자리를 양보하고 사라지게 된다. 우리는 주체를 약자 S(Sujet)라고 표기하고, 주체의 사라짐을 $와 같이 표기한다. 그래서 라깡은 "시니피앙(S1)은 다른 시니피앙(S2)을 위해 주체를 대표(대리표현, 재현)한다"고 말한다. 주체가 사라지고 시니피앙으로 대체되는 표현을 기호학적으로 다음과 같이 표현한다.

한 시니피앙(S1)은 다른 시니피앙들(S2)을 위해서만 시니피앙일 뿐이다(S1→S2). 한 사건(S1)은 다른 사건들(S2)과의 관계 속에서의 한 사건일 뿐이다. 주체($, 사라진 주체)는 대리인 하나의 시니피앙(S1)에게 자리를 양보하고 사라진다.

$$\uparrow \frac{S1}{\$}$$

소쉬르(Ferdinand de Saussure, 1857−1913)에 의하면 언어는 동전의 양면처럼 양면, 즉 시니피앙(Signifiant)과 시니피에(Signifié)로 구성된 기호들(Signs)이다. 시니피앙은 표현된 말, 써진 글과 같은 형식에 해당하고 시니피에는 그 내용을 의미한다. 라깡에 오면 시니피앙은 형식적인 범주로서 작용하는 것으로 그것이 '무슨 시니피에(Signifié)이냐'라는 것은 중요하지 않다. 가령 유머, 농담, 언어, 말투, 사투리, 꿈, 건망증, 말실수, 몸짓, 버릇, 목소리, 표정, 침묵, 어떤 증상 등과 같은 것들이 다 시니피앙이 된다. 본의 아닌 표현이나 행위들, 의식하고 의도하지 않은 표현들이 시니피앙이다. 그리고 그것은 겉으로 무슨 뜻인지 아무 의미 없이 그저 있는 그대로 존재할 뿐이지만, 다른 시니피앙들의 총체와 연결되어 있을 때에만 하나의 시니피앙으로 존재한다. 그 시니피앙 하나(S1)는 수신자나 화자에 의해 지각될 수 있지만, 서로 연결되어

있는 다른 시니피앙들(S2)은 서로 지각되는 것은 아니다. 다른 시니피
앙들(S2)은 과거에 일어난 일들이거나 현재 겪는 일들이거나 미래에
일어날 시니피앙들을 말한다. 가령 어떤 상황에서 표출된 농담은 농담
을 표출한 개인의 과거의 일들과 현재 진행 중인 일들 그리고 미래에
일어날 일들이 총체적으로 서로 연결되어 일어나는 것이다. 표출된 유
머농담은 언제나 '하나'의 의미를 갖고 있고 그것은 다른 시니피앙(S2)
들로 반복되면서 주체를 대표(대리표현, 재현)한다(\$→S2).

그러므로 유머농담은 다양한 시니피앙, 다양한 기능을 가지고 있
고 그것은 많은 시대상의 억압들과 특징들, 개인의 억압들과 사고들을
반영한다. 시대와 개인의 응어리들, 억압들을 담고 있는 것이다. 유행
되는 유머농담들의 많은 것들은 융성기와 몰락기를 거치지만, 그 무의
식의 시니피앙들은 시대와 상황에 따라 당대의 새로운 관심에 힘입어
새로운 참신한 유머농담으로, 즉 하나의 시니피앙(S1)을 만들어 내면서
반복(S2)되는 것이다.

반복은 정신심리분석의 중심적인 개념의 하나이다. 우리는 분석의
임상에서 또는 우리의 삶에서 실재(계)와 만남을 반복한다. 실재(계)는
주체가 조우하지 못하는 장소에서 현실 내에 다시 출현한다. 아무도
예상하지 못했던 순간에 유머농담으로 박장대소가 터진다. 그렇게 실
재(계)는 주체를 깨우는 우연한 조우의 형태로 현실에서 다시 등장한
다. 실재와의 만남을 라깡은 아리스토텔레스를 빌어서 '투케(Tuché)'라
부른다. 우리는 생각대로 되지 않고 작동되지 않는 것과의 만남과 그
리고 그것이 반복되는 경향을 만난다. 반복은 새로운 것을 요구하고,
그 새로운 것을 자기 자신의 차원으로 만드는 유희로 변하게 한다
(Lacan, 1973: 59).

우리도 일상생활 중에 갑작스런 일, 실수, 기분 나쁜 일, 상처 등
이 반복되곤 한다. 이런 일들은 성가신 일이고 좀 놀라운 일이다. 그것
들은 불쾌감을 주는데, 자주 반복적으로 발생하기 때문이다. 어떤 사

람들은 이런 일들이 발생하는 것을 별로 놀라워하지 않았으나, 분석가들에게는 경탄의 일이다. 정신심리분석의 창시자 프로이트가 유머농담이나 꿈, 실수행위 등을 연구했을 때도 놀라지 않을 수 없었다. 프로이트는 놀랍게도 그런 것들이 반복되는 것을 발견한 것이다. 말하자면 그런 반복은 실재계의 만남을 반복한다. 작동하지 않는 것은 작동하지 않는 것의 만남을 반복한다. 어떤 불가능의 만남을 반복한다.

3) 주체의 욕망과 결여

다른 식으로 말하자면, 라깡은 프로이트를 빌려서 "자아가 집 주인이 아니다"라고 말한다. 우리는 평상시 내가 주인이고 내가 말하는 것 같지만, 말하는 '나', 즉 의식적 주체인 '나'가 생각하고 사고하는 장소가 아니라는 의미이다. 시니피앙이, 다른 사람들의 시니피앙들이 주체를 대신한다($ \$→S2 $).

가령 막 태어난 아기는 아무것도 알지 못한다. 세상에 살기 위해서 아기는 돌봐주고 먹여주고 키워주는 환경, 그 시니피앙들이 필요하다. 보통 부모, 가족을 준거 기준으로 살아가고, 가족의 영향을 받으며, 가족 간의 사랑이나 무관심, 성격 등에 영향을 받으며 자라게 된다. 원칙적으로 모든 주체는 시니피앙에 의해 탄생하는 것이다. 내 맘대로 사는 것이 아니라, 환경의 영향으로, 그 시니피앙을 수단으로 주체가 사는 것이다. 그러므로 주체는, 나는 생각하지 않고, 오히려 생각되어진다. 내가 생각하지 않은 곳에 내가 존재한다.

정신심리분석의 관점에서 의식적 사고를 중심으로 한 곳에서는 무의식 자아, 무의식 주체를 생각할 수 없다. 그러나 꿈이나, 유머농담, 증상, 건망증, 사투리, 실언, 실수행위, 버릇 등의 경우를 보게 되면 생각할 수 없어 보였던 현상, 즉 무의식 현상의 절대적 필수성에 이미 놓여있다는 것을 느끼게 된다. 인간 정신의 내면에는 많은 심적 저항들과 거부감들(성적 억압, 수치심, 죄책감, 자존심, 열등감, 비밀, 상처, 아픔, 콤플렉스 등)이 무의식 자아, 무의식 주체를 억누르고, 잊어버리기 위하여 부단히 활동한다.

꿈을 예로 들자면, 꿈은 있는 그대로의 의미가 아니고 꿈꾼 주체와 상관없는 다른 세계는 더욱 아니다. 그것은 무의식 주체의 정신심리 생활, 억압, 소망, 욕망, 상흔, 트라우마 등을 나타냄이다. 가령 꿈속에서 벌거벗은 상태는 무의식 주체의 도덕적 수치심을 의미할 수 있다. 높은 계단은 힘든 임무나 고군 분투를 의미하기도 하고, 기차나 자동차를 놓친다는 것은 실패를 의미하거나 있는 곳에 계속 머물고 싶다는 무의식 주체의 소망을 나타낼 수 있다. 물론 어떤 개인 인생의 의미 전달 문맥을 고려한 경우를 전제한다.

그러므로 유머농담은 우리의 내부적 삶의 거울인 무의식 주체의 욕망을 표출하는 것이다. 그것은 "삼시기 새끼", "초등생 퀴즈" 예에서 보는 바와 같이 우리의 외부적 삶, 생각하는 삶, 의식적 삶과는 거리가 먼 어떤 소외된 내부적 정신 상태인 다른 장소, 큰타자의 장소, 무의식 세계의 존재를 증명한다. 바로 이 다른 장소, 큰타자의 장소에서 주체의 무의식적 앎이 억압되어 있다. 그러므로 "내가 생각하는 곳(의식)에 내가 존재하지 않는다".

사실 우리는 일상생활에서 누누히 '나'를 말하고 있고, 내 생각을 주장하며, 나의 결백을 피력하고 있지만, 진정한 '나', 순수한 '나'를 말할 수 없다. '나'는 항상 도달할 수 없는 곳에 위치하여 흩어져 있어서 사람들이 나를 잡으려고 아무리 말을 해보려고 하고, 진실을 말하려고 하지만, 말이 말을 만들고 한 말을 또 하고 하면서 말의 고리를 따라 진정한 '나', '인간 주체'는 연장될 뿐이고, 결코 자기 스스로와 동일한 '나'를 찾지 못한다. 자기가 찾는 자기, 자기가 찾는 의미는 항상 근사치이고 목표 근방에 맞추는 행위일 뿐이며, 찾고 전달하고자 하는 의미의 절대 순수성, 순수 절대성에 도달할 수 없는 실패의 연속이다. 말하자면 '나'의 전 존재를 집약하여 나타낼 수 있는 어떤 "말", "기호"는 없다. '말하는 나(겉으로 표출하는 나)'는 '말해진 나(속에 있는 나)'를 나타내려 하지만, '속에 있는 나'를 결코 완전한 의미로 나타내지 못한다. 기호학적으로 말해서 언술(énoncé)의 주체와 언술행위(énonciation)의 주체 사이에 불일치, 결여가 있게 된다.

그래서 라깡은 "존재는 말하려고 하는 바에 의해 생산된 균열, 그 틈에서 탄생한다"(Lacan, 2001: 426)고 말한다.

'말하는 나', 그 시니피앙으로 모든 나를 말할 수 없기에, 모든 의미를 나타낼 수 없기에 그곳은 상실의 장소, 상실의 영역, 결여의 영역이 된다. 이제 주체는 이 상실, 결여를 메우려고 상징의 형태로 나타난다. 주체가 시니피앙으로 대신하여 들어오면서 그전에는 알지 못했던 시간과 공간의 개념이 열리게 된다. 그런 상상적인 공간의 개념이 열리게 된다. 꿈은 이런 상상의 세계를 잘 보여준다. 꿈을 꾸고 있는 사람은 물리적 현실의 공간과는 다른 공간으로 들어간다. 시간이란 개념은 주체가 과거와 미래를 현재화하는 것으로 인해 지각되는 것이다. 다시 말해서 물리적 현실에서 겪은 사건이 시니피앙의 차원으로 이전되면서 시간이란 개념이 지각되는 것이다. 이렇게 주체가 시니피앙으로 대체되면서 시간의 차원이 지각되어 실존하는 것과 실존하지 않는 것이 상징화되고 현재화되지만, 다른 한 편으로는 그것으로 인해 주체는 상실도 경험하게 되는 것이다. 그래서 주체는 그 상실을 메우기 위해 대상을 필요로 한다. 어린 아이는 엄마, 아빠를 찾고, 장난감을 찾고, 놀이를 찾고, 지식을 찾고, 어른이 되면 일을 찾고, 이성을 찾고, 친구를 찾고, 성을 찾고, 물질을 찾고, 권력을 찾고, 아름다움을 찾고, 예술을 찾고, 명예를 찾고, 스포츠를 찾고, 건강을 찾고 …, 주체는 대상을 통해 잃어버린 자기 자신과의 합일에의 욕망을 끊임없이 추구하는 운명에 산다. 그러나 그 어떤 대상도 그것을 완전히 충족시킬 수 없어서 거기에는 늘 결핍과 결여, 무를 낳는다.

제4장

유머농담의 웃음을 통한 삶의 주이상스

'말하는 나'와 '말해진 나'는 결코 결합될 수 없으므로, 주체는 시니피앙으로 완전히 대체할 수 없으므로 주체는 분리되고 자아는 소외된다. 그런데 인간의 심적 저항들과 자존심들은 주체가 소외되었다는 것을 억압하고, 잊어버리기 위하여 부단히 활동한다. 주체의 소외, 진실아의 찢어짐의 소외된 정신 상태에 대해서 라깡은 "내가 생각하는 곳(의식적 생각)에 나는 존재하지 않는다, 내가 존재하는 곳에서 나는 생각하지 않는다(Je pense où je ne suis pas, je suis où je ne pense pas.)"라고 말한다.

또한 그는 "존재한다는 것은 잊는다는 것에 다름아니다(Etre, ce n'est rien d'autre qu'oublier.)"라고 말한다.

망각과 억압은 인간이 살고 존재하기 위하여 필수적이다. 그렇게 하지 못하면 죽음이 올 수도 있다. 알다시피 정도가 심한 정신증자는 일반적으로 잊어버리고, 억압시키며, 상징화시키는 과정을 하지 못한다. 망각하여 쌓아놓은 장소, 억압하여 쌓아놓은 장소는 바로 다른 장소, 어떤 다른 곳인데 라깡의 정신심리분석에서는 이것을 "큰타자(Autre)"의 장소라 한다. 즉 무의식의 장소를 말한다.

아기의 경우 이유의 젖떼기에서 젖(우유)이 바로 엄마가 아니라는 것을 발견하면서 아이는 엄마로부터 분리되고 엄마 없이 살 수 있게 된다. 젖(우유)의 생리적인 욕구는 아이에게 엄마의 욕망으로 나타난다. 엄마─젖이라는 믿고 있었던 유일한 대상에 균열이 있게 된다. 이 대상은 아이의 욕구로 완전히 변형되지 않는다. 대상에 대한 이런 깨달음은 아이에게 욕구와 욕망으로 나누는 분절로 응답한다. 아이가 주어진 시간과 장소로 변형하고 동화할 수 있었던 젖은 타인이 가진 것이라는 인식을 하게 된다. 반면 주어진 시간과 장소를 넘어서 존재하기를 계속한 엄마는 욕구를 넘어서 존재할 수 있는 아주 다른 질서인 큰타자(Autre), 절대 타자의 세계가 된다. 타인과 큰타자의 분리 이해를 통해서 아이는 타인의 욕구와 큰타자의 욕망이 얽혀있는 주체의 구조를 발전시켜간다. 타인의 욕구와 큰타자는 서로 결코 합쳐지지 않고, 장소가 자기 육체인 이 태초의 균열로부터 아이의 역사적 시간, 인생이 탄생하고 말의 힘, 언어가 탄생하게 된다.

이제 아기는 의미를 알기 위해서 타인들, 다른 주체들의 존재 상황을 터득하여 그 시니피앙을 자기 것으로 받아들여야 한다. 아기는, 우리는 배워서 타인들 사이에 적용되는 법칙을 우리 것으로 습득하고 또 그것을 인정해야 의미의 세계에 들어오게 되는 것이다. 이런 경로로 아기는 의미를 모르는 곳에서 의미를 터득하는 길이 열리고, 미지의 시니피앙들이 의미를 지닌 언어로 전환되는 것이다. 그런 측면에서 유머농담의 시니피앙은 끊임없이 의미화의 기능을 갖는 열린 체계인 것이다.

유머농담은 우리에게 주이상스(jouissance, 희열, 쾌감, 환희)를 준다. 우리는 말하는 존재인데, 말하는 존재로서의 우리의 육신은 언어에 종속될 수밖에 없다. 우리의 육신은 유기체로서의 육신이 아니라 정신심리적인 에너지로서의 육신, 주이상스의 육신인 것이다. 그러므로 우리는, 주이상스의 존재는 몸 안에 상징적으로 각인되어 있게 된다. 무의식의 주체를 말함이다. 유머농담으로 무의식의 주체가 주이상스를 느낀다. 몸은 언어(청각, 시각, 후각, 촉각, 미각 등 감각 언어)에 종속되어 있고, 몸은 말에 의해 감염되어 있기에 유머농담을 통해서도 몸이 주이상스를 느끼는 것이다. 그리하여 무의식 주체는 유머농담을 통해 주이상스의 쾌감을 느끼게 되고, 박장대소의 쾌감은 치유의 기능을 품는다.

❖ ❖ ❖

인간 존재는 다른 사람들과 느낌과 마음의 교환, 무의식적 교감으로 행복감을 느낀다. 그런 타인들과의 교감은 언어를 통해 상징화된다. 유머농담은 그런 상징적 언어 교환의 대표적인 형태이다. 우리는 완전한 만족, 절대 만족, 절대 주이상스를 바라지만, 그 절대 만족의 욕망을 더 이상 실현할 수 없기에 상실감과 결여를 겪는다. 바로 그곳에 우리의 심정을 전하고 함께 공감할 다른 길이 열린다. 이 길의 하나가 바로 유머농담을 통한 웃음의 공감이다. 그것은 언어 공동체 구성원들이 서로의 심정을 이해하는 수단의 역할을 한다. 우리는 유머농담으로 우리의 심정을, 상실감과 허함을 이미 겪은 다른 사람들과 교환하고 교감한다. 그렇게 우리는 심정을 공감하는 공동체의 사람들을 만나고 즐거움의 또 다른 층위를 발견하면서 삶의 긍정성과 가능성을 향해 가는 것이다.

제4부

라깡의 정신심리분석 사랑하기

제1장

라깡, 자크
(LACAN Jacques, 1901-1981)

1) 라깡의 서지

프랑스 정신심리분석가이자 정신의학자인 자크 라깡은 프로이트학 해석의 위대한 학자 중 유일하게 프로이트 저서들에 철학적 기반을 부여하고, 신비주의에 경도되지 않으면서 생물학적 개념에서 벗어나게 한 혁명적인 정신분석심리학자이다. 라깡은 프로이트에 대한 혁신적 해석으로, 당시의 세계 사상을 이끌던 프랑스 사상과 철학, 예술, 의학과 더불어 프로이트가 정신심리분석에서 의도적으로 분리했던 독일 철학 사상도 도입했다. 그리하여 라깡은 프랑스 정신심리분석학계를 이끄는 유일한 진정한 지도자로 우뚝서게 되었다. 물론 그의 어렵고 난해한 글쓰기를 비난하는 사람들도 있지만, 그것은 정신심리분석학 특유의 자유연상적인 장황한 문체에서 연출되는 바로크풍의 언어 때문이라고 생각한다.

라깡은 글쓰기를 억제해야 했고 텍스트를 출판하기 위해 도움을 필요로 했으며, 1953년부터 1979년까지 대중을 상대로 무려 27년간 강의했던 그 유명한 라깡 세미나를 옮겨 쓰는 것이 필요했다. 또한 세미나가 점점 대중화되어 감에 따라 세미나를 그대로 녹취하여 기록한 전사본의 요구도 증대되었다. 그러나 라깡은 생애 동안 세미나를 출간하지 않았다. 대중의 요구에 라깡의 제자들은 각자 자기의 녹취록을 전사하여 유포하였다. 그 양이 점점 불어나기 시작하자 1973년에 라깡은 그의 사위 밀레(Jacques-Alain Miller)에게 세미나의 전사본을 출판하도록 허락했다. 라깡의 25개 세미나 중 절반가량이 사위인 밀레의 전사로 출판되었고, 1978-1979년 사이의 세미나는 라깡이 더 이상 언급을 하지 않았기 때문에 침묵에 잠겨 있다.

세미나의 순서와 제목은 다음과 같다.

라깡의 세미나 목록

세미나 권수	세미나 연도	세미나 제목
I	1953-1954	테크닉(기술)에 관한 프로이트의 논문들
II	1954-1955	프로이트의 이론에서의 자아와 정신심리분석 기술에서의 자아
III	1955-1956	정신증들(Les psychoses)
IV	1956-1957	대상관계
V	1957-1958	무의식의 형성물들
VI	1958-1959	욕망과 그 해석
VII	1959-1960	정신분석의 윤리
VIII	1960-1961	전이(Le transfert)
IX	1961-1962	동일시
X	1962-1963	불안
XI	1963-1964	정신심리분석의 네 가지 근본 개념
XII	1964-1965	정신심리분석을 위한 중요 문제
XIII	1965-1966	정신심리분석의 대상
XIV	1966-1967	환타즘(fantasme)의 논리
XV	1967-1968	정신심리분석적 행위

세미나 권수	세미나 연도	세미나 제목
XVI	1968-1969	큰타자(Autre)에서 작은타자(autre)로
XVII	1969-1970	정신심리분석의 이면
XVIII	1970-1971	모사(semblant)가 아닐 담론
XIX	1971-1972	또는 더 나쁜
XX	1972-1973	앙코르(Encore)
XXI	1973-1974	속지 않은 사람이 실수하다
XXII	1974-1975	RSI(실재계·상징계·상상계)
XXIII	1975-1976	생톰므(Le sinthome)
XXIV	1976-1977	한 실수를 모르는 사이에 게임이 끝나다
XXV	1977-1978	종결의 순간
XXVI	1978-1979	위상학과 시간
XXVII	1980	해산, 타자의 결여, 이수, 미스터A, 여명, 오해

자크 라깡은 강연 전반에서 나온 50여 편의 논문을 편집하였고, 1966년 출판인 프랑수아 발(François Wahl)이 그중 가장 핵심적인 34편을 900여 페이지의 거대한 저작물로 엮었으며, 『에크리(*Écrits*)』라는 제목으로 출판하였다. 1994년에는 앙헬 데 프루토스 살바도르(Angel de Frutos Salvador)가 '다른 판(les variantes)'을 추가로 내놓았다. 1938년에 발표된 라깡의 위대한 논문들을 1984년 자크—알랭 밀레(Jacques—Alain Miller)가 『가족 콤플렉스(*Les Complexes familiaux*)』라는 제목으로 편집 출판하였고, 다른 것은 라깡이 만든 잡지 『실리세(Scilicet)』에서 「얼빠진 사람(L'étourdit)」이라는 제목으로 발표했다. 그리고 두 번에 걸쳐 인터뷰 한 필름도 있었다. 하나는 로베르 조르쟁(Robert Georgin)이 벨기에 라디오—텔레비전(라디오 프로)에서 한 것이

고, 또 다른 하나는 프랑스 라디오 텔레비전 방송국(ORTF, *Office de radio-diffusion télévision française*)의 연구 기획 필름(TV)에서 브누아 자코((Benoît Jacquot)가 기획한 자크-알랭 밀레와 대담한 것이다. 자크 라깡은 단 한 권의 저서를 썼는데 마르그리트 앙지외 경우를 기록한 『인성 관계에서 편집증적 정신증에 대하여』라는 제목으로 출판한 의학 박사 학위 논문이다.

다른 논문과 수많은 파리프로이트학파(EFP) 심포지엄에서 그가 한 발언은 다양한 잡지 속에 분산되어 있다. 그의 편지는 거의 없어졌다 시피 했는데 1993년 엘리자베트 루디네스코가 247통의 편지를 조사 발굴했다. 라깡 작품은 16개국 언어로 번역되었으며, 조엘 도르(Joël Dor, 1946-1999)가 출판된 책과 미출판된 책 제목을 종합한 가장 훌륭한 참고 문헌 목록을 만들었다. 라깡 세미나의 우수한 해석적 비평들은, 1986년 마르셀 마리니(Marcelle Marini)와 또 한편으로는 2000년 무스타파 사푸앙(Moustapha Safouan) 덕분이었다. 1993년에는 참고 자료와 원고와 텍스트를 모은 라깡 문서 보관소(Lacan-Archiv.)와 정신분석 도서관(Psychoanalytische Bibliothek)이 스위스의 독일어권에 세워졌다. 미셸 루상(Michel Roussan)에 의해 가장 우수한 필사 작업이 이루어졌다.

자크 라깡은 거의 모든 프로이트 사상과 유명한 사례[헤르베르트 그라프(꼬마 한스), 이다 바우어(도라), 세르게이 콘스탄티노비치 판케예프(늑대인간), 에른스트 란저(쥐 인간), 다니엘 파울 슈레버]를 해석하고, 또 그 자신의 개념론을 정신심리분석 자료에 추가하였다.

라깡 개념에 대한 두 개의 사전은 딜란 에반스(Dylan Evans)가 만든 「영어 사전」과 이냐시오 가라테(Ignacie Garate)와 호세 미겔 마리나스(José Miguel Marinas)가 쓴 「에스파냐어 사전」이다. 가장 아름다운 라깡 작품 해석은 루이 알튀세르, 자크 데리다, 크리스티앙 장베, 장-클로드 밀레, 베르나르 시셰르 등과 같은 철학자들에 의해 기록되었다 (Roudinesco E. et Plon M., 2000: 604).

2) 라깡의 생애

정신심리분석의 학자인 루디네스코와 플롱의 저서(Roudinesco E. et Plon M., 2000: 603－611)를 토대로 라깡의 생애를 간략히 살펴본다.

자크－마리(Jacques－Marie) 에밀 라깡은 보수적인 가톨릭 중산층 부르주아 출신으로, 1901년 4월 14일 오를레앙 식초 제조 판매인 가정에서 태어났다. 다른 형제와 마찬가지로 그의 이름에 성녀 마리아(마리 Marie)의 이름이 붙여졌으며 1차·2차 세계대전 사이에 다양한 글을 쓰면서 점차적으로 그 마리(Marie)라는 이름은 없애 버렸다. 아버지 알프레드 라깡(1873－1960)은 그의 아버지인 에밀 라깡(1839－1915)의 권위에 억눌린 허약한 남자였다. 어머니 에밀리 보드리(Émilie Baudry, 1876－1948)는 지적인 여성으로 카톨릭 종교에 전적으로 심취하였다. 어린 시절 라깡은 이런 평범한 가족 분위기에 염증을 느꼈다.

라깡 다음으로 1903년생인 여동생 마들렌, 그 다음으로 어린 나이에 죽은 레이몽과, 막내 남동생 마르크－프랑수아가 있었는데 막내는 형을 매우 좋아하였다. 막내 마르크－프랑수아는 1929년 베네딕트 수도원의 수도신부가 되어 부르제 호숫가에 있는 오트콩브(Hautecombe) 수도원에 입교하여 신부가 되었다.

라깡은 스타니슬라(Stanislas) 카톨릭계 콜레즈(collège)를 졸업하고 파리 의과대학에 입학했다. 그는 16세에 스피노자(Baruch Spinoza, 1632－1677)의 『윤리학』에 심취하였고, 1년 후 니체에 심취했으며, 얼마 동안 모라스(Charles Maurras, 1868－1952)에 빠져 모라스의 미학주의와 언어에 대한 심미안을 차용하고, 전위(아방가르드) 문학에 흥미를 느꼈다. 아버지 알프레드 라깡은 큰아들이 사업을 물려받고 겨자 사업의 전적인 추진을 원했으나 바람을 이루지 못했고, 아들의 성장 과정을 느끼지도 이해하지도 못했으며, 어머니 에밀리 라깡은 종교와 부르주아 순응주의 이외에는 아들의 생활에 대해 잘 알지 못했다.

라깡은 1920년대 파리에서 성공을 꿈꾸었다. 자신을 라스티냑 (Rastignac)과 비교하며 아드리엔 모니에(Adrienne Monnier) 지식인 살롱 문화와 초현실주의자들 사이를 드나들며 친교를 나누었다. 제임스 조 이스(1882-1942)의『율리시스』대중 독해에 열심히 참석했고, 작가와 화가와 친교를 맺었다. 그는 성-안나 병원의 수련의사로서 친구 앙리 에이와 함께 앙리 클로드(Henri Claude)의 제자가 되어 정신의학으로 방향을 잡았다. 스승 클레랑보(Gaëtan Gatian de Clérambault)와 뒤마 (Georges Dumas, 1866-1946), 오이예(Georges Heuyer, 1884- 1997)에게 서 정신의학 지식과 교육을 받았다. 그는 1932년 6월부터 뢰벤슈타인 (Rudolphe Loewenstein)과 교육 분석을 시작했고, 그해 연말에 범죄 여 성 '마르가리트 앙지외'의 이야기를 다룬 자기처벌 편집증 사례인 「에 메 사례(Le Cas d'Aimée)」를 논문으로 발표하였다.

라깡은 1934년에 친구 블롱댕(Sylvain Blondin, 1901-1975)의 여동생 인 블롱드(Marie Louise Blonde, 1906-1983)와 결혼하였다. 이탈리아에서 신혼여행 중 라깡은 처음으로 로마를 발견하고 황홀해 했으며, 프로이 트처럼 그 도시와 사랑에 빠졌지만 그는 고대 로마에 대해서는 가톨릭 과 바로크 시대의 로마보다는 덜 열정적이었다. 몇 시간 동안이나 화 가의 작품들, 성당 건축물과 기념물 등을 감상하며 황홀경에 빠졌다. 이 결혼에서 카롤린(Caroline, 1937-1973), 티보(Thibaut), 시빌(Sibylle)이 라는 세 명의 자녀가 태어났다.

1936년부터 자크 라깡은 알렉산드르 코제브(Alexandre Kojève, 1902-1968)의『정신현상학』세미나에 참석하면서 헤겔 철학을 시작한 다. 그는 거기서 코이레(Alexandre Koyré, 1892-1964), 바타이유(George Bataille, 1897-1962), 크노(Raymond Queneau, 1903-1976)와 알게 되었 고,『철학적 탐구』라는 잡지와 사회과학 대학(Collège de sociologie) 연 구 모임에 드나들었다. 프랑스가 문예적으로 이론적으로 풍요로웠던 이 시기에 라깡은 프로이트 저서들이 독일어로 쓰여진 그대로 독일 철학의 전통 아래에서 다시 읽혀져야 한다는 확신을 갖게 되었다.

1936년 처음으로 국제정신분석학회(IPA) 마리엔바트(Marienbad) 회의에서 국제 프로이트주의 학회 회원들과 만나게 된다. 라깡은 거기서 '거울상계'에 대해 발표를 했으나 어니스트 존스가 10분도 되지 않아 그의 말을 끊어 버렸다. 그래서 그는 베를린으로 가서 올림픽 경기를 관람하였다. 나치즘의 승리는 그에게 혐오감을 불러일으켰다.

1938년 앙리 발롱(Henri Wallon, 1879−1962)과 뤼시앙 페브르(Lucien Fèbvre, 1878−1956)의 요청으로 『프랑스 백과사전(*Encyclopédie française*)』의 한 항목에 부르주아 가정 특유의 정신적 폭력에 관한 논문을 썼다. 정신심리분석은 가부장제의 쇠퇴로부터 태어남을 증명하였고 파시즘에 의해 위협받는 세계에서 그 상징적 기능이 재평가되어야 한다고 말했다.

1937년부터 그는 프랑스 배우 실비아(Sylvia Maklès−Bataille, 1908−1993)와 사랑에 빠졌다. 그녀는 당시 남편인 조르주 바타이유와 별거 중이었고, 르노와(Jean Renoir, 1894−1979) 감독의 '야외 파티'라는 영화에 출연하고 있었다. 그녀에게 로랑스 바타이유라는 딸이 있었고 로랑스 바타이유는 후에 훌륭한 정신심리분석가가 되었다.

제2차 세계대전이 발발하자 라깡은 파리에서 모든 공적인 활동을 중지하고 사적인 손님만을 받아들였다. 그는 레지스탕스 단원이 아니었지만 모든 반유대주의에 대해 단호하게 적대감을 표현하였다. 그는 비시 정권(독일 점령하의 친독 정권)과 모든 친독 행위자에 대해 혐오감을 나타냈다.

라깡은 1941년 초부터 릴(Lille) 가(街) 5번지에 정착하였고, 죽을 때까지 그곳에서 살았다. 그해 12월 블롱댕과 이혼하였고, 실비아는 그녀의 두 딸 로랑스와 쥐디트와 함께 릴 가 3번지에 살게 되었다. 1946년 8월 조르주 바타이유와 이혼한 실비아는 1953년 7월 엑상−프로방스(Aix−en−Provence)에 가까운 토로네 시청에서 자크 라깡과 결혼하였다.

　　1950년 라깡은 헤겔 철학과 소쉬르의 언어학과 레비-스트로스의 연구와 저서들을 토대로 프로이트로의 회귀에 착수했다. 첫 번째 연구로 그는 진실과 존재에 대해 그리고 존재의 베일 벗기기에 대한 끝없는 질문을 던지고, 두 번째로는 언어처럼 구조화된 무의식과 시니피앙 이론을 끌어내었고, 세 번째로는 위상학[상징계-상상계-실재계(S-I-R)]을 이용하여 상징계의 개념을 도출하였으며, 또한 근친상간 금지와 오이디푸스 콤플렉스가 지닌 보편성에 따라 프로이트를 재해독하였다.

　　자아를 희생하고 그거(거시기 ça, es)와 무의식에 가치를 재부여하면서, 라깡은 '에고 심리학'을 공격했다. 그는 프로이트학의 큰 흐름 중 하나이며 프로이트의 제자 중 한 사람의 대표자가 되어 프로이트를 각색한 '에고(자아) 심리학'을 공격했던 것이다. 라깡은 에고 심리학을 '미국 정신분석'이라고 불렀으며 무의식의 우위성에 집약된 프로이트학을 전복하는 이 학파 에고 심리학을 페스트라 하며 반대하였다. 라깡은 1·2차 세계대전 사이에 정신심리분석 집단 이외의 사람들과 친밀한 유대 관계를 맺었다. 로만 야콥슨(1896-1982), 클로드 레비-스트로스, 메를로-퐁티(1908-1961), 분석가인 장 보프레(Jean Beaufret, 1907-1982) 덕분에 그는 하이데거(1889-1976)와 만나게 되었다.

　　라깡의 가르침에 매료된 수많은 학생이 파리정신분석협회(SPP)에 모여들었고, 라깡은 프랑스 제1세대의 아카데믹한 프로이트주의와 결별하고 싶어 했다. 그는 교육자와 임상가로서 동시에 인정받기 시작했다. 광기의 논리에 대한 예리한 감성과 정신증의 매커니즘에 대한 그의 독창적인 접근과 그의 재능은 프랑수아즈 돌토와 더불어 정신심리분석을 공부하는 젊은 세대들에게 선풍적인 관심과 선호, 참여를 인도했다.

모든 나라에서처럼 프랑스에 프로이트주의가 들어 온 것은 제2차 세계대전 직후 갈등과 위기와 논쟁의 시기였다. 1951년 프랑스에서 첫 분열은 정신심리분석의 새로운 연구소의 설립과 일반인(비의사)에 의한 분석에 관한 문제에서였다. 나흐트(Sachat Nacht)를 중심으로 하는 지지자들은 의학 질서의 지지자로서, 라가슈(Daniel Lagache) 중심으로 한 대학의 자유주의자를 반대하였고, 라가슈 지지자는 나흐트(Nacht) 권위주의에 도전한 학생들을 지지하였다.

이 위기 동안 정신심리분석 상담 회기 중의 분석 시간의 융통성 (또는 짧은 분석회기)이 문제가 되었다. 국제정신분석학회(IPA) 기준은 45－50분이 의무 시간이었다. 라깡은 대학 편에 섰다. 그는 일반인(비의사)이 분석 상담하는 것에는 찬성했으나 임상 심리학에 대한 라가슈(Lagache)의 이론에는 찬성하지 않았고, 그런 심리학에 정신심리분석을 흡수하려는 모든 의도를 인정하지 않았다. 그는 철학, 문학 또는 정신의학의 공부가 분석가가 되는 교육과정에서 가장 좋은 길로 여겼다. 그것은 프로이트가 1918년 부다페스트의 국제정신분석학회(IPA) 회의 때 계획한 프로그램과 일치하는 것이다.

라깡에 대한 격렬한 적대감을 가지고 있었던 마리 보나파르트는 제자들의 소요에 크게 동요되었다. 그녀는 일반인(비의사)에 의한 분석을 옹호하면서도 나흐트(Nacht) 그룹을 지지했기에 자유주의자들과 많은 제자들이 그녀를 떠나게 되었다. 라가슈(Lagache)는 프랑스 정신심리분석협회(SFP, 1953－1963)를 창설했고, 거기에는 라깡, 돌토(Dolto), 쥘리에트(Juliette), 파베－부토니에(Favez－Boutonier)를 비롯하여 프랑스 정신분석 3세대인 앙지외(Didier Anzieu), 라플랑슈(Jean Laplanche), 퐁탈리스(Jean－Bertrand Pontalis), 르클레르(Serge Leclaire) 페리에 (François Perrier), 비트뢰허(Daniel Widlöcher), 오브리(Jenny Aubry), 마노니(Octave Mannoni), 마노니(Maud Mannoni), 사푸앙(Moustapha Safouan)

이 포함되어 있었다. 당시에 그라노프(Wladimir Granoff)를 제외한 다른 모든 사람은 라깡과 분석 중이거나 지도하에 있었다. 1953년 9월 로마에서 열린 첫 프랑스 정신심리분석협회(SFP) 회의에서 라깡은 주목할 만한 발언을 하였다. 「정신심리분석에서 파롤과 랑그의 분야와 기능('로마 연설')」에서 라깡은 구조주의 언어학과 철학과 과학에서 받은 다양한 영향에서 출발한 그의 사상 체계의 기본 원칙을 발표하였다. 그는 여러 개념, 주체, 상상계, 상징계, 실재계, 시니피앙 등을 여러 해에 걸쳐 발전시키고 새로운 임상 형성 이론들을 풍부하게 발전시켜갔고 이어 논리-수학, 가령 폐지(forclusion), 아버지의 이름(nom-du-père), 수학인식소(mathème), 보로메오 매듭(nœud borroméen), 성차 이론(sexuation) 등의 개념을 만들어 냈다.

라깡은 친구 장 들레이(Jean Delay) 덕분에 성-아나 병원의 계단식 대강당을 얻을 수 있었다. 그는 거기서 10년 동안 한 달에 두 번씩 격주 세미나를 열어 프로이트의 모든 위대한 텍스트를 체계적인 방법으로 해석하여 새로운 사상인 라깡주의 정신심리 분석학파의 탄생을 가져왔다. '로마 연설'은 프랑스 정신심리분석협회(SFP) 잡지인 『정신심리분석(La Psychanalyse)』 첫 호에 실렸다. 라깡은 매년 이 잡지에 세미나에서 했던 가장 훌륭한 강의원고를 실었으며, 그것은 각 세미나 주제의 요약이 되었다. 또한 거기에는 하이데거, 에밀 벵베니스트, 장 이폴리트(1907-1968) 등 다른 많은 사람의 논문도 실었다.

10년 동안의 세미나를 통한 라깡의 가르침은 프랑스 정신심리분석의 공동체에 풍성한 성장을 가져왔다. 이런 프랑스 정신심리분석 혁신 운동에 참여한 옛 제자들은 '우리들이 보낸 가장 아름다운 세월'이었다고 말하곤 했다.

1964년 프랑스 정신심리분석협회(SFP)는 해체되었고 라깡은 파리

프로이트학교(EFP)를 새로 창립하였다. 친구인 철학교수 알튀세르의 안내로 세미나 장소를 바꿔야 했던 라깡은 파리 울름 가(街)의 파리고등사범학교(ENS)에서 그의 세미나(강연)를 계속할 수 있었다.

고등사범학교(ENS)에서 라깡은 새로운 청중을 맞이하였다. 이들은 알튀세르가 라깡의 텍스트를 공부하도록 권유한 프랑스의 젊은 철학세대의 한 부류였다. 그들 가운데 1966년 쥐디트 라깡과 결혼한 자크－알랭 밀레(라깡의 사위)도 있었다. 그는 장인의 『세미나』의 편집인이 되었고 1975년부터 유언 집행자로서 파리프로이트학교(EFP) 내부의 라깡학파의 새로운 지도자가 되었다.

1965년 프랑수아 발(François Wahl)의 권유로 라깡은 쇠이유 출판사(Éditions du Seuil)의 '프로이트 영역 총서'를 만들었고 다음 해인 1966년 12월 15일에 『에크리』를 출간하였다. 이 작품은 어려운 정신적 작업의 흔적을 담고 있다. 라깡 자신의 다시 쓰기, 발(Wahl)의 수많은 수정, 밀러의 주석 등을 달았다. 라깡은 드디어 기다림과 그에 상응하는 영광을 받게 되었다. 언론에 요약문이 나가기도 전에 2주 동안 5천 부가 팔렸다. 보급판에서 5만 부가 팔렸고, 이 어려운 텍스트를 선별하여 문고판 두 권을 판매했는데 1권은 12만부, 2권은 5만 5천부가 나갔다.

그 후로 라깡은 인정받고 유명해졌으며 정신심리분석학의 스승으로 뿐만 아니라 싫든 좋든 사상의 대가로서 추앙 받았으며 그의 저서는 미셀 푸코(1926－1984)와 질 들뢰즈(1925－1995) 등 수많은 철학자에게 읽히고 해석되었다.

이 거대한 작품 『에크리』의 출판 전에 라깡은 지라르(René Girard)와 도나토(Eugenio Donato)가 주최한 볼티모어의 존스 홉킨스 대학의 구조주의 심포지엄에 초대되었다. 라깡은 1976년 다시 미국으로 건너가 동부 대학가에서 일련의 강연을 하였다. 미국에서 그의 작품에 대한 독해는 지식인, 페미니스트 그리고 프랑스 문학 교수에게 완전히 해석되지 않은 채로 남아 있게 되었다.

　　파리프로이트학교(EFP)의 거대화에 부딪쳐서 라깡은 분석가 양성 문제에 관한 전문 분석의 새로운 접근 절차를 언론에 소개하면서 새로운 해결책을 모색하였다. 1969년, 그 새로운 방식에 반대하는 분석가 그룹[(페리에(Perrier), 올라니에(Piera Aulagnier), 발라브레가(Jean-Paul Valabrega)]이 독립해서 새로운 학파인 프랑스어권 정신심리분석연합(OPLF) 또는 제4그룹을 만들었다. 프랑스 정신심리분석 운동의 역사에서 세 번째인 이 분열은 제도적 위기를 맞아 1980년 1월 5일 해체로 이어졌고 라깡학파의 정신심리분석 운동은 20여 개의 연합 단체로 분산되었다.

　　1974년부터 라깡은 파리8대학교에서 1969년 세르주 르클레르(Serge Leclair)가 창설한 정신심리분석학과에서 '프로이트주의 영역(Champ freudien)'의 강의를 수행했고, 이 일의 책임자는 자크-알랭 밀레였다. 라깡은 사상의 탄탄한 이론 형태로서 그의 사상의 발전적인 변화에 용기를 얻었고, 인생의 후반기에 수학인식소(mathème)의 논리성과 보로메오 매듭(nœud borroméen)의 위상학을 토대로 한 정신심리분석의 정밀과학(science exacte)을 만들기 위해 혼신을 다하였다.

　　결장 악성종양 제거 후, 뇌의 장애와 부분적 실어증으로 뇌일리(Neuilly)의 하르트만 클리닉에서 1981년 9월 9일에 서거하였다.

3) 라깡과 프랑스 정신심리분석의 흐름

　　20세기 초반부터 프랑스는 오랜 기간 동안 어떤 방해 없이 정신심리분석을 수용하기 위한 필수적인 조건을 총체적으로 겸비하고 통합해 왔다. 그 기간은 1914년부터 20세기 말까지 계속되었고 분야로는 문화적이고 과학적인 삶의 모든 분야에서 또는 정신의학, 심리치료,

임상심리학, 임상사회복지학과 같은 임상적인 분야이거나 문학, 철학, 기호학, 신학, 교육학, 정치학, 사회학, 예술, 대학 강단 등의 지식 분야를 망라했다. 이런 성공적인 수용은 어떤 갈등 없이 조용히 이루어진 것은 아니었고, 정신심리분석의 수용과 발전에 많은 연구와 논란을 겪은 나라 중 하나였다.

　이런 관점에서 프랑스에는 분명히 '프랑스적 명성'이 존재한다. 그 기원은 1789년의 프랑스 혁명과 드레퓌스 사건으로 거슬러 올라간다. 프랑스 혁명은 광기(정신이상)에도 영향을 미쳐, 이른바 피넬(Philippe Pinel, 1745－1826)의 광기인에 대한 혁명 '사슬에서의 해방'을 가져왔고, 광인을 이성과 도덕, 합리성의 눈으로 측정하고 과학적이고 사법적인 합법성을 부여하면서 현대 정신병원의 제도적인 탄생의 토대가 되었다. 이어 드레퓌스 사건은 지식인 계층의 자기 인식을 공식적으로 표출하게 했다. '아방－가르드'를 내포하면서 '프랑스적 명성'은 가장 숭고한 사상들을 사로잡을 수 있었고 그것은 프랑스적 명성에 걸맞게 결실을 맺게 할 수 있었다. 여기에 문학적인 현대성을 첨부해야 한다. 그 대표적 예로는 보들레르(Charles Baudelaire, 1821－1867), 랭보(Arthur Rimbaud, 1854－1891), 로트레아몽(Lautréamont, 1846－1870)을 들 수 있는데, "나는 타자이다(je suis un autre)"라는 유명한 명구가 이들의 변화된 인간관을 알려준다.

　프랑스적 명성은 또한 프랑스어의 고양(高揚)을 추구한다. 언어를 순수한 의사소통의 도구라는 생각에서보다 더 멀리 프랑스의 엘리트들은 항상 프랑스어를 높이 평가했다. 언어에 관한 이런 고양은 프랑스 정신심리분석의 두 거장에게 커다란 영향을 미쳤다. 그 중 한 사람은 무의식 언어의 말라르메식 문체를 사용한 자크 라깡(Jacques Lacan)이고 다른 한 사람은 프랑스의 정체성에 아주 적합한 명료하고 감동적인 문체를 사용하는 프랑소아즈 돌토(*Françoise Dolto*)이다.

　　프랑스 사람들은 왕정복고에 따라 피넬(Philippe Pinel)과 에스키롤(*Jean-Étienne Esquirol*)에 의해 고안된 신화, 즉 정신증자의 속박, 사슬을 폐지했던 신화를 알고 있다. 정신증자의 해방에 대한 이야기는 뒤에서 좀 더 상세히 소개될 것이다. 이 신화는 이웃 유럽의 나라뿐만 아니라 영국과 미국에 영향을 미쳤다.

　　자유와 노예 혁명 그리고 정신증자의 사슬의 폐지에 연결된 신화는 정신심리분석 기원의 역사에서 아주 주목할 만한 역할을 한다. 1885년 파리 여행을 할 때 프로이트는 그곳에서 샤르코를 만났고, 낭시에 체류할 때, 그는 거기서 베르냉(Hippolyte Bernheim)을 방문했다. 그때 프로이트는 이 정신증자 해방의 신화들에 흠뻑 빠져 있었고, 그 자신도 몇 년 동안 이 신화에 의존했다.

　　정신증의 유전-퇴화설이 무너지고 샤르코의 최면이 바뱅스키(Joseph Babinski)에 의해 해체된 후 프랑스 역동 정신의학의 전통은 자네(Pierre Janet)와 리보(Théodule Ribot)로 이어졌다.

　　주목할 것은 자네가 1913년 런던의 의학학술회의에서 '정신심리-분석(psycho-analyse)'에 관한 유명한 강연을 행했다. 그 강연 덕택에 정신심리분석이라는 불후의 통찰력으로부터 생산된 이 사상이 프랑스에 대중화되기 시작했다.

　　1920년부터 정신심리분석은 파리의 문학 살롱에서 상당한 성공을 거두고, 많은 작가들이 분석 경험을 했다. 그중에 특히 레리(Michel Leiris, 1901-1990)와 크르벨(René Crevel, 1900-1935), 아르토(Antonin Artaud, 1896-1948), 바타이유(Georges Bataille, 1897-1962), 크노(Raymond Queneau, 1903-1976) 등이 유명하다.

　　1925년 첫 번째 프랑스 프로이트주의 그룹이 『진보 정신의학』이란 잡지를 발간하고 이어 1926년 11월에 파리 정신심리분석협회(SPP)

라는 첫 번째 프랑스 정신심리분석협회가 창립된다.

유럽과 아메리카에 비교해서 늦게나마 비로소 프랑스 정신심리분석의 제1세대들은 국제 정신심리분석협회(IPA)에 가입하게 되는데, 이때 이미 국제 정신심리분석협회(IPA)는 교육 분석과 감독의 세밀한 규칙을 정해 놓았다. 그런데 프랑스 정신심리분석가들은 이런 관료적인 기능을 받아들일 준비를 하지 않았고 그럴 필요를 느끼지도 않았다. 또한 파리 정신심리분석협회(SPP)도 두 갈래로 분열되어 있었다. 보나파르트, 뢰벤슈타인, 소쉬르에 의해 인도된 프랑스 해외파의 국제주의자와 피숑, 보렐, 코드, 에나르에 의해 인도된 프랑스 국내파가 그것이다. 해외파는 국제 정신심리분석협회(IPA)의 준칙을 신속히 받아들이는 것을 바랬고, 반면에 국내파는 프랑스의 정체성을 유지하기를 바라면서 정신심리분석의 개념과 어휘를 프랑스화하자고 주장했다. 이런 상황에 당시의 대표적 정신심리분석가 르네 라포르그는 학파의 우두머리를 점유하지 못했고 극복할 수 없는 논쟁을 하나의 운동으로 통합하지도 못했다.

사실 제1세대의 회원 중 그 어떤 사람도 포용력 있는 사람이 없었다. 그들 중 어느 누구도 혁신적인 작품을 쓰지 못했고, 어느 누구도 이론이나 담론, 정치력, 교육, 계보의 운동을 통합할 수 없었다. 그런 이유로 1932년부터 그 역할은 제2세대(세계로는 제3세대)로 넘어오게 된다. 그 대표는 사샤 나흐트(Sacha Nacht), 다니엘 라가슈(Daniel Lagache), 모리스 부베(Maurice Bouvet), 자크 라깡(Jacques Lacan), 프랑소아즈 돌토(Françoise Dolto)가 그들이다.

바야흐로, 제2차 세계대전 직전에 등장한 이들 새로운 세대들의 중심에 라깡은 프랑스 철학과 사상, 그리고 프로이트주의와 헤겔 철학을 바탕으로 독창적인 사유 체계를 창시한 유일한 창시자가 된다. 국제주의자도 아니었고 프랑스 국수주의자도 아니었던 라깡은 까다롭고 곤란한 프랑스 정신심리분석 정체성의 연구와 프랑스식 사고방식의 해결로 정신심리분석 운동을 점진적으로 펼쳐 보이기 시작한다. 정신의학적 전통에서 시작하여 클레랑보(Gaëtan Gatian de Clérambault) 밑에서 수련했으며, 뢰벤슈타인에게 분석을 받고 초현실주의에 가담했던 라깡은 정신심리분석 수용의 두 길(의학과 지식인) 사이에서 통합을 실행한 유일한 인물이 된다. 50여 년 동안 우두머리의 자리를 지속했고 그 옆에 1945년부터 등장한 프랑스 아동 정신심리분석의 창시자 돌토가 자리를 같이한다.

1939년부터 파리 정신심리분석협회(SPP)의 활동을 중지시킨 보나파르트 덕분에, 또한 레지스탕스에 호의적인 진보 정신의학 그룹 덕분에 프랑스 정신심리분석 운동은 점령 하에서도 친독을 극복할 수 있었다. 프랑스 정신심리분석 운동은 점령 기간 동안 무사했고 운동이 꽃을 피울 수 있게 되었다.

다른 모든 나라처럼 프랑스도 정신심리분석을 확장하면서 의사와 일반인(비의사) 정신심리분석가(정신심리분석 전문상담자) 문제와 교육 수련 분석 문제에 관련되어 분파 현상을 겪는다. 첫 번째 분파는 1953년 정신심리분석의 새로운 제도를 창설하면서 일어난다. 의학적 질서를 지지하는 사람들은 일반인이 분석가가 되는 것에 호감을 갖는 보편 타당한 자유에 반대한다. 나스와 르보비시가 중심이 된 첫 번째 그룹은 정신심리분석의 교육 형성에 의학적인 힘의 지배가 보장되기를 원한다. 이런 독재에 반대해 의거한 학생들을 지지한 두 번째 그룹은 돌토, 라가슈, 라깡으로 대표되었다.

10년 동안 돌토, 라가슈, 라깡을 중심으로 한 프랑스 정신심리분석협회(SFP)는 프랑스 프로이트주의에 굉장한 반향을 불러일으켰다. 일반 대학에 정신심리분석학의 창설, 영국과 미국학파 텍스트의 번역 활동, 파리 출판사들의 정신심리분석 총서 간행, 특히 명성 높은 잡지 『정신심리분석(La Psychanalyse)』의 발행 등이 그것이다. 이 기간 동안 프랑스 프로이트주의의 진정한 학파인 정신심리분석 라깡학파가 탄생한다.

창립 때부터 프랑스 정신심리분석협회(SFP)는 국제 정신심리분석협회(IPA)에 편입된 협회로 인정되기를 시도한다. 그라노프, 르클레르, 페리에의 노력에도 불구하고, 몇 년에 걸친 협상에도 불구하고 당시의 국제 정신심리분석학회(IPA)의 지시는 라깡과 돌토에 의해 행해진 교육 분석을 거부한다. 첫째, IPA는 기술적인 혁신을 비난했고 특히 50분이라는 기준 시간을 벗어난 짧은 분석 회기를 비난했으며, 두 번째로 너무 '카리스마적'이라고 비난했다.

1964년 프랑스 정신심리분석협회(SFP)는 흩어지게 되고 두 그룹으로 분리되었다. 라깡이 창설한 파리프로이트학교(EFP)가 그 하나요, 프랑스 정신심리분석학회(APF)가 다른 하나이다. 프랑스 정신심리분석학회(APF)는 라가슈를 중심으로 앙지외(Didier Anzieu), 파베-부토니에(Juliette Favez-Boutonier), 그라노프(Wladimir Granoff), 그리고 라깡의 훌륭한 제자들과 그중에 라플랑슈(Jean Laplanche)와 퐁탈리스(Jean-Bertrand Pontalis), 비트뢰서(Daniel Widlöcher) 등이 유명하다. 파리프로이트학교(EFP)도 역시 프랑스 정신심리분석가에게 매우 중요한 구성원이었다. 무스타파 사푸앙(Moustapha Safouan), 옥타브 마노니(Octave Mannoni), 모드 마노니(Maud Mannoni), 제니 오브리(Jenny Aubry), 지네트 랭보(Ginette Raimbault), 뤼시엥 이스라엘(Lucien Israël, 1925-1996), 장 클라브뢰(Jean Clavreul) 등이 그 회원들이다.

미국과 영국과는 반대로 프랑스 정신심리분석가들은 국제적 프로이트주의의 커다란 흐름, 자아 심리학, 클라인주의, 안나-프로이트주의, 셀프 심리학과 같은 경향을 받아들인 학파는 결코 형성되지 않았다. 라깡주의와 그 자체만이 50년 동안 프랑스 정신심리분석 영역을 두 축으로 양분되어 왔다. 한편은 라깡주의자요, 다른 편은 반-라깡주의자이다. 그 나머지 중간에 앙드레 그린(André Green) 또는 스탱(Conrad Stein)과 같은 모든 독립적 정신심리분석가들이 있다. 그들은 정신심리분석의 고유 개념에 확신을 갖고 있지만 구체적으로 어떤 소속에 가입하지 않은 사람들이다. 또한 도착증의 탁월한 이론가 뮈장(Michel de M'Uzan)과 경계선 장애의 전문가 맥두갈(Joyce MacDougall), 성적 정체성 문제의 연구가 아브라암(Nicolas Abraham) 그리고 정신심리분석가이자 작가이고 기호학 교수인 크리스테바(Julia Kristeva)가 있는데, 그녀의 이론은 미국 페미니스트들에 의해 수용되어 널리 퍼지게 되었다.

국제 정신심리분석협회(IPA)에서 거부된 라깡의 연구들은 장차 구조주의 역사의 중심 위치를 점유한다. 초기 10년 간 이론을 정교화한 후, 라깡의 프로이트로의 회귀 이론은 소쉬르 언어 이론에서 제기한 문제의식에서 출발한 구조주의 철학의 연구들과 만나게 되고, 구조주의는 고전 현상학에 대립하는 핵심 분야가 된다. 레비-스트로스(Lévi-Strauss, Claude, 1908-2009), 루이 알튀세르(Louis Althusser, 1918-1990), 롤랑 바르트(Roland Barthes, 1915-1980), 미셀 푸코(Michel Foucault, 1926-1984), 에밀 벵브니스트(Emile Benveniste, 1902-1976), 그레마스(A.J. Greimas, 1917-1992), 자크 데리다(Jacques Derrida, 1930-2004), 줄리아 크리스테바(Julia Kristeva)를 중심으로 전개된 구조주의 이론의 만개, 언어의 우위성에 역점을 둔 연구와 기호학, 해체주의, 지식의 고고학 등의 사상을 펼친 이 구조주의 사상은 1968년의 프랑스 학생 혁명을 뒷받침하는 이론적 토대로 작용하면서 대학이라는 제도권 내에서 활발히 전개되었다. 이들의 사상은 솔레르(Philippe Sollers)에 의해 동기 부여된 『텔 켈』이라는 잡지를 중심으로 전개되면서 선구자적인 역할을 하였다.

1969년 파리프로이트학교(EFP) 내에 '통과(passe)'라는 절차의 도입은 새로운 분파를 일으키게 되는데, 그것은 프랑스 정신심리분석 운동의 역사로 볼 때 3번째 분파가 된다. 이 시스템에 반감을 가진 페리에(François Perrier), 올라니에(Piera Aulagnier), 카스토리아디(Cornelius Castoriadis) 그리고 발라브레가(Jean–Paul Valabrega)는 프랑스어 정신심리분석협회(OPLF) 창설을 위하여 또는 제4그룹의 창설을 위하여 파리프로이트학교(EFP)를 나왔다. 프로이트적 사상을 고취한 이들은 국제 정신심리분석학회(IPA)에 가입하지는 않았지만 새로운 잡지 『토픽(*Topique*)』을 중심으로 활발하게 정신심리분석 운동을 전개하고 있다.

이 세 번째 분파는 앞선 분열과는 분명히 구분되는 것으로 라깡주의를 관료주의와 도그마티즘으로 들어가는 증표로 보았다. 사실 그때까지 라깡은 프로이트 이론을 혁신했고 이것이 라깡이 분파를 야기한 요인이었다. 그런데 이번에는 좀 더 자유로운 학파를 창조하기 위해 라깡을 떠난 것이다.

1968년의 프랑스 학생 혁명 후에 파리프로이트학교(EFP)에서 일어난 사건은 정신심리분석 운동의 대중화와 다양화의 증표가 된다. 다양한 심리치료 학파의 팽창으로 오랜 기간 동안 경쟁을 통해서 형성된 다른 나라들의 정신심리분석과는 반대로, 프랑스는 매우 예외적으로 프로이트주의에만 머무른다. 게다가 프로이트주의 팽창도 프로이트 사상이 정신심리분석의 분야를 넘어서 관련된 주변 분야, 문학, 철학, 기호학, 신학, 심리학, 교육학, 예술 분야 등으로 확장이었고, 그것도 프로이트주의라는 공간 내에서 이루어진 것이었다. 그 결과 프랑스 정신심리분석 그룹들이 1970년부터는 어마어마한 규모로 형성된다. 또한 대학에서 정신심리분석학과 임상심리학, 기호학, 문학, 철학, 신학, 예술 등을 공부하는 학생들이 점점 정신심리분석 학파의 토대로 형성된다. 이런 현상은 다른 협회보다도 파리프로이트학교(EFP)에 더 붐을 일으키는 현상으로 나타났다.

　　반면에 프랑스 정신심리분석학회(APF)는 회원으로 학생들이 가입하는 것을 거부하면서 관료적이고 위계적인 제도를 굳건히 지속한다. 이와는 반대로 파리 정신심리분석협회(SPP)는 제도적인 위기를 맞이하여 10년 만에 와해된다. 파리 정신심리분석협회(SPP)의 회원 중 마조(René Major)는 1975년－1980년 붕괴에 접해서 이론적이고 정치적으로 결정적 도약을 주고 4번째 프로이트주의자(프로이트 애호가) 대그룹을 형성하는 모태 역할을 한다. 그는 자크 데리다의 이론에 의거한『콩프롱타시옹(*Confrontation*, 대결)』이라는 그룹을 창설하고 잡지를 발간한다. 정신심리분석의 데리다 학파의 등장은 모든 제도적인 도그마티즘을 비평하는 데 기여한다.

　　프랑스 라깡주의는 프로이트주의의 옛날의 정통성보다 더 정통적인 새로운 연합 모델을 창립하였다. 그리하여 협회나 학회 대신 학파(학교 école)라고 명명하였으며 이 개혁은 플라톤적 성격을 의미하는 것으로 프로이티안(freudien)이라는 형용사를 붙이는 것은 그의 후계자라는 뜻이 아닌 진정한 지도자임을 선포하는 것을 보여주는 것이었다.

　　1970년경부터 라깡학파의 임상적 방법이 세계 각국으로 퍼져나갔고 의학화된 미국식 프로이트주의에 맞서 심리치료의 다양한 학파들과 의사가 아닌 일반인 분석가들에게 분석의 방법으로 자리 잡게 되었다.

　　마침내 라깡학파는 라틴 아메리카의 두 나라 아르헨티나와 브라질에 프랑스의 제도적 모델로서 거대하게 정착되었다. 이 두 나라에서는 100여 개의 그룹과 협회로 분산되어 강한 영향력을 행사하고 있다. 미국에서는 라깡학파 임상이 더디게 확장되는 것 같다. 그러나 대학에서 철학과 문학, 영화 등 문화예술 영역에서 라깡의 사상이 강의되고 선풍적으로 확장되고 있다. 캐나다의 불어권에서도 아주 중요한 위치를 차지하고 있으며, 유럽에서 라깡학파는 각 나라에서 진정한 도약을 하고 있다. 가장 잘 나가는 나라는 프랑스이다.

  프랑스에서 파리프로이트학교(EFP)의 붕괴와 라깡의 서거 후에 프랑스의 프로이트주의의 모습은 정신심리분석 라깡학파의 세분화와 끊임없는 분화 과정을 겪으면서 급진적으로 변화 발전되어 왔다. 1990년대 말에 국제정신분석협회(IPA)에 가입한 두 그룹과 프랑스어권 정신분석기구(OPLF)의 두 그룹, 파리프로이트학교(EFP)로부터 나온 17개의 협회가 프랑스 프로이트학파로 자리를 점유하고 있다. 17개의 협회의 이름을 소개하면 다음과 같다. 프로이트대의학파(ECF, 1981), 국제프로이트학회(AFI, 1982), 프로이트연구학파(CF, 1982), 프로이트주의 정신심리분석동아리(CCAF, 1983), 프로이트학교(EF, 1983), 정신심리분석아틀리에(FAP, 1983), 정신심리분석관례(Convention psychanalytique, 1983), 프로이트주의적가치(Coût freudien, 1983), 정신심리분석 라깡학교(ELP, 1985), 현대 정신심리분석(1985), 파리 정신심리분석세미나(SèPP, 1986), 현장 정신심리분석학회(Apui, 1990), 프로이트주의적 분석(1992), 지그문트프로이트 정신심리분석학파(1994), 정신심리분석공간(EA, 1994), 프로이트주의 정신심리분석협회(SPF, 1994)가 그것들이다. 여기에 국제 정신심리분석 및 정신의학역사협회(SIHPP, 1983)와 국제 정신심리분석 역사학회(AIHP, 1985), 무의식적 앎의 교육과 예비 교육학교(EPCI, 1985), 프랑스의 지방에 소재한 많은 정신심리분석그룹, 유럽과 다른 나라의 정신심리분석그룹과 유사한 많은 다른 그룹들을 첨부해야 한다. 주목할 것은 국제 정신심리분석학회(IPA)에 비교한 유일한 국제 라깡학회로는 세계 정신심리분석협회(l'Association mondiale de psychanlyse, AMP)가 있고, 추가로 세계 정신심리분석협회(AMP)의 국제적 일탈로 창립된 라깡학파국제포럼(IF, 1999)과 47개 학회들의 연합인 세계 정신심리분석 라깡학파 연맹(CLP, 1998)이 있다.

4) 라깡학파 정신심리분석 운동의 도해 축약

정신심리분석 운동사에서 라깡주의 또는 라깡학파라고 불리는 것은 자크 라깡에 대한 다양한 분화로 대표되는 흐름과, 그것들과 혼합된 모든 경향을 말한다. 1953년부터 1963년 사이 프랑스에서 파리프로이트학파(EFP) 창설과 함께 라깡주의학파 확장이 구체화되었으며 광범위한 제도적 움직임이 국제 정신심리분석협회(IPA)와의 결정적 결별 후 새로운 국제화 형태로서 나타났다. 1981년 라깡의 서거 후 라깡학파는 세계 각국에서 수많은 다양한 갈래로 나누어져 수많은 경향과 그룹, 흐름과 학파로 분화되어 정착하였다.

안나 프로이트주의와 클라인주의처럼, 국제 정신심리분석협회(IPA) 외부나 내부에서 발생한 여러 개의 다른 흐름처럼, 라깡학파는 프로이트에 의해 창시된 이론을 인정하는 범위에서 프로이트주의에 속해 있으며, 다른 심리치료 학파와 구분된다. 다시 말하면 프로이트의 기본적 중요 개념인 무의식, 섹슈얼리티, 전이, 억압, 충동을 인정하며, 심리치료의 단 하나의 방법은 언어에 의한 치료 행위이다.

그러나, 안나 프로이트학파의 에고(자아) 심리학 그리고 셀프 심리학과 다른 점은 라깡학파는 단순한 흐름이 아닌 분명한 학파다. 그것은 새로운 개념을 만들어 냈을 뿐만 아니라 지도자로부터 출발한 사상 체계의 확립과 프로이트의 사상과 임상 요법의 완전한 수정과 함께, 고전 프로이트주의와는 다른 전문가 교육을 수행하여 독창적인 정신분석심리치료 방법을 만들어 냈다. 어떤 의미에서는 그보다 10년 전 만들어진 클라인주의와 비교되기도 했는데, 라깡학파는 프로이트 사상의 주석가와 독자, 해석자이기를 넘어서 그 자신이 스스로 프로이트학파의 직계임을 강조한다.

또한 라깡학파는 예외적인 위치에 있다. 라깡학파는 프로이트주의의 위대한 해석자 중 유일하게 프로이트를 '넘어서'거나, 프로이트 독해를 객관적으로 '프로이트 원문 그대로 복귀하게 하는 것'이라고 말한다. 프로이트로의 복귀로부터 라깡학파는 일종의 전복적인 발전을 수행하고, 원본 텍스트와 관련된 발전일 뿐만 아니라 원본 텍스트의 '정통적 계승'을 수행한다.

그래서 라깡학파는 다른 경향의 프로이트주의들에 반대하는 위치에 있다. 특히 미국의 모든 다양한 경향, 이를 '미국식 정신심리분석'이라고 반대한다. 자크 라깡과 그 이후의 그의 제자와 후계자들은 그것을 네오프로이트주의, 안나프로이트주의, 에고(자아) 심리학이라고 불렀다. 이 모든 흐름은 정신심리분석에서 '탈선한' 개념이며, 그거(거시기, ça, es)을 무시하고 자아에 집중된 개념으로 개인과 사회에 대한 문화주의자에 적용된 시각으로 보았다.

라깡학파는 클라인주의와 공통점을 갖는데 신경증 임상을 정신증 임상으로 확장하였고, 어머니와의 태고적 관계에 대한 문제를 고전적 프로이트주의보다 훨씬 더 크게 확장하였다. 라깡은 인간의 주체성을 중심으로 광기를 다루었다. 그러나 라깡은 클라인주의와는 반대로 아버지 위치에 관련된 성찰을 폐기하지 않고 아버지의 상징적 위치의 결여, 즉 아버지 은유의 결여, 아버지 이름의 결여, 아버지 법의 결여가 정신증의 근원이라고 보았다. 그는 아버지의 상징적 결여, 아버지 은유의 결여로부터 정신증, 즉 정신착란증(편집증)과 정신분열증에 이르는 것에 관심을 갖는다. 그는 주체의 이론(자아, 에고, 셀프 등과는 구별된)의 창안, 말하자면 프로이트주의의 중심인 주체의 철학, 존재의 철학을 도입하면서 프로이트주의의 메타심리학에 대한 완전한 개정을 수행한다. 그리고 무의식에 관해서는 생물학적 모델[다원주의]보다는 소쉬르를 중심으로 한 언어기호학적 모델에 토대를 둔다.

정신심리분석 역사에서 라깡학파는 1950년대 다른 모든 프로이트주의와는 달리 정통 프로이트주의를 표방하면서, 원래의 순수한 프로이트에로의 복귀를 주장하는 20세기 후반의 유일한 학파로 자리매김 된다. 라깡은 프로이트 원전의 이론 해석자가 되기를 원했을 뿐만 아니라, 그는 그것과 동일화하는 항구적인 발전을 모색했고, 프로이트주의를 전파하는 프로이트주의의 본질이 되려 했다. 그래서 패러독스하게도 라깡학파는 유일한 것이 되었다, 그것은 역사적으로 하나의 프로이트주의로서 구축되었을 뿐만 아니라 더 나아가 프로이트주의의 '진정한 원조'로서 구성되었기 때문이다. 또한 그것은 방식과 제도의 측면에서도 프로이트 이름을 붙일 수 있는 토대가 될 수 있었다.

프로이트주의 적자의 위치에 있는 국제 정신심리분석협회(IPA)에서 탈퇴한 후, 라깡학파는 1964년부터 옛날의 정통성보다 더 정통적인 새로운 협회 모델을 창립하였다. 그리하여 협회나 학회 대신 학파(학교, école)라고 이름 붙였으며 이 개혁은 플라톤적 성격을 의미하는 것으로 프로이티언(freudien)이라는 형용사를 붙이는 것은 그의 후계자라는 뜻이 아니라 진정한 지도자임을 선포하는 것을 보여주는 것이었다.

1970년경 라깡학파가 임상적 방법으로 정착하기 시작했을 때, 세계 각국에서 라깡주의는 심리치료의 임상 방법으로 차용되었고 폭넓게 의학화된 IPA의 프로이트주의에 맞서, 심리 치료의 다양한 학파들과 국제정신분석협회(IPA) 내부에서까지도 분석의 확장된 도구로 활용되고 있다.

운동으로 라깡주의는 라틴 아메리카의 두 나라 아르헨티나와 브라질에서 프랑스의 제도적 모델로서 거대하게 정착되었다. 이 두 나라에서는 100여 개의 그룹과 경향으로 분산되어 국제 정신심리분석협회(IPA) 라틴 아메리카 지부와 라틴아메리카 정신심리분석연합(FEFAL) 내부에서 강한 영향력이 있는 클라인주의와 공존하고 있다. 프랑스, 스페인, 라틴아메리카 나라 이외의 영어권 나라에서는 그렇게 크게 확장되지 못하고 있다. 그러나 대학에서 철학과 문학, 예술, 심리학, 신학, 영화 분야 등에서 라깡 작품이 강의되고 있고 세를 확장하고 있으며, 미국에서는 1990년대부터는 프랑스에서 공부한 브루스 핑크와 지젝의 활동으로 라깡 정신심리분석이 임상 면에서도 활발하게 활성화되고 있다.

또한 캐나다 프랑스어권에서 중요한 위치를 차지하고 있으며, 유럽에서 라깡학파는 각 나라에서 진정한 도약을 하고 있다. 가장 잘 나가는 나라는 역시 프랑스로 1990년대 말까지 이미 50개 이상의 학파와 그룹이 집계되었다.

프랑스에서 라깡학파의 정통성은 자크 라깡의 사위이며 유언 집행자인, 자크-알랭 밀레에 의해 구현되고 있다. 그는 라깡학파의 국제협회인 세계 정신심리분석학회(l'Association mondiale de psychanlyse, AMP)를 총괄하고 있다. 추가로 세계 정신심리분석학회(AMP)의 국제적 일탈로 창립된 라깡주의분야국제포럼(IF, 1999)과 46개 학회의 연합인, 정신심리분석 라깡주의연합(CLP, 1997) 등을 덧붙어야 한다. 참고로 2012년까지 전개되고 있는 프랑스의 정신심리분석 학파의 분화 활동의 개략 도해를 소개한다.

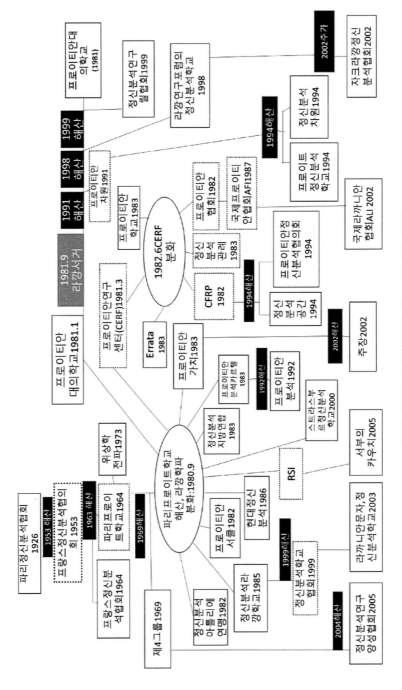

파리의 정신심리분석가 디엔(V. Diener)이 그린 계보도
(네모의 점선은 해산된 협회, 실선은 현존하는 협회)
(Sauret, Alberti, Lapeyre, Revillion, 2010, 211)

제2장

라깡 정신심리분석학의 소개

1) 인간 주체의 의미

서구 사상은 오랫동안 의식, 의식적 주체, 이성이라는 형이상학적 사고가 몸에 배었었다. 예를 들면 '나'를 중심으로 우리의 정신적이고 육체적인 삶을 생각하기 때문에 '생각하는 나', '의식적 주체'가 우주의 중심이라고 생각했었다. 서구 고전철학 특히 데카르트는 "나는 생각한다, 고로 존재한다"라는 명제를 던지면서 '생각하는 나', '의식적 주체'를 강조한다. 그곳에서는 의식이 생각하고 사고하고 통찰을 하는 장소가 된다. 의식이 사고를 하는 장소라 한다면, 서구 고전철학의 관점에서 무의식 자아, 무의식 주체를 어떻게 설명할 수 있을까? 가령, 미친 사람들이 하는 말이나, 꿈속에 나타난 이해 불가능한 말들이나 장면들은 어떻게 설명할 수 있을까? 일상생활에서 일어나는 말실수나 건망증은 왜 일어나는 것이고 뭐라고 말할 것인가?

우선 소쉬르의 언어 사상에서 시니피앙(Signifiant)과 시니피에(Signifiée) 문제를 소개하면서 라깡의 주체 문제를 검토해 본다.

(1) 소쉬르(F. de Saussure)의 사상

소쉬르는 먼저 전통언어학에 의문을 품으면서 언어학의 연구 대상은 무엇인가? 그리고 "언어와 사물" 사이에는 어떤 관계가 있는 것인가? 라는 질문을 던진다.

소쉬르는 먼저 랑그(langue, 관념 속에 미리 존재하는 언어체계)와 빠롤(parole, 개별적인 발화행위)을 구별한다. 랑그는 언어의 사회 양상이다. 우리가 무의식적으로 화자로서 끌어들이는 할당된 체계이다. 이 구별이 후에 구조주의 사상의 토대가 된다. 즉 언어 연구, 담론 연구의 중심 대상이 개개인의 발화, 즉 빠롤이 아니라, 어떤 사람이 말하고자 하는 빠롤 밑에 내재해 있는 체계이다. 인간 존재는 앵무새와는 다르다. 인간은 무한한 양의 잘 구성된 문장을 만들어 내는 규칙 체계를 분명히 간파하고 있다. 하지만 앵무새는 그렇지 못하다.

두 번째로 소쉬르는 언어는 사물을 그대로 언급하는 것이라는 견해를 거부한다. 말은 말이 지시하는 대상, 즉 사물 자체라기보다는 동전의 양면처럼 구성된 언어기호들이다. 그 기호는 시니피앙(기표, signifiant)과 시니피에(기의 signifiée)로 되어 있다.

그의 모델은 다음과 같다. 소쉬르는 시니피앙을 밑으로 놓고, 시니피에를 위로 놓았지만(Saussure, 1986, 158 – 159), 오늘날 편의상 시니피앙을 위로 놓고, 시니피에를 밑으로 놓는다.

$$기호(언어) = \frac{시니피앙(\text{Sa 기표})}{시니피에(\text{Se 기의})}$$

즉 말은, 언어는, 언어기호는 음성적 물질과 개념이라는 두 요소로 구성되어 있다. 그것을 소쉬르는 언어는 개념(concept)과 청각이미지(image acoustique)의 결합이라 불렀다(Saussure, 1986: 99).

청각이미지는 단어의 재현을 의미한다. 청각이미지란 단어를 실제로 말로 나타내는 것이 아니라, 정신심리(마음) 속에 각인된 소리이미지를 의미한다. 그러기에 우리는 입으로 소리를 내지 않고도 나 자신에게 말할 수 있는 것이다.

청각이미지를 시니피앙(기표 signifiant)이라 부르고, 개념을 시니피에(기의 signifé)라 부른다. 오늘날은 언어기호의 범위를 확대하여 청각 언어뿐만 아니라 시각, 후각, 미각, 촉각 소위 5감각 언어를 포함한다. 그래서 언어란 시니피앙의 총체적 표현이라고 말하게 된다. 다른 말로 시니피앙/시니피에의 관계 놀이를 하는 모든 것이 언어요, 표현/내용이라는 관계 놀이를 하는 모든 것이 언어이다.

소쉬르는 언어기호는 시니피앙과 시니피에의 양면을 가지는 정신심리적인 실재라고 했다(Saussure, 1986: 158). 시니피앙이 시니피에와의 만남이 없이는 의미의 인간 세계에 들어올 수 없다. 시니피앙과 시니피에의 만남을 공기의 흐름으로 대기의 압력에 따라 바닷물이 물결을 일으킨다고 비유한다. 시니피앙이 그에 따른 시니피에에 대응해야 의미를 낳게 된다.

(2) 라깡의 시니피앙과 주체

소쉬르에게서 영감을 받은 라깡은 시니피앙을 중심으로 주체 문제를 접근한다. 이 문제의 검토를 위해 다음과 같은 예를 생각해 본다.

가령 깊은 숲속에서 전혀 알지 못하는 문자를 발견했다고 가정하자. 발견자인 우리는 미지의 수수께끼에 부딪친다. 우선 그 문자의 내용을 알지 못한다. 우리 한국인을 위해 쓰여진 문자가 아니기 때문이다. 그 나라의 언어를 모르는 낯선 곳을 여행할 때도 꼭 같은 경험을 하게 된다. 아기도 이런 경험을 한다. 아기는 처음에 사람들의 소리를 듣는다. 그러나 아기는 그 소리의 내용을 이해하지 못한다. 이렇게 애초에 인간은 의미를 알 수 없는 시니피앙과 만난다. 그런데 이들 시니피앙은 다른 사람들, 다른 주체들에게는 의미를 갖는 것이라고 가정할 수 있다. 마치 외국어가 그 외국어를 쓰는 사람들끼리는 의미를 아는 것처럼 말이다. 따라서 아기는 의미를 알기 위해서 다른 사람들, 다른 주체들의 존재 상황을 터득하여 그 시니피앙을 자기 것으로 받아들여야 한다. 말하자면 아기는, 우리는 배워서 다른 사람(타자)들 사이에 적용되는 법칙을 우리 것으로 습득하고 또 그것을 인정해야 의미의 세계에 들어오게 되는 것이다. 이렇게 인간은 시니피앙의 법칙에 종속되는 것이다. 이런 식으로 애초에 아기 때 '의미를 모르던 것'이 의미를 터득하는 길이 열리고, '미지의 시니피앙'이 의미를 지닌 언어기호로 전환되는 것이다.

다시 말해서 시니피앙들이 처음에 빈 장소인 주체(아기)에게 의미의 영역으로 들어가기 위해 무엇을 해야 할지를 지시한다. 그렇게 되면 실재 주체이자 비어있는 주체인 빈 주체는 자신의 대리인(시니피앙)에게 자리를 양보하고 사라지게 된다. 우리는 주체(Sujet)를 약자 S로 표기하고, 주체의 사라짐을 $ 와 같이 표기한다. 그래서 라깡은 "시니피앙은 다른 시니피앙을 위해 주체를 재현(대리표현)한다"고 말한다. 주체가 사라지고 시니피앙으로 대체되는 표현을 기호학적으로 다음과 같이 표현한다.

하나의 시니피앙(S1)은 다른 시니피앙(S2)들을 위해서만 시니피앙일 뿐이다(S1 → S2). 하나의 사건(S1)은 다른 사건들(S2)과의 관계 속에서의 하나의 사건일 뿐이다.

라깡에 오면 시니피앙은 형식적인 범주로써 작용하는 것으로, 그것이 '무슨 시니피에이냐?'라는 것은 중요하지 않다. 가령 꿈, 실수행위(건망증, 망각, 말실수), 몸짓, 목소리, 유머농담, 침묵, 욕, 방언, 어떤 증상과 같은 것들이 다 시니피앙이 된다. 본의 아니게 생각지도 않은 표현이나 행위들, 의식하고 의도하지 않은 표현들이 시니피앙이다. 그리

고 그것은 겉으로 무슨 뜻인지 아무 의미 없이 그저 있는 그대로 존재
할 뿐이지만, 다른 시니피앙들의 총체와 연결되어 있을 때에는 하나의
시니피앙으로 존재한다. 그 시니피앙 하나(S1)는 분석가나 내담자에 의
해 지각될 수 있지만, 서로 연결되어 있는 다른 시니피앙들(S2)은 지각
되는 것은 아니다. 다른 시니피앙들(S2)은 과거의 일이거나 현재 겪는
일이거나 미래에 일어날 시니피앙들을 말한다. 시니피앙 S1에서 '1'은
하나의 유일한 사건을 뜻하고, 'S'는 시니피앙(Signifiant)의 약자이다.
여기에는 증상은 언제나 '하나'의 의미를 갖고 있고 그것은 다른 시니
피앙(S2)으로 반복된다는 의미를 갖는다. 그러므로 S2의 '2'는 복수를
가리킨다. 하나의 시니피앙은 또 다른 시니피앙, 또 다른, 또 다른 등
등으로 반복된다. 개별적으로 증상들은 다양하게 다르게 표출되지만,
형식적인 시니피앙의 관점에서 보면 모든 증상은 '하나'라는 자리를 대
신해서 표출하는 복수 현상(S2), 복수의 시니피앙(S2)으로 반복되는 것
이다.

다른 말로 라깡은 "내가 주인이 아니다"라고 한다. 우리가 평상시
말하는 '나', 즉 의식적 주체인 '나'가 생각하고 사고하는 장소가 아니
라는 의미이다. 시니피앙이, 다른 사람들의 시니피앙들이 주체를 대신
한다($→S2). 원칙적으로 모든 주체는 시니피앙에 의해 탄생한다. 주체
는, 나는 생각하지 않고, 오히려 생각되어진다.

사실 의식적 사고를 중심으로 한 곳에서는 무의식 자아, 무의식
주체를 생각할 수 없다. 그러나 상담의 과정에 서게 되면 분석가(분석
상담자)와 분석내담자는 이 생각할 수 없어 보였던 현상, 즉 무의식 현
상의 절대적 필수성에 이미 놓여있다는 것을 느끼게 된다. 많은 심적
저항들과 거부감들이 무의식 자아, 무의식 주체를 억누르고, 잊어버리
기 위하여 활동한다. 내담자의 꿈은 있는 그대로의 의미가 아니고 꿈
꾼 주체와 상관없는 다른 세계는 더욱 아니다. 그것은 무의식 주체의

소망을 나타냄이다.

어떤 내담자의 꿈속에서 벌거벗은 상태는 무의식 주체의 도덕적 수치심을 의미한다. 계단은 힘든 임무나 고군 분투를 의미한다. 기차나 자동차를 놓친다는 것은 실패를 의미하거나 있는 곳에 계속 머물고 싶다는 무의식 주체의 소망을 나타낸다. 물론 어떤 내담자 개인의 의미전달의 문맥을 고려한 경우이다.

꿈뿐만 아니라 실수 행위와 망각, 건망증도 우리의 내부적 삶의 거울인 무의식 주체의 욕망을 표출한다. 한 사례를 들어본다. 20대 후반의 직장 여성이 직장이나 친구 등 만나는 사람과의 인간관계에서 오는 어려움, 대인관계 불안과 비만과 폭식, 변비 등과 같은 증상들 때문에 힘들어 했다. 증상들이 많이 사라지고 어느 날부터 집 열쇠를 잃어버리는 증상에 시달린다. 아무리 정신을 차리고 열쇠를 안 잃어버리려 노력해도 소용이 없다. 화장실이나 가게, 버스에 놓고 오고, 친척집, 친구집, 식당 등 열쇠 잃어버리는 건망증이 너무도 심해서 고통스러웠다. 집 열쇠를 잃어버리는 이 직장 여성의 경우, 분명히 의식적으로 잃어버리지 않으려고 노력하는데도 불구하고 열쇠를 잃어버리는 것은 의식적으로 생각하지 않는 다른 곳에 자신의 본심이 있음을 증명하는 것이다. 사실 그녀는 자신에게 상처를 주고 떠나버린 남자 친구, 그와의 겪었던 문제들을 잊고 싶어 했고, 직장 등 남자들과의 관계와 욕망에서 일어난 갈등을 잊어버리고 싶어했으며, 또 더 나아가 과거로 돌아가서는 어린 초등학교 시절에 그녀가 잠자던 고향 집 오막살이 천정에서 밤마다 공포에 질리게 하던 쥐들의 소란과 더러움, 그때 겪었던 어린시절의 악몽이 그녀의 무의식에 억압되어 있었던 것이다. 이런 여러 사건(S2)이 바퀴벌레가 기어 다니는 반지하 방인 그녀의 자취방에 들어가는 것을 싫어하고 거부하게 했기에 그것은 여러 다양한 장소에서 열쇠를 잃어버리는 건망증(S1)으로 그녀의 무의식 심리 상태를 나타내곤 한 것이다.

　이런 예들은 우리의 외부적 삶, 의식적 삶과는 거리가 먼 어떤 소
외된 내부적 정신 상태인 다른 장소, 타자의 장소, 무의식 세계의 존재
를 증명한다. 바로 이 다른 장소, 타자의 장소에서 주체의 무의식적 앎
이 억압되어 있다. 그러므로 "내가 생각하는 곳(의식적 사고)에 내가 존
재하지 않는다". 위의 건망증의 그녀는 의식적 사고로는 거의 매일 '열
쇠 잃어버리지 말아야지!'라고 생각하지만, 어느 순간 열쇠를 잃어버린
다고 왜 그러는 것인지, 어디 뇌가 잘못된 것인지, 미치겠다고 속상해
한다.

　사실 우리는 일상생활에서 누누히 '나'를 말하고 있지만, 진정한
'나', 순수한 '나'를 말할 수 없다. '나'는 항상 도달할 수 없는 곳에 위
치하여 흩어져 있어서 사람들이 나를 잡으려고 말을 하고 글을 써보려
고 하지만, 말이 말을 만들고 글이 글을 만들고 하면서 말의 고리를 따
라 진정한 '나', '인간 주체'는 연장될 뿐이고, 결코 자기 스스로와 동일
한 '나'를 찾지 못한다.

　자기가 찾는 자기, 자기가 찾는 의미는 항상 근사치이고 목표 근
방에 맞추는 행위일 뿐이며, 찾고 전달하고자 하는 의미의 순수 절대
성에 도달할 수 없는 실패의 연속이다. 말하자면 '나'의 전 존재를 집
약하여 나타낼 수 있는 어떤 "말", "기호"는 없다. 이것을 기호학적으
로 '언술(Enoncé)의 나', 즉 '말하는 나(겉으로 표출하는 나)'는 '언술 주체
(Enonciation)', 즉 '말해진 나(속에 있는 나)'를 나타내려 하지만, '언술주
체', '속에 있는 나'를 결코 완전한 의미로 나타내지 못한다.

　'말하는 나', 그 시니피앙으로 모든 나를 말할 수 없기에, 모든 의
미를 나타낼 수 없기에 그곳은 상실의 장소, 상실의 영역이 된다. 이제
주체는 이 상실을 메우려고 상징의 형태로 나타난다. 주체가 시니피앙
으로 대신하여 들어오면서 그전에는 알지 못했던 시간과 공간의 개념

이 열리게 된다. 그런 상상적인 공간의 개념이 열리게 된다. 꿈은 이런 상상의 세계를 잘 보여준다. 꿈을 꾸고 있는 사람은 물리적 현실의 시간과 공간과는 다른 공간으로 들어간다. 시간이란 개념은 주체가 과거와 미래를 현재화하는 것으로 인해 지각되는 것이다. 다시 말해서 물리적 현실에서 겪은 사건이 시니피앙의 차원으로 이전되면서 시간이란 개념이 지각되는 것이다. 이렇게 주체가 시니피앙으로 대체되면서 시간의 차원이 지각되어 실존하는 것과 실존하지 않는 것이 상징화되고 현재화되지만, 다른 한 편으로는 그것으로 인해 주체는 상실도 경험하게 되는 것이다. 그래서 주체는 그 상실을 메우기 위해 대상을 필요로 한다. 주체는 대상을 통해 잃어버린 자기 자신과의 합일에의 욕망을 끊임없이 추구하는 운명에 산다. 그러나 그 어떤 대상도 그것을 완전히 충족시킬 수 없어서 거기에는 늘 결핍과 결여, 무를 낳는다.

이렇게 '말하는 나'와 '말해진 나'는 결코 결합될 수 없으므로, 주체는 시니피앙으로 완전히 대체할 수 없으므로 주체는 분리되고 소외된다. 그런데 인간의 심적 저항들과 자존심들은 주체가 소외되었다는 것을 억압하고, 잊어버리기 위하여 부단히 활동한다. 가령 상담과정에 있는 내담자는 그가 말하는 '나'가 진실된 자기 자신이 아니라는 사실을 쉽게 수긍할 수 없을 것이고, 말하는 자기가, 자기가 말한 것과는 전적으로 모순될 수도 있다는 점을 쉽게 받아들이지 않을 것이다.

필자를 찾은 한 직장인은 이렇게 말했다. 직장에서 하고 싶은 말도 하고, 부하 직원에게 바른 소리도 하고 야단도 치고 싶은데 남에게 피해를 주기 싫고, 남이 자기를 미워하지나 않을까 하는 생각에 염려되고 두려워서 그저 수동적으로 행동하고 듣기만 한다고…… 또한 다른 사람의 비위를 맞추는 데 항상 신경 쓰는데, 그것이 너무 심해서 윗사람 앞에만 서면 할 말을 잊어버리고, 떨리며, 횡설수설한다고 한다. 반대로 아내와 아이들에게는 정말 잘해 주고 싶은데, 집에 가면 생각과는 반대로 늘 짜증내고, 권위적이며, 손 하나 까딱하지 않는다고 진실한 자아를 숨기고 사는 자신을 책망한다.

그가 그럴 수밖에 없었던 것은 어릴 때부터 압제에 의해 늘 수동적으로 살기를 강요받으면서 살아왔고, 남의 비위를 맞추는 것에 신경을 써왔기 때문이다. 이러한 태도가 반복되면 당연히 인간 주체는 진실한 자아로부터 더욱더 멀어지게 된다. 이렇게 인간은 초자아의 검열과 억압 때문에 진실을 숨긴다. 이것이 인간이 겪어야 할 운명이다. 그렇지만 "진실한 자아의 숨김"이라는 현상은 사람에 따라 그 정도가 다르며, 그에 따라 건강한 사람과 아픈 사람을 구분한다.

라깡의 용어를 빌려 말한다면 진정한 자아의 분열로 말미암아 인간 주체는 자신을 언어라는 발화 속에 감추게 된다. 그러나 우리는 누누이 '나'를 말하면서 진실한 자아와 존재를 찾지만 결국 결핍, 부족, 빈자리만이 있게 된다. 인간 주체란 말과 언어로 포착할 수 있는 것이 아니라 재현되고 반영될 수 있을 뿐이기 때문이다. 마찬가지로 인간의 욕망은 말과 언어로 채울 수 없으며 단지 말과 언어로 재현되고 반영될 뿐이다. 그래서 주체는 언어를 통해서는 실패한 진정한 자아 찾기를 그가 동일시할 큰타자(A)의 이미지, 가령 어머니상 속에서 시도할 것이다.

우리는 종종 아이가 "나는 커서 엄마가 될거야", "엄마와 결혼할거야", "아빠와 결혼할거야"라고 말하는 것을 듣는다. 또 어른이 되면 "나는 성격이 어머니를 닮았어", "나는 성격이 아버지를 닮았어"라고 한다.

필자를 찾은 한 여성의 이야기이다.

저는 어머니 성격을 많이 닮았어요. 그래서 어머니처럼 살까 봐 걱정돼요. 어머니는 모든 사람이 당신을 좋아해야 직성이 풀려요. 그래서 모든 일을 앞장서서 주도해요. 친척집의 잔치가 열리거나 별로 가깝지도 않은 이웃에서 잔치가 벌어지면 어머니는 나서서 진두지휘를 합니다. 총감독이 되는 거죠. 어머니는 그것에 커다란 자부심을 느끼면서 살아갑니다. 그런데 아버지에게만은 예외입니다. 어머니는 늘 아버지가 너무 무심하다고 합니다. 어느 더운 여름날 두 분이 버스를 기다리는데, 아버지는 가게에 들어가 혼자 음료수를 마시고는 빈 캔을 들고 버스에 오르셨나 봐요. 아버지는 늘 그렇습니다. 그래서 저도 아버지 같은 남편을 만날까 걱정스러워요. 그런데 남자 친구가 아버지와 비슷한 성격이거든요……. 그리고 저도 직장에서 일을 하거나 어떤 일이 벌어지면 혼자서 계획하고 준비해서 다른 사람들을 설득합니다. 다른 사람들은 그러지 않는데 유독 저만 혼자 설치거든요. 어머니처럼요…….

주체는 진정한 자아의 찢어짐, 소외를 발견하고, 그 소외가 주체를 상상계로 인도하여 "어머니상"이라는 큰타자를 설정하게 한다. 주체가 큰타자(어머니)가 되어 큰타자가 하던 일을 반복하는 것이다.

주체의 소외, 진실아의 찢어짐의 소외된 정신 상태에 대해서 라깡은 서구 고전 철학과는 반대로 "내가 생각하는 곳에 나는 존재하지 않는다, 내가 생각하지 않는 곳에 나는 존재한다"라고 말한다. 그는 또한 "존재한다는 것은 잊는다는 것에 다름 아니다"라고 말한다.

망각과 억압은 인간이 살고 존재하기 위하여 필수적이다. 그렇게 하지 못하면 죽음이 올 수도 있다. 알다시피 정신증자들은 일반적으로 잊어버리고, 억압시키며, 상징화시키는 일을 할 능력이 결여되었거나 부족하다.

망각하여 쌓아놓은 장소, 억압하여 쌓아놓은 장소는 바로 다른 장소, 어떤 다른 곳인데 라깡의 정신심리분석에서는 이것을 "큰타자(Autre)"의 장소라 한다. 즉 무의식의 장소를 말한다.

그러므로 데카르트가 말한 바와는 달리 "내가 생각하는 곳에 나는 존재하지 않는다." 내가 생각하는 곳, 의식의 주체가 있는 곳이 무의식의 장소가 아니다. "내가 생각하지 않는 곳에 나는 존재한다." 의식적 존재의 장소가 무의식 사고의 장소가 아니라, 내가 생각하지 않는 곳, 즉 무의식 사고의 장소에 내(무의식 주체)가 존재하는 곳이다. 라깡은 의식의 자아보다 더 우위에 있는 탈중심적인 또 다른 장소, 큰타자 (Autre)인 무의식의 차원을 얘기한다. 인간의 의식이 자기 충족적이고 자율적이라기보다 무의식에 예속되어 그것의 방어에 급급하고 있다는 사실을 증명한 것이다.

주인은 자기 집에서 일어나는 모든 것을 알고 있다고 생각했지만, 사실은 자기 집은 물론 자기 자신조차도 모르고 있다는 것이 증명된 것이다. 그래서 라깡은 "내가 주인이 아니다"라고 한 것이다.

의식의 나, 즉 자아는 더 이상 무의식 주체, 진실아가 아니다. 이제 주체는 "말하는 나"가 이야기하는 담론과 사회적 상황 속에서 어떤 역할을 하게 되고, 이것들이 모여 점차로 "자아"라는 의식의 나가 형성된다. 자아, 의식의 나는 진실로 진실아와 대립된다. 의식의 나는, 개인이 되기 원하고 또 되고 싶다고 생각하는 모든 이상들에 관심을 집중한다. 그래서 의식의 나는 우리 자신 속에 있는 타자요, 나 아닌 다른 나다. 그것은 마치 잘못 뜬 주물과 같다.

2) 상상계(영상계)

라깡의 "거울상계(stade du miroir)"라는 개념을 통해 '말하는 나'와 '말해진 나'가 어떻게 구별되는지를 구체적으로 살펴보자.

1936년 『프랑스 백과사전』의 <가족> 항목을 집필하면서 라깡은 처음으로 거울상계 이론을 발표하고 그 후 강의하면서 그 이론을 발전시킨다.

"거울상계"는 6개월에서 18개월 정도 된 인간 존재가 어떤 모습을 띠고 있는지를 설명하는 것이다. 이 기간은 아이가 젖을 뗄 무렵이기도 하다. 라깡은 이 시기에 아이가 거울 속에서 자기 이미지를 인식해 가는 장면을 설명한다.

6개월에서 18개월 된 아기는 반추된 이미지라는 경험을 겪게 된다. 그 이전에 아이는 자기 신체가 무엇인지를 사고하지 못한다. 자기 신체와 어머니 신체, 자기와 외부 세계를 구별하지 못한다. 다만 자신의 신체가 조각조각 분열되어 있다고 지각할 뿐이다. 조각난, 분열된 신체의 환상은 정신심리분석 과정에서 종종 발견되며 꿈속에서도 나타난다. 아이는 자기 신체의 통합된 몸을 그를 돌보는 타자의 이미지, 어머니의 이미지 안에서만 찾을 수 있다. 즉 거울 안에 반영된 주위 환경을 바라보면서 자기 몸을 관찰하는 것이다.

거울 영상 속에서 주체가 자아를 인식해 가는 방식은 세 단계로 진행된다. 처음 거울 속에서 자기를 볼 때, 아이는 거울에 비친 모습이 누구인지도 모르고 그것이 자기 자신인지는 더욱더 모른다. 거울 속에 이미지가 나타나는 것을 아이는 실제로 낯선 사람이 나타나는 것으로 혼동한다. 우리가 흔히 낯가림이라 부르는 현상이다. 이것이 첫 번째 단계이다.

처음에 아이는 자아와 타자, 자아와 거울에 비친 이미지를 혼동한다. 그래서 아이는 거울에 비친 타자의 이미지, 인간의 이미지를 보고 그와 닮은 행동을 하겠다고 결정한다. 또한 다른 아이가 넘어져 우는 것을 보고는 마치 자기가 넘어진 것처럼 울기도 한다. 말하자면 아이 자신과 타자가 병합되는 관계에 있는 것이다. 라깡의 말을 들어보자.

"이 시기에 우리는 아이가 겪는 타동적 전이 현상의 감정적 반응과 그 실례들을 확인할 수 있다. 한 아이가 다른 아이와 싸워서 우는 것을 본 아이는 마치 자기가 싸워서 우는 것처럼 우는 것이다. 그때 아이는 타자와 동일시 상태에 있다. 그래서 아이는 한편으로는 위엄 있

고, 다른 한편으로는 왜소하고 방어적인 반응을 동시에 갖춘 삶을 산
다. 이러한 아이의 모습은 폭군과 동일시하는 노예, 독자와 동일시하
는 작가, 유혹자와 동일시하는 유혹당하는 자의 모습인 태초의 구조
적 양가감정을 드러낸다." (Lacan, 1966: 113)

이 첫 번째 단계의 특징으로 <자기와 타자의 혼동>, <상상계
(영상적 양자합 관계)>, 인간의 원초적인 <양가감정>(삶과 죽음, 사랑
과 미움, 자아도취와 자아소외 등) 그리고 <공격성>을 들 수 있다. 이
시기에 아이는 타인을 모방하면서 대단히 즐거워하지만 변덕이 나면
대번에 공격적으로 변한다. 그래서 우리는 종종 아이가 인형 같은 장
난감을 대단히 좋아하면서도 눈을 찌르고, 팔을 비틀며, 찢고 깨뜨리
는 등 잔인한 짓을 하는 광경을 목격할 수 있다. 정신착란증의 퇴행과
정신분열증의 조각난 신체의 모습은 이러한 특징이 나타나는 대표적
예이다. 전자의 경우 타인을 자기의 우상으로 삼아 그의 몸짓, 표정 등
을 열정적으로 모방하는 한편 그를 극도로 시기한다. 이 증상은 사랑
의 대상을 증오의 대상으로 변형시키는 극단적 경쟁심과 시기심으로
나타난다. 라깡은 자기가 무척 사랑하는 유명한 인기 여배우를 칼로
찌른 "에메"라 불리는 여성에 대한 임상 사례를 발표한 적이 있다. 그
녀는 공격적 피해망상 등의 정신증(편집증)에 시달리고 있었다. 그래서
피해망상, 환청, 환시, 몸이 조각나는 환상, 자신이 둘로 보이는 것, 절
단이나 거세, 잡아먹히는 환상 등이 정신증의 대표적 증후들이다.

<거울상계>의 두번째 단계는 아이가 타인의 이미지와 실체를 구
별하는 단계이다. 아이는 거울에 비친 모습이 이미지라는 것을 인식하
면서 실체와 이미지를 구별하기 시작한다. 거울 속에서 자신의 이미지
를 포착하려고 거울 뒤를 찾아보지만 거울 뒤에는 아무것도 없다는 사
실을 알게 되면서 아이는 이미지가 실제가 아님을 알게 되는 것이다.

<거울상계>의 마지막 단계에 이르면 아이는 거울 속에서 자기 이미지를 인식한다. 그러기 위해서는 타인의 현전, 타자의 시선, 어머니(보모)의 현전이 필수적이다. 거울 속의 자기 이미지와 어머니의 이미지를 비교하면서 아이는 거울 속에 비친 신체는 자기라는 사실을 확신하고, 이미지와 실제를 완전히 구별하게 된다. 즉 아이는 거울 속에 비친 모습이 어떤 사람의 이미지일 뿐만 아니라 그 이미지가 자기 자아이며 다른 사람의 모습과는 다르다는 사실을 깨닫게 되는 것이다. 동시에 거울 속에서 자기 모습을 보면서, 그리고 분열된 신체에 대한 불안 의식을 감추기 위해서 아이는 이제 거울 속의 이미지와 자기를 동일시하면서 성숙을 지향한다. 조각나고 분열된 신체에 대한 고뇌에 종지부를 찍는 순간이기 때문에 아이는 무척 즐거워한다. 흔히 아이들이 거울 속의 자기 모습을 보면서 즐거워하는 것은 이 때문이다. 이렇게 해서 주체는 <나>라는 신체 이미지와 주체의 동일성을 최초로 얻는 것이다.

거울 영상 속에서 실제의 자기와 거울에 비친 자아 이미지를 동일시함으로써 아이의 몸은 구조적으로 한 몸이 된다. 그런데 그것은 자기가 아니라 타자에 의해 형성된 자아 동일성이기에 상상 속에서는 자아가 소외된다. 주체는 거울상에서 한 타자로 보여진다. 주체는 어떤 다른 사람이 있는 것으로 보여짐과 동시에 거울 밖으로부터 보는 타자로 보여진다. 자아는 스스로 잉태한 산물이 아니고 바깥에서 주어진 부산물이다. 따라서 주체는 필연적으로 소외될 수밖에 없다. 소외를 대가로 자신의 동일성을 달성한 것이다. 거울상 경험에서 겪는 최초의 소외는, 주체는 타자에 의해 그리고 타자처럼 보여지게 된다는 사실로 구성되어 있다. 사실 인간은 태어나면서부터 미숙성으로 인한 기능 장애를 느낀다. 이때 아이는 자기가 발견하는 타자 이미지에 의해 자신의 약함을 해결한다. 즉 타자 이미지를 통해 자아를 정립하는 것이다.

다시 말해 자신을 재빨리 소외시키고 타자라는 영상을 빌려서 자아를 만드는 것이다. 이렇게 아이는 타자와 자아를 동일시하면서 자신의 욕망을 타자의 욕망에 종속시킨다. 그러므로 <거울상계>를 통해 우리는 주체가 형성되는 허구적인 과정을 알게 된다. 자신을 신체 이미지로 동일시하겠다는 허구를 통해 자기를 가장하는 것이다. 이러한 의미에서 <거울상계>는 최초의 인간 소외 시기이다.

라깡에게 주체의 자아는 한 아기를 인식하게 하는 신체 이미지의 투영에 다름 아니다. 그러므로 정신심리분석의 주체, 진정한 주체는 자아의 지평과는 다른 곳에 위치되어야 한다. 이 다른 장소를 라깡은 '큰타자'라고 부르는 곳, '상징적 차원'이다. '상징적 차원(상징계)'은 어떤 제3의 요인의 덕분에 거울상계 경험에 등장한다. 상징계는 거울영상적 장면, 상상적 장면의 문제를 푸는 열쇠 역할을 한다. 제3의 인물, 제3자를 말하는 것인데, 제3자는, 거울상에서 다소 벗어날 수 없는 입장에 빠진 아기를 벗어나게 하는 현실적 버팀목으로써 개입한다. 제3자가 관심을 두는 것은 의사소통의 가능성이다.

아기와 제3자의 의사소통은 시선의 교환으로 구성된다. 아기는 타자의 시선 안에서 영상의 자기인식을 확인하고 영상, 이미지에 동일시를 한다. 여기서 제3자는 투영 놀이를 벗어난 첫 번째 중재자 역할을 담당한다. 거울상계의 총체, 영상적 투영의 총체는 근원적으로 이 타자의 승낙 여하에 달려 있다. 그의 승인 덕분에 이미지는 아이의 심리 안에 자리를 잡게 된다. 그러므로 이 타자는 상상적 차원에 위치하고 동시에 중개적 개입에 의해서 자기 투영의 현존을 새기게 된다. 거울상계는 영상적, 상상적 타자를 도입하지만, 동시에 이미지로 된 상징적 타자도 도입되는 것이다.

3) 상징계

(1) 포르트-다 놀이(까꿍 놀이)

<상징계>가 무엇인지 쉽게 이해할 수 있도록 우리의 <까꿍 놀이>나 <술래잡기 놀이>에 비유되는 <포르트 Fort−다 Da 놀이>를 살펴보자.

어느 날 프로이트는 만 18개월 된 손자가 하는 신기한 놀이를 관찰하게 된다. 그것은 매달린 실패로 하는 놀이인데, 매달린 실패가 멀리 가면 <어(없다, 독일어로 Fort)>, 가까이 오면 <아(왔다, 독일어로 Da)>라고 하면서 노는 것이다. 우리의 어른들이 어린 아이와 많이 놀아주는 <까꿍 놀이>, <술래잡기 놀이>와 같은 의미로 이해되는 것이다.

이것은 어머니가 사라졌다가 다시 나타나는 것을 의미하는 동시에 아이가 언어의 세계, 문화의 세계에 동참한다는 것을 의미하기도 한다. 포르트−다 놀이는 어머니 곁을 떠나게 하고, 충동의 만족을 포기하는 훈련으로 작용한다. 어(포르트)와 아(다)라는 두 음소의 대립과 반복에 의해 아이는 어떤 대상을 부수고 있다. 대용물, 즉 실패를 미끼로 자신의 허상을 나타나고 사라지게 하면서 아이는 어머니의 부재와 현존을 극복하는 것이다.

포르트−다 놀이를 통해 미래의 주체는 대상(어머니)을 포기하면서 그것을 시니피앙으로 대체한다. 그것은 바로 언어의 세계, 인간의 상징 세계에 들어가는 행위이다. 우리는 상징계, 언어활동의 세계로 들어감으로써 비로소 객관적 인식이 가능해진다. 언어활동 없이는 인식도 존재할 수 없고, 타인과 주위 세계는 물론 자아의 인식도 불가능한 것이다.

(2) 어머니의 현존과 부재

아이에게 엄마의 사라짐, 어머니의 부재는 무엇을 뜻할까?

그것은 어머니가 자기와 같이 있지 않을 때, 어머니가 있을 제3의 장소가 존재한다는 의미이다. 아이에게 어머니의 부재는 어머니가 다른 곳을 원하고 있다는 것을 가리킨다. 그때 아이는 그 다른 곳에는 아버지가 있을 거라고 생각한다. 포르트-다 놀이를 통해 아이는 이제 자신이 어머니가 욕망하는 유일한 대상, 팔뤼스(Phallus, 남근) 시니피앙, 상징적 팔뤼스가 될 수 없다는 것을 알게 된다.

이때 팔뤼스는 어머니의 욕망을 나타내는 시니피앙이다. 라깡의 팔뤼스(Phallus, 남근)는 생물학적 실제라 아니라, 욕망의 시니피앙이다. <상상계>의 그 양자합 관계에서 아이는 아무것도 부족하지 않은 원초적 타자요, 어머니의 전부요, 어머니의 욕망을 만족시키는 완전히 충만한 타자로 행동하면서 자신을 팔뤼스와 동일시했다. 사실 <상징계> 이전 단계, <상상계>, 상상적 양자합 관계에서 아이는 자신이 타자, 즉 어머니 욕망의 연장이거나 공백이거나 아무것도 아닌 것으로, 즉 수동적이고 종속적으로 존재하기를 바란다. 사실 <신경증>과 <정신병>은 성인이 되어서도 <상징계>에서 사회생활을 영위하지 못하고 상상계(영상계)로 자꾸 되돌아가려는 것을 말한다. <신경증>은 상상계에 머무른 채 자아와 상황을 구별하지 못하고 사회 규범을 자꾸 망각하려 한다. 이는 곧 회복이 가능하다. 이른바 '마마보이', '공주병'은 어머니(부모님) 치마 속에서 헤어나지 못하기 때문에 자꾸 상상계로 돌아가려 한다. 또한 히틀러와 같이 자기 생각만 절대로 옳다고 주장하는 절대주의적이고 권위주의적 폭군도 <신경증>의 한 예이다. 더 나아가서 <정신증>은 아예 상징계로 들어가는 것을 거부하고 그 관계를 차단해 버린 상태이다. 자폐증은 이러한 자기 폐쇄의 극단적인 예이다.

사실 어머니가 제일 처음 부재할 때부터 이미 아이는 다른 곳에 자리를 마련한 것이다. 위에서 말한 바와 같이 이 다른 곳은 아버지의 현존, 아버지 은유를 도입하여 자리를 양보함으로써 생기게 된다. 아버지의 은유, 아버지로 은유화 된 법으로 나타나는 <상징적 아버지>가 꼭 실제 현실의 아버지와 일치할 필요는 없다. 경우에 따라서는 할아버지나 할머니, 어머니, 선생님, 경찰 등이 <상징적 아버지> 역할을 하는 것이다. 아이가 어머니와 유대를 맺었던 양자합 관계를 포기하지 않으면 아버지의 법은 아이에게 위협이 되고, 그 위협은 거세 공포로 나타난다. 가령 부모(어머니)가 아이를 자신의 팔뤼스(남근)인 양 애지중지하면서 키울 때, 아이는 경쟁자인 부모(아버지)의 징벌에 대한 두려움을 느낀다. 부모(아버지)가 그를 벌하는 동시에 자신의 고추를 자르는 것에 비유한 심적 두려움을 느낀다. 그것을 거세불안, 거세공포라 한다. 바야흐로 그것은 각종 공포증, 공황장애의 근원이 될 것이다.

(3) 아버지 은유: 아버지 이름, 상징적 아버지

여기서 아버지 은유의 의미를 생각해 보자.

포르트－다 놀이를 통해 아이는 어머니의 부재를 포르트－다라고 하는 말놀이 상징, 즉 시니피앙으로 대체시킨다. 이제 아이는 어머니의 욕망 대상이 되기를 포기한다. 그 욕망의 포기, 욕망의 억압은 하나의 시니피앙에서 다른 시니피앙으로 대체되어 마치 언어에서 한 시니피앙이 다른 시니피앙으로 대체되는 은유와 같은 형태를 취한다. 그리하여 아버지 은유에서 어머니의 욕망을 나타내는, 첫 번째로 대체된 시니피앙이 아버지 이름의 시니피앙이 된다. 즉 아버지 은유는 어머니의 부재를 상징하는 첫 번째 위치에 아버지 이름을 옮겨서 대체해 놓은 은유이다.

아버지 이름의 시니피앙을 수용하면서, 아이는 어머니에 대한 욕망을 포기하는 동시에 어머니의 팔뤼스(남근) 시니피앙, 즉 근친상간 욕망을 억압하게 된다. 이러한 과정을 통해 아버지 이름, 즉 상징적 아버지는 아버지 은유가 된다. 만약 어머니(부모)가 <아버지 이름>이 상징하는 <법>을 무시하면 아이는 자기를 팔뤼스(남근) 상징과 동일시하게 되며 자신이 어머니(부모)의 욕망 대상이라는 생각의 포로가 되어 병을 앓게 된다. 그러한 점에서 아버지 이름은 팔뤼스(남근) 상징이다. 따라서 팔뤼스 상징은 어머니(부모)의 근원적 욕망을 상징하는 것이다. 어머니(부모)가 아이의 팔뤼스 상징을 거부하고 아버지의 팔뤼스 상징, 아버지 이름을 수용할 때 법과 윤리, 도덕, 규칙이 서게 된다. 어머니(부모)가 아버지의 팔뤼스(남근) 상징을 욕망하지 않으면 <아버지 이름>은 권위를 잃고 사회와 법이 무너지게 된다. 그러므로 팔뤼스(남근) 상징은 무의식의 근본적 시니피앙이다. 다시 말해서 부모가 언어의 세계, 상징계 안에 들어와 있어야만 아이도 같은 세계에 들어오는 것이다.

(4) 주인담론의 기호론 : $, S1, S2, a

이제 아이가 하는 실패 놀이의 의미를 기호학적 정신심리분석으로 점검해 보자.

포르트-다 놀이의 시니피앙은 아이가 어머니의 욕망 대상이 되기를 포기한다는 뜻이며, 동시에 자신이 욕망하는 주체를 설정하기 위해 대체된 첫 번째 대상을 나타내는 최초의 시니피앙이기도 하다. 이것은 자신의 욕망을 억압하면서 대체한 것이기에 무의식을 형성하는 최초의 시니피앙으로 고려할 수 있다. 그런 경로를 밟으면서 자연스럽게 이 최초의 시니피앙들이 주체를 분리시키고 소외시키는 것이다. 그래서 그 주체의 쪼개짐, 분열, 소외를 주체 $[주체(S)가 분리, 분열(/)되었다는 뜻이다]라 표기한다. 주체 $는 무의식 주체이기 때문에 실체적인 <나>가 아니고, 또 그것을 실체화할 수 없다.

주위 사람이 <철수야, 영미야>라고 이름을 부르기 시작할 때 아이는 자기를 3인칭, 제3자의 어떤 것과 일치시키고, 그에 따라 자신을 3인칭의 제3자와 결부시켜 생각한다. 그를 통해 아이는 점차 제3자가 되는 것을 배우게 된다. 그리하여 주체는 분열과 소외의 길을 간다. 그것을 기호학적으로는 <말하는 주체>와 <말해진 주체> 사이에 틈이나 간격이 발생한다고 한다. 이러한 최초의 시니피앙들을 통해 우리는 라깡이 주인담론이라 칭한 다음과 같은 기호론에 접근하게 된다.

　　이 기호론을 다음과 같이 읽을 수 있다. 소거된 주체(ꞩ)에 지불할 대가로 대체된 팔뤼스(남근) 상징의 시니피앙(S1)은 아버지 이름의 시니피앙(S2)으로 대체됨과 동시에 아버지 은유의 작용에 의해 팔뤼스(남근) 시니피앙을 억압하면서 태초의 어머니와 동일시될 부분인 대상 a로 만족을 얻는다.

　　아이가 팔뤼스(남근) 시니피앙을 억압하면서 어머니의 욕망을 포기하는 이러한 상황 속에서 주체는 욕망을 새로운 대상들, 즉 빼앗긴 최초의 대상에 대체된 부분 충동의 대상들(이것을 라깡은 대상 a라 한다)과 동일시하면서 만족을 얻게 된다. 대표적인 대상 a로는 부분 성 충동의 대상인 구순단계의 젖, 항문단계의 변, 성기단계의 성기, 시선, 목소리가 있다. 말하자면 대상 a는 아이와 어머니라는 관계 안에서 의미를 갖는 것으로 부분 성 충동의 대상을 말한다.

　　위의 기호론을 다시 말하자면 한 시니피앙(S1)은 다른 시니피앙들(S2)과 맺는 관계 속에서 주체(ꞩ)를 재현(대리표현)한다. 주체(ꞩ)는 사라지면서 하나의 시니피앙(S1)으로 대체되어 나타나는데, 그것은(S1) 언제나 다른 시니피앙들(S2)과의 연관되어 있는 것이다. S2의 2는 복수의 시니피앙을 의미한다. 그러므로 다른 시니피앙들, 타자의 시니피앙들은 하나만 있는 것이 아니다. 예를 들면 하나의 시니피앙 S2은 무수히 많은 다른 시니피앙들 2, 3, 4, 5…… 등과 관계를 맺고 있기 때문에 주체(§)는 하나의 시니피앙과 그와 연결된 복수 시니피앙으로 대리표현되고 사라지는 것이지 고정된 실체가 있는 것이 아니다. 그래서 무의식 주체의 실체를 가정하는 것은 어떤 환상이고 신기루일 뿐이다. 하나의 시니피앙(S2)은 꿈, 말실수, 유머농담, 이야기, 몸짓, 목소리, 침묵, 농담, 욕 등 무엇이나 될 수 있지만 그 의미를 설명할 수 있는 의미의 세계가 아니다. 단지 시니피앙으로 놀고 있는 빈 장소요 공간일 뿐이다. 그것은 다른 시니피앙들(S2)의 관계망이라는 조건 안에서만 무의식 주체(§)를 재현(대리표현)한다. 예를 들면 어떤 꿈의 의미(S1)는 그와 연관된 다른 맥락, 다른 시니피앙(S2)과 맺는 관계 안에서 주체(§)의 본심을 알 수 있는 것이다. 다음은 한 젊은 남자가 분석을 시작한 직후에 꾼 꿈이다.

> "나는 동생이 태어나기 직전에 썼던 욕조 안에 있었어요. 어머니가
> 욕조 안으로 들어왔는데, 너무 젊어 보여서 도저히 믿을 수가 없었어
> 요. 어머니는 나를 목욕시키기 시작했어요 ……"

수동적인 사람들은 분석 초창기에는 분석이 전능한 것이라는 환상을 갖고 그것이 천국으로 가는 열쇠를 가져다주리라고 기대한다. 이 꿈은 그의 어린 시절, 어머니를 완전히 독점했던 때를 상기시키고 있다. 어린 시절 이 남자의 어머니는 그의 욕망을 이룰 수 있는 세계를 약속했다. 그는 분석이 어머니가 약속한 세계를 줄 것이라고 생각한 것이다. 그래서 어린 시절의 기억이 꿈으로 나타난 것이다. 이 남자가 꾼 꿈이 한 시니피앙(S1)이 되고, 분석에 거는 기대와 어린 시절 어머니와 맺었던 환상들이 다른 시니피앙(S2)이 되어 무의식 주체(§)의 진심을 재현하고 있는 것이다. 이렇게 주체는 꿈이라는 언어로, 그 꿈꾼

것을 말로 전하면서 본질적으로 무의식 주체와 동일시하려고 한다. 그렇기 때문에 언어, 말, 담론은 본질적으로 주체와 동일시 기능을 한다고 하는 것이다.

또한 이 기호식은 사라진 주체($)와 대상 a 사이에 직접적인 관계가 없다는 것을 의미한다. 왜냐하면 주체가 언어 세계에 들어오면서부터는 주체와 욕망의 대상 사이에 직접적인 접촉이 불가능하기 때문이다.

(5) 욕망의 환유

결국 잃어버린 최초의 대상[팔뤼스(남근) 상징적 어머니]과 계속해서 그 대신 대체되었던 대상들 사이의 편차, 결여, 또한 대체된 대상들과 그것들의 상징화로 나타났던 시니피앙들 사이의 편차, 결여는 욕망을 영속적으로 탄생시키기 위한 필수 조건이 된다. 다시 말해서 상(영)상계에서 상징계로 들어설 때 제외된 부분, 어머니에 대한 욕망에서 아버지 이름의 시니피앙으로 들어설 때 억압된 부분, 자신이 어머니의 상징적 팔뤼스(남근)라고 믿었다가 그것이 아니라는 것을 알아차리고 느낀 공허, 간극, 결여, 빈자리, 그리고 그 빈자리를 언어로 대체하면서 발생하는 간극, 편차, 결여들이 욕망을 영속적으로 탄생시킨다. 이러한 욕망의 원인이 바로 대상 a이다. 그래서 라깡은 "상징(말)은 먼저 사물(팔뤼스 상징적 어머니)의 죽음을 나타내고, 그 죽음의 대가로 주체는 욕망의 영속성을 간직하게 된다"라고 했다.

주체 내부에 있는 욕망의 영속성, 잃어버린 대상과 대체된 대상을 위한 욕망의 탄생은 기호학적으로 환유의 형태를 취한다. 주체는 언어를 수용하고 언어 안에서 소외된다. 그리고 언어는 주체를 최초의 욕망 대상에서 점점 멀어지게 한다. 그래서 라깡은 <무의식은 언어처럼 구조화되어 있다>고 한다. 말은 은유와 환유로 되어 있기 때문이다. 소쉬르 언어관의 특징 중의 하나는 계열 관계와 통사 관계를 설정하는 것이다. 계열적 관계는 접속사 <또는, 또는, 또는>과 같은 선택의 축

이고, 통사적 관계는 <그리고, 그리고, 그리고>와 같은 연쇄의 축이
다. 예를 들어 <나는 학교에 간다>고 했을 때, 우리는 <나> 대신에
<너>, <철수>, <영희>, <그녀> 등 대체가 가능한 것을 선택하
여 언어를 구사하는 동시에 말의 연쇄 법칙에 따라 <나>와 <학교>
와 <간다>가 관련 상황, 상호 문맥 속에서 연결되어야 한다는 것을
잘 알고 있다. 이때 전자, 즉 계열적 관계, 선택의 축을 <은유>라 하
고, 후자의 통사적 관계, 연쇄의 축을 <환유>라 한다. <사랑>이
<장미>로 대체되어 표현되는 것은 은유이며, <연기>가 <불>을
연상시키는 것은 환유이다. 후자는 관련 상황과 연결되어 있기 때문이
다. 그래서 언어는 은유와 환유로 이루어져 있다고 하는 것이다.

　주체는 큰타자(팔뤼스 상징적 어머니) 대신에 말이나 담론으로 만족
하고, 그 말이나 담론은 상징적 언어의 연쇄로 구성된다. 그래서 라깡
은 <무의식은 큰타자의 담론>이라고 한다. 이 말은 인간 주체의 무
의식은 큰타자의 언어, 큰타자의 말, 큰타자의 담론에 의해 형성된다
는 의미인 동시에 주체가 큰타자의 담론을 수용한다는 것은 주체의 결
핍, 빈자리, 공백을 메우기 위해 큰타자, 큰타자의 말, 큰타자의 담론을
욕망한다는 의미이다.
　어쨌든 언어 영역 밖에는 삶의 진실과 의미가 존재하지 않기 때문
에 인간은 필연적으로 언어적 세계, 상징적 질서의 세계를 인정해야
한다. 일단 모든 언어, 모든 말이 대화 형태로 전달되면, 대화 속에서
주어 <나>와 동일시되는 <의식의 나>와 <무의식의 나>, 즉 의식
의 나가 생각하지 않는 어떤 다른 장소(여기에는 필연적으로 인간의 성
문제, 우연성 문제, 생식과 죽음의 상징 문제 등이 포함될 것이다) 사이의 구
별을 분명히 해야 한다.

(6) 실재계, 대상 a, 환타즘(환상화 fantasme)

라깡의 <실재계>는 설명으로 나타내 보여주기가 아주 어려운 정신심리 기제이다.

실재계는 이성의 사고로 생각할 수 없는 것이다. 실재(계)는 무의식의 그거(거시기 Es)에는 태초에 있었을 것이지만, 그거(거시기 Es)는 어떤 사건으로 결여(구멍)을 낳게 되었을 것이고, 그거(거시기)는 의미의 전달 수단으로 세 가지 범주(실재계, 상징계, 상상계)를 개시하면서 의미를 벗어난 어떤 의문을 남도록 했을 것이다. 그 결과 실재계는 의미에 이르지 못하는 특별한 상태로 말할 수 있다. 실재계는 접근할 수 없는 것이다(라깡의 세미나 22, p.11).

실재계는 무엇보다 상싱계가 주체의 의미 세계인 현실로부터 배재한 부분으로, 상징화를 벗어나는 모든 영역을 다 실재계라 할 수 있다(Lacan, 1966: 388). 일상 속에 나타나는 환상, 주체 탄생 시 잃어버린 어떤 것, 언어적 질서와 상징계로 표현하지 못하는 나머지, 합일이 불가능한 성관계 등이다. 실재계는 상징계의 현실이 아니고, 환타즘(fantasme)을 명하는 그런 현실도 아니다. 실재계는 상징계로 인해 생산된 어떤 영역이다. 상징계는 실재계를 낳으면서 실재계를 추방한다. 라깡은 정신증의 영역, 망상(착각) 현상에서 실재계를 발견한다. 그는 "상징계에 이르지 못한 것은 실재계에서 나타난다"고 말한다. 또한 그는 실재계에 프로이트의 섹슈얼리티 이론을 재도입해서 성 문제를 좀 더 세밀하게 접근한다. 라깡은 무의식 내에는 성 차이의 시니피앙이 없다고 하고, 그것을 "성 관계는 없다"고 말한다. 라깡은 남녀 성의 구별을 얘기한 프로이트의 섹슈얼리티 문제를 혁신해서 나아간 것이다. 라깡은 주체를 위해 실재계를 구성한 것이다. 성관계가 없는 것은 말과 언어의 결과이다. 상징계 관계의 범주에서 실재계는 명명할 수 없는 것이다. 그래서 실재계는 불가능한 것이다. 실재계는 상징계에 저항하고 시니피앙들의 질서에 동화되지 않는 모든 것이다. <실재계>

는 <상징계>를 벗어난 영역이며, 영원히 지워지지 않는, 마치 구름 사이로 보이는 하늘과 같기 때문에 어떤 형식에 맞춰 단정적으로 말하기 곤란하다. 그래서 라깡은 <실재계>를 이성적 사고로 포착하지 않고 <상징계>와 <상상계>의 관계에 의해서만 정의내릴 뿐이다. <상징계>는 <실재계>를 현실에서 추방한다. <실재계>는 인간의 언어 상징 세계에서 추방되고 희생되지만 완전히 사라지는 것이 아니라 틈틈이 모습을 드러낸다. 우리가 사용하는 말, 글 등으로도 완전히 상징화할 수 없는 결핍, 잉여, 간극, 빈자리가 바로 실재계이다. 그래서 라깡은 "실재계는 영원히 씌어지지 않는다", "불가능"이라고 말한다.

정신심리분석 과정에서 겪는 경험을 통해 라깡의 명제를 이해해 보자. 분석내담자는 분석 중에 결코 도달할 수 없는 어떤 영역을 상징적 언어의 세계인 시니피앙을 빌려서 도달하려고 끊임없이 노력한다. 이는 언어의 세계에 속하는 말이라는 시니피앙들로 상징적으로 표현되지만 그 시니피앙들로 도달할 수 없는 세계이다. 따라서 그 세계는 분석내담자의 말 속에서 은연중에 항상 똑같이 반복된다.

우리는 큰타자에게 진 빚을 갚아야 한다는 의무 때문에 나타나는 주체의 분열, 간극, 결여를 살펴보았고, 또 최초의 대상(어머니)의 포기와 더불어 생긴 상실, 결핍, 빈자리를 이야기했다. 이러한 상실이 주체의 욕망이 영속적으로 발생하게 하는 조건, 즉 욕망의 영원성을 낳게 한 장본인이다. 욕망은 항상 상실된 최초의 대상을 대체한 대상들을 통해 만족하고자 하는 대체 만족을 지향하고, 대상의 대체로 인한 편차, 간극, 결여는 <실재계>의 존재를 알게 한다. 그래서 <실재계>는 사물과 그것을 상징하는 것 사이에 발생하는 거리요, 간극이다. 그 간극, 빈자리, 잉여, 여분이 욕망을 낳고, 그 욕망은 죽음을 지연시킨다. 욕망의 원인이자 욕망의 미끼인 대상(a) 때문에 인간은 삶을 추구하고, 눈을 감는 순간까지 그것을 믿고 살아간다.

다른 말로 하면 <실재계>는 상징계와 상상계의 연결점에 놓여 있다. 주체는 <상상계>에서 <상징계>로 들어오면서 분열되고 결핍과 상실을 맛보지만 그것 때문에 <실재계>의 존재를 알게 되는 것이다. 그것을 원형 고리로 나타내면 다음과 같다.

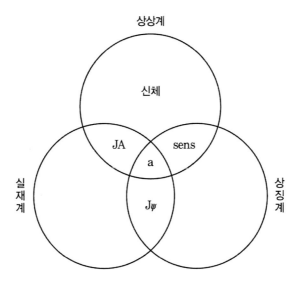

*JA: 큰타자의 주이상스, a: 대상 a(욕망의 원인), Jψ: 성적 주이상스, sens: 의미

욕망의 원인인 대상 a는 주체의 분리와 결여를 낳게 한 장본인이고, 주체는 환타즘(환상화 fantasme)를 통해 그 잃어버린 대상을 확인한다. 그러므로 환타즘은 잃어버렸다고 가정하는 대상 a를 상상적으로 재현하는 것과 마찬가지이다. 그래서 환타즘의 상징적 형태로 사라진 주체(§)와 대상 a 사이에 결여(구멍)를 상징하는 마름모꼴 형태(◇)가 놓인다(§◇a).

아이의 경우를 생각해 보자. 아이가 젖을 그린다. 아이가 젖을 바란다는 의미는 배고픔을 넘어서 욕망의 대상을 그린다는 뜻이다. 그런데 그 욕망은 누구에게서 발생한 욕망일까? 어머니일까? 아니면 아이

일까? 아이도 아니고 어머니도 아니다. 실제로 아이는 자기 자신이나 어머니에게 속하지 않은 대상을 그리고 있는 것이다. 그것이 바로 대상 a이다. 그것을 그림으로 그리면 다음과 같다.

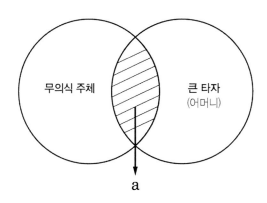

　말하자면 대상(a)은 큰타자(A)(어머니)와 무의식 주체가 상호 교차되는 부분이지만, 큰타자에도 속하지 않고 무의식 주체에도 속하지 않는 부분이다. 그래서 대상 a는 다양하게 이론화될 수 있다. 주체가 분리될 때 잃어버린 대상, 부분 성감대(젖, 변, 성기, 시선, 목소리 등), 결여를 메우기 위해 아이가 되고 싶어하는 상징적 팔뤼스(남근), 잉여 쾌감 등으로 말이다. 대상 a는 분리, 간극, 결여의 틈을 메우려는 최초의 이미지이기 때문이다. 이런 식으로 무의식 주체가 대상 a를 그리게 되는 현상이 환타즘(fantasme)이다.

　환타즘은 누군가가 만들어낸 작품이 아니라 욕망의 원인인 대상 a의 결과인 동시에 무의식 주체를 상실한 결과이다. 그러므로 대상 a은 환타즘의 동인이고, 환타즘의 시니피앙(◇)은 그 결과적인 원인이다. 다시 말해서 환타즘의 핵심은 중심에 궁극적인 욕망, 즉 쾌감이라는 핵을 설정하고, 그 핵 주위에서 환상적 장면을 무대화하는 것이다.

　정신심리분석 과정에서 분석내담자는 늘 말과 행위를 통해서 환타즘을 분석가에게 전한다. 분석내담자가 보여주는 환타즘은 욕망의 대상 a와 그 환타즘의 시니피앙(◇)을 나타내고자 하는 바람일 뿐이다. 무의식 주체($)와 대상 a 사이에서 교차되는 이 환타즘의 구조($◇a)는 정신심리분석 과정에 있는 두 당사자에게 정신심리분석 상담의 활기를 불어넣는 중요한 원천이 된다.

제3장

라깡의 거세와 오이디푸스

1) 오이디푸스 신화와 오이디푸스 콤플렉스

프로이트 정신심리분석의 기본 개념 중 하나인 오이디푸스 콤플렉스는 고대 그리스의 오이디푸스 신화를 근거로 창안되었다.

그리스 신화에서 오이디푸스는 라이오스와 이오카스테(에피카스테) 사이에서 탄생한 아들이다. 아들이 태어나 너를 죽일 것이라는 아폴론의 신탁이 실현되는 것을 피하기 위해 라이오스 왕은 신하를 시켜 갓 태어난 아들의 발에 못을 박아 키타이론 산에 버린다. 신하는 명령대로 하지 않고 양치기에게 아이를 양도하고, 양치기는 코린트의 왕 폴리보스에게 데려다 준다. 마침 폴리보스의 아내 메로파는 아이를 갖지 못하고 있었기에 그들은 그 아이를 기꺼이 받아 발이 부었다는 의미를 지닌 오이디푸스라는 이름을 붙여 주었고 그 아이를 그들의 친아들처럼 잘 키운다.

오이디푸스는 무럭무럭 자라는데 어느 날 자기 부모가 친부모가 아니라고 말하는 소문을 듣게 된다. 그리하여 오이디푸스는 델포이에게 진실을 가르쳐 줄 것을 염원하였다. 곧 델포이는 오이디푸스가 자기 아버지를 죽이고 자기 엄마와 결혼할 것이라 예언한다. 이 예언을 모면하기 위해 오이디푸스는 유랑을 떠난다. 유랑 중 테베에서 우연히 서로를 모른 채 친아버지 라이오스와 마주치게 되고, 두 사람은 결투를 하게 되어 결국 오이디푸스는 아버지를 죽인다. 이 무렵 테베는 맹수의 발톱으로 무장한 날개 달린 여성형상의 괴물 스핑크스에 의해 살육이 자행되고 있었다. 스핑크스는 오이디푸스를 만나 다음과 같은 수수께끼를 던지고 못 맞히면 죽일 것이라고 엄포를 놓는다. "아침에는 네 발, 낮에는 두 발, 저녁에 세 발로 걷는 것이 무엇이지?" 오이디푸스는 '인간'이라 답하여 정답을 맞혔고, 스핑크스는 자살한다. 스핑크스를 죽여준 것에 대한 보상으로 테베를 섭정하던 크레온은 자기 누이동생 이오카스테를 오이디푸스에게 주고 둘은 결혼한다. 이오카스테와 오이디푸스 사이에 에테오클레스와 폴뤼네이케스라는 두 아들과 안티고네와 이스메네라는 두 딸이 탄생한다.

세월이 흘러 페스트와 기근이 테베를 강타한다. 신탁은 라이오스를 죽인 자를 이 나라에서 쫓아 버려야 이 재앙이 사라질 것이라고 예언과 선포를 한다. 오이디푸스는 신하를 불러 라이오스의 살인자가 누구인지 의견을 묻는다. '장님의 신(神)' 티레시아스는 진실을 알고 있지만 말하기를 거부한다. 마침내 오이디푸스는 코린트의 한 신하에게서 그를 키워 준 아버지 폴리보스의 죽음을 알리고 또 오이디푸스가 어떻게 폴리보스에게 인도되어 자라게 되었는지 사건의 자초지종을 듣게 된다. 오이디푸스가 버린 친자식이라는 진실을 알게 된 친어머니이자 오이디푸스의 아내인 이오카스테는 자살을 하고, 오이디푸스는 자기의 눈을 찌르고 안티고네와 함께 콜로네에서 추방된다.

이처럼 그리스 신화 <오이디푸스 왕>에서 오이디푸스라는 인물에 얽힌 복합적인 심리 감정처럼 그런 운명을 겪는 인간의 운명을 생각하고 프로이트가 고안한 개념이 바로 오이디푸스 콤플렉스이다.

프로이트는 이 신화로부터 모든 어린 아이들이 바라는 두 가지 바람, 즉 아버지를 죽이고 엄마를 차지하고 싶은 바람을 읽어냈다. 그러므로 이 신화는 어린 아이의 근친상간 욕망과 거세 콤플렉스를 조명한 것이기도 하다.

오이디푸스 콤플렉스는 또한 아이가 다른 성의 부모에 대해 성적인 욕망 또는 사랑의 감정을 표현하고, 같은 성의 부모에게는 적의를 표현하는 아이의 무의식적 감정의 표상을 의미한다. 이 표상은 같은 성의 부모에게 사랑을 표상할 수 있고 적의를 표상할 수도 있으며, 반대로 다른 성의 부모에 대하여 적의를 표상할 수 있고, 사랑을 표상할 수도 있다. 첫 번째 표상 형태를 오이디푸스라 하고, 두 번째 형태를 전도된 오이디푸스라 하며 이 두 형태가 혼합된 것을 오이디푸스 콤플렉스라 한다. 오이디푸스 콤플렉스의 정상적 진행은 대게 만 3세에서 6세 사이에 나타나는데 소위 잠복기에 들어가면서 쇠락하고 사춘기에 다시 일어났다가 그 이후 사랑의 대상 선택에 대한 새로운 유형을 구체화하면서 해결된다.

프로이트가 창조한 이 신화는, 인간과 인류 기원의 관계를 조명하고, 남녀의 차이, 거세 콤플렉스, 친족관계와 자손 관계, 인류 역사를 조명하는 범위에서 정신분석 이론의 중요한 토대가 된다. 오이디푸스는 단순히 생애의 어느 한 시기에 국한된 경험만이 아니라, 우리가 살아가는 동안 끊임없이 되풀이되고 재현되는 무의식적 심리 경험을 겪는 특징을 가진다(이유섭, 2012: 104－106).

프로이트의 오이디푸스 콤플렉스에서 우리는 여러 의문점들을 제기할 수 있다. 가령 어머니나 아버지가 돌아가신 경우나 부모가 돌아가신 경우에는 오이디푸스가 어떻게 될까? 미혼모나 여러 이유로 유기와 방치에 의해 보육원에서 자라는 아이들의 경우는? 입양 등으로 다른 문화에서 양부모에게 양육된 경우는? 옛날에 다른 시대, 다른 나라에는? 모계 사회에서는? 시험관 아기의 경우는? 오이디푸스 콤플렉스는 20세기 초 오스트리아 빈에 살고 있는 유대인들의 경험을 토대로 프로이트가 만든 신화가 아닌가? 등등의 의문을 제기할 수 있다.

라깡은, 그의 전 생애 동안에 말하는 존재로서 모든 나라, 어느 곳, 어느 시기, 어느 문화에도 유용하게 적용되는, 인간 존재를 특징하는 보편타당한 이론과 증표를 고찰하는 데 많은 노력을 기울였다. 그래서 라깡은 그의 세미나 초기에서부터 오이디푸스 콤플렉스와 거세 콤플렉스를 다시 검토하였고, 아버지 은유라는 개념으로 그것을 재정비하게 되었다. 우선 라깡은 아버지와 어머니라는 이름 대신에 법의 큰타자(Autre de la loi)와 원초적 큰타자(Autre primordial)라는 말을 더 좋아했다.

라깡은 두 세미나, 즉 대상관계(1956 – 1957) 세미나와 무의식의 형성물(1957 – 1958) 세미나에서 오이디푸스와 거세 문제를 집중적으로 다룬다. 라깡의 거세 문제와 오이디푸스를 검토해보자.

2) 대상관계에서 대상의 결여와의 관계로

서양 철학 사상에서 대상의 개념은 주체의 개념과 짝을 이루어 논의된다. 거기에는 주체로부터 대상으로 가는 운동이 있다. 몸짓으로 대상을 파악하고 손으로 대상을 만들며 눈으로 대상을 말하고 생각으로 대상을 분석하는 방식이다.

그것과는 반대의 방향으로, 즉 대상에서 시작하여 주체로 가는 것의 고찰 방법이 있다. 이것은 훨씬 더 어려운 방식인데, 그것은 정신심리분석에서 행하는 정신심리 내면세계의 이해 방식이라 할 수 있다. 이 방식은 우선 프로이트적 발견의 견지에서 "대상은 잃어버린 대상"이라는 명제를 수용한다. 이 명제는 사랑의 대상 또는 욕망의 대상은 포착하기가 어려운 것이라는 의미일 뿐만 아니라, 결여를 토대로 한 대상이라는 의미를 강조한다.

세상에 태어난 아기에게 마음을 진정시키고 만족을 주는 최초의 대상이 존재한다. 갓 태어난 아기는 긴장과 두려운 상태에서 울고 어머니는 아기를 돌보면서 안정시킨다. 아기는 살아남기 위해서 필수적으로 어머니(보모)에 의존해야 하는 운명에 산다. 논리적 의미에서 갓 태어나 긴장되고 불안한 아기에게 최초의 만족을 주었던 그 무엇이 아기의 최초 대상이 된다. 그리고 그 대상의 만족은 최초의 만족으로 기억 속에 저장될 것이다.

그러나 그 최초의 만족은 그대로 지속되지 않는다. 그 만족은 곧 사라지고 긴장과 불안이 또 나타나며, 이어 어머니(대상)가 돌보아줌으로 두 번째 진정과 만족을 얻고 곧 또다시 그 만족은 사라지고 다시 긴장과 불안이 오고하면서 계속 긴장과 만족의 반복을 경험할 것이다. 그런 식으로 아기는 정신적으로 대상을 창조하게 된다. 그렇게 대상에 대한 환상은 마술적인 과시, 신기루의 행렬로 이어지고, 바로 그때 이와는 대조로 주체는 최초의 만족 대상의 상실을 겪는다. 아기에게 만족을 주는 젖 빨기, 젖병 빨기, 손가락 빨기, 가짜 젖꼭지 빨기, 장난감 빨기, 아기 턱수건 빨기 등은 이런 대상에 대한 환상을 지지해 주는 지지자들이 된다. 아기는, 주체는, 모든 관련된 대상으로 대체하여 잃어버린 최초의 만족 대상의 추억을 일깨우는 꿈을 꾸며 환상을 즐긴다.

그럼에도 불구하고 아기는 이런 상황에서 벗어나야만 하고 새로운 안정과 만족을 찾아야 한다. 만족의 새로운 대상을 추구해야 한다. 이 추구는 곧 실패에 직면한다. 이유는 최초의 만족 대상과 똑같은 만족의 대상을 재생산하는 것은 불가능하기 때문이다. 그래서 만족의 또 다른 대상을 찾아 나선다. 끊임없이 가혹하게 대상을 추구하지만, 결국 실패한다. 그 대상은 이미 상실된 대상이기 때문이다. 잃어버린 노스탈지, 최초의 근원적인 어머니 사랑(대상 a), 고향을 찾아 길 떠나는 나그네 같은 인생의 여정을 본다.

라깡은 여기서 역설적으로 대상이 이미 항상 상실된 것이라는 의미를 강조한다. 대상에 관련된 전통적 사고의 역으로 결여 대상이 주체의 운동을 만든다. 대상의 결여가 생동력을 구성한다. 포착할 수 없는 대상, 결여 대상, 무(無)가 주체에게 힘을 부여하고, 욕망의 원인으로 생동력을 만든다. 대상의 결여는 이제 욕망의 원인으로 작동하여 어떤 행위이든 행하게 하는 힘, 결정 인자를 담고 있게 되어 인생의 본질, 주체의 진실을 품게 된다. 라깡은 그렇게 대상, 결여 대상으로부터 주체의 생동력을 시작한다.

라깡은 1953년의 첫 세미나 "테크닉(기술)에 관한 프로이트의 논문들"을 시작으로 4번째 세미나(1956–1957년)를 "대상관계"라는 제목으로 수행했다. 그 시기에 소위 후기-프로이트주의자들 사이에 어떤 개념 문제로 논쟁이 일고 있었고 그로 인해 치료 방향에 어떤 어려움을 겪고 있었다.

1950년대에 사용되던 개념들 중에 '대상관계'가 있었고, 그것은 그런대로 유용하게 보였었다. 그러나 라깡은 그 '대상관계' 이론의 미약성을 알았고 그것을 혁신시켜야 했다. 그리고선 환타즘의 기호론 $\mathcal{S} \diamond a$을 선보인다. 이 환타즘의 기호론은 욕망의 원인인 결여의 대상 a와 주체($\mathcal{S}$)의 관계를 설명하는 것이다. 그 시절 라깡이 말한 대상은 분신들(닮음들 les semblables) 사이에 선택된 대상이다. 그 선택된 대상들과 함께 주체는 사랑과 미움과 같은 관계를 엮어가는 것이다. 이 시기부터 그 대상을 알파벳 a로 명명했다는 것을 강조한다. 라깡은 거울상계 "쉐마 L(schema L)"에서 'a'는 거울상계에서 자아의 구성에 도입된 모사(분신, 닮음 le semblable), 작은 타자(autre)로 정의했다.

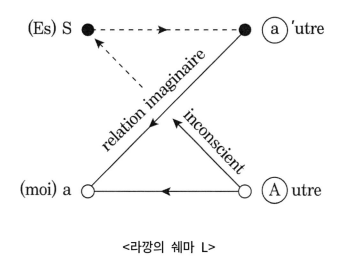

<라깡의 쉐마 L>

　위의 도식 <쉐마 L>은 주체(S), 작은타자(a', 분신, 모사, 상상적 자아), a(자아), A(큰타자)라는 네 가지 위치가 점선과 실선의 화살표로 연결 고리를 이루면서 구성되어 있다. 큰타자(A)에서 주체(S)로 가는 상징적 축(A→-→S 축)은 '무의식은 큰타자의 담론'으로 정의되고, 주체(S)는 프로이트의 무의식 주체 에스[Es, 그거(거시기)]와 같은 것으로 이해되며, 작은타자(a')에서 자아(a)로 가는 상상적 축(a'→a 축)은 자아와 작은타자(모사, 분신) 사이에서의 거울 관계를 의미한다.

　또한 <쉐마 L>은 그 무렵 분석 치료에서 궁지에 빠진 문제에 해결의 실마리를 제공한다. 가령 <쉐마 L>은 강박증 치료에서 직면한 어려움을 검토할 수 있다. 당시 치료는 2자적 상황, 두 개인 간의 관계로 고려했었다. 그것은 <쉐마 L>의 대각선 a'→a 축, '상상적 축'의 관계를 의미한다. 둘의 관계(즉 분석가와 분석내담자의 관계)가 너무 가까우면 2자합 관계로 빠지고, 둘의 관계가 너무 멀면 주체는 서로 접근할 수 없게 된다. 어려움은 쉐마 L의 '상상적 축'의 관계로만 이 문제를 잘 소화해 낼 수 없다는 점이다. 이 문제는 임상의 실천에서 만나는 어려움이요, a'→a의 상상적 축으로 지향할 때 길을 잃고 잘못을 저지르게 되는 어려움이다. 우리는 이때 이 난관을 극복할 수 있는 길을 찾게 되는데, 그것이 바로 'A→-→S의 상징적 축'이다. 우리는 이 '상징적 축'에서 무의식의 장소, 무의식의 장면을 분출하게 하는 무의식 주체와 연결된 만남을 갖는다.

3) 좌절과 박탈, 거세

라깡의 <쉐마 L>을 몰랐던 후기-프로이티언들은 이론적으로 착오를 가져왔다. 가령 타인과의 관계에서 나쁜 평판을 받고 있는 신경증자에 대해서 그들은 분석가와의 관계인 전이를 통해 현실적으로 나쁜 평판이었던 것을 고치도록 인도한다. 나약한 자아를 강화해가노록 한다는 것이다. 전이를 분석하면서 분석가는 다른 사람과의 관계에서 잘못한 것들과 현실의 평판에서 잘못된 것들을 잘 이해해서 고쳐가도록 지도한다. 일종의 자아의 재교육을 수행하는 것이다. 이런 관점에서는 분석 세션에서 분석가의 위치는, 강한 자아가 부여된 사람으로 현실의 지표, 준거 기준이 되어 분석주체(분석내담자)에게 현실적 의미를 전하는 사람으로 정해진다. 자연히 분석가를 자아 이상으로 동일시하게 된다.

라깡은 거울상계와 쉐마 L의 이론을 전개하면서 후기-프로이티언의 관점을 분명히 한다. 그는 프로이트의 Ich(자아)를 두 개로 나눈다. 프로이트가 첫 번째 위상학에서 무의식의 형성물의 발견에서 사용한 Ich(자아)를 주체 S(sujet)로 정의했고, 두 번째 위상학의 나르시시즘의 Ich(자아)에 일치하는 것을 자아 M(moi)으로 정의했다.

"대상관계" 세미나에서 라깡은 더 이상 대상관계를 말하지 않고 '대상의 결여와 주체의 관계'를 말하면서 이 주제를 혁신한다. 그리고선 대상의 결여를 세 가지, 즉 좌절(frustration), 박탈(privation), 거세(castration)로 구분하여 세밀화한다. 각각의 대상(objet), 결여(manque),

동인(대행자 agent)은 상상계, 상징계, 실재계에 적용되어 아래의 도표처럼 6개의 범주를 낳는다. 오늘날 대상의 결여와 주체의 관계에 관한 이와 같은 라깡의 연구는 엄마와 아기 관계의 조숙한 거절과 좌절 문제의 메커니즘을 탁월하게 입증하는 개가를 올렸다. 라깡은 엄마와 아기 관계의 조숙한 거절과 그와 관련된 문제를 해결하기 위해서 좌절(Frustration)과 박탈(privation)을 구분하고 이 새로운 개념들을 도입하여 오이디푸스와 거세를 더욱 세밀화하여 발전시켰다.

도표를 보면서 라깡의 세 범주를 살펴보자.

	대상의 결여	대상	동인(대행자)
좌절(Frustration)	I	R	S
박탈(Privation)	R	S	I
거세(Castration)	S	I	R

I: 상상적(영상적Imaginaire), S: 상징적(Symbolique), R: 실재적(Réel)

(1) 좌절

좌절은 거절당한 상태이다. 라깡은 그것을 실재적 대상의 상상적 결여라 칭했다. 사실 우리는 타인이 소유한 실재 대상을 갖고 싶어서 그것의 소유를 상상적으로 그린다. 사춘기 한 소녀가 자기가 좋아하는 가수를 휴대폰 속에 사진을 보며 상상하는 것처럼 말이다. 그러므로 결여는 상상적이다. 그것은 선망(envie)*의 영역이다. 오늘날의 많은 광고들은 인간의 마음속에 담겨진 선망을 이용한다. 어린 아이에게 이 좌절의 동인은 상징적 아버지이다. 어린 아이에게 실재대상, 즉 어머

---

*선망 envie는 '바라봄'을 뜻하는 라틴어 *invidia*에서 왔다.

니를 소유한 사람은 아버지이기 때문이다. 아버지는 아이와 엄마 사이에 끼어드는 좌절의 상징적인 대행인(동인)이다. 그래서 좌절의 동인은 상징적 아버지가 된다.

(2) 박탈(빼앗김)

박탈의 영역에서 대상의 결여는 실재적이다. 대상이 실제로 없어진 것을 의미한다. 박탈은 소유했던 것이 이제 없는 것이다. 박탈에 관련된 예를 들면, 뉴스는 창고에 숨겨놓은 부정한 행위로 얻은 물건들이나 훔쳐온 물건들, 교묘한 도둑질로 돈 버는 경제 사범, 갑질로 착취하여 부정하게 돈 버는 사람, 투기 등을 조사하면서 그런 짓을 한 사람들의 행위가 정당한가를 평가하노록 한다. 이 영역에서는 도둑질이 박탈을 동기화시킨다. 그래서 이 경우는 좌절이 아니라 박탈이다. 박탈의 대상은 상징적이다. 상징적 대상의 실재적 결여이다.

어린 아이는 대상(어머니)과의 직접적인 주이상스(쾌 jouissance)를 빼앗기면서(대상의 실재적 결여) 그 주이상스를 충동(요구)으로 문명화한다. 그렇게 아이는 요구(요청 demande)를 배우면서 상징의 질서에 들어오고, 요구의 시니피앙들을 거치게 된다. 박탈의 동인이 상상적이라 함은 아이로부터 욕망의 유일한 대상인 어머니를 빼앗는 것은 아버지라고 아이는 상상하기 때문이다. 즉 아이에게 아이의 욕망의 대상을 빼앗는 것은 상상적 아버지(동인)이다. 그래서 나라에 대규모 부정부패나 재앙이 발생하면 국민들은 상상적 아버지인 대통령을 탓하게 된다.

(3) 거세(La castration)

정신심리분석에서 결여의 세 번째 범주는 거세이다. 거세에서의 결여는 상징적이다. 그래서 꼬마 한스(petit Hans)의 사례에서 한스는 여동생의 페니스 결여를 그 상상적 대상이 원래 있었는데 누군가가 가져갔다고 생각한 것이다. 상상적 대상의 상징적 결여이다. 상상적 대상은 상상적 팔뤼스(Phallus)를 의미한다. 실제 페니스가 아니라 상상적 팔뤼스의 상징적 차원의 결여를 의미하는 것이다. 그것은 상징적 준거인 근친상간 금지를 뜻한다. 주목할 것은 거세의 대상인 팔뤼스는 – φ로 표기하는 '상상적 팔뤼스'이다(Lacan, 1994: 31). 라깡의 용어에서 그리스어 Φ로 표기되는 '상징적 팔뤼스'는 거세될 수 없다. '상징계'는 이미 항상 존재해 있고 마음대로 조작할 수 없다. 그러므로 페니스(Penis)라는 생식기 기관과 구분되는 팔뤼스(Phallus)는 결여의 시니피앙으로 자리매김 된다. 팔뤼스는 장차 상징적 체계에서 특권화된 위치로 자리매김하게 된다. 상징적 체계에서 거세의 동인은 실재적 아버지, 실재적 질서, 실재계이다.

4) 오이디푸스의 첫 시기: 상상적 삼각형

아기를 잉태하여 낳아서 처음 돌보는 최초의 큰타자(어머니)와의 직접성의 관계에 있는 시기이다. 라깡은 아기＝팔뤼스(또는 아기–팔뤼스)라는 2자(양자합) 관계의 상징적인 등가물로 표현한다. 이 직접성의 관계에서 아기는 다른 선택을 할 수 없다. 아기는 타자의 욕망의 욕망을 행할 뿐이다. 아기는 어머니의 욕망의 대상, 즉 팔뤼스가 된다. 아이는 어머니의 욕망의 대상이 되든지 아니면 그녀의 욕망의 대상이 되지 않든지, 그것이 아이가 직면한 문제이다. 이런 오이디푸스 첫 번째 시기에는 세 인물이 등장한다. 어머니와 아이 그리고 상상적 팔뤼스이다. 라깡은 이것을 상상적 삼각형(le triangle imaginaire)이라 부른다. 이 시기에 아이는 어머니 젖, 어머니 품으로 되돌아가기를 욕망하고, 어머니는 아이를 자기의 소유물로 점유하기를 욕망한다.

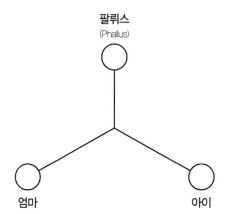

팔뤼스
(Phallus)

엄마   아이

<라깡의 상상적 삼각형>(Lacan, 1994: 29)

5) 오이디푸스의 두 번째 시기: 상징적 삼각형

'어머니의 팔뤼스가 되든지 아니면 그것이 되지 않든지'의 선택의 귀로에서 동요하고 있을 바로 그때, 그것을 피할 수 있는 제3의 심급, 제3의 중재자가 등장한다. 이른바 아버지 기능이 이에 대응한다. 이 기능은 실제 아버지나 아버지 부재에 관계없이 효과적으로 수행될 수 있는 기능이다. 아버지 기능은 어머니와 아이의 2자(양자합) 관계를 분리시키는 상징적 작동자로 공헌하는 아버지 이름이요, 상징적 아버지를 의미한다. 이 아버지는 아버지 이름의 시니피앙으로 아이의 실제 아버지, 친아버지와 다른 차원을 의미한다. 이 기능은 아버지뿐만 아니라 어머니에 의해 행해질 수도 있고, 할머니나 할아버지, 큰아버지, 삼촌, 보모, 이모, 고모, 선생님, 경찰, 여타의 다른 사람 등에 의해 수행될 수도 있다.

중재의 심급인 이 아버지는 '어머니-아이-상상적 팔뤼스'라는 상상적 삼각형 관계를 방해하는 훼방꾼의 역할을 한다. 이 아버지는

어머니와 아이 사이에 상징적으로 끼어든다. 상징적 방해를 하면서 아
버지는 어머니를 점유하고자 하는 아이를 좌절시킨다. 아이는 어머니
가 실재적으로 아버지에 속해있다는 것을 보기 때문이다. 상징적 아버
지에 의해, 실재 대상(어머니)의 상상적 결여인 좌절(frustration)을 겪는
것이다. 같은 논리로 아이는, 아이의 측면에서 본 그 상상적 아버지가
욕망의 대상인 어머니를 빼앗았다고 상상한다. 즉 욕망하는 상징적 대
상을 상상적 아버지가 박탈해서 실재적 결여를 낳는다. 이른바 박탈
(privation)을 겪는다.

강조할 점은 상징적 끼어듦, 상징적 중재를 실행하는 인물은 어머
니와 같이 사는 아버지나 새아버지가 아니라, 그 누구든지 아버지 법
의 역할을 수행하는 상징적 아버지, 상징적 중재의 기능을 하는 사람
이다. 만약 어머니가 이 상징적 중재자, 이 제3자 아버지, 이 큰타자의
욕망의 법을 받아들인다면, 어머니의 욕망은, 제3자 아버지를 욕망한
다는, 즉 아버지가 가진 욕망의 대상 팔뤼스를 욕망한다는 의미가 된
다. 이렇게 되면 그때까지 어머니의 팔뤼스가 되어야 하는지 되지 않
아야 하는지의 문제에 있었던 아이, 어머니의 욕망에만 몰두해있던 아
이는 이제 팔뤼스의 소유의 문제, 팔뤼스를 소유하든지 소유하지 않하
든지의 문제로 방향전환을 하게 된다.

그러므로 친아버지와의 관계가 아니라 제3자 아버지의 말, 아버지
법과의 관계가 오이디푸스–거세 콤플렉스의 열쇠가 된다. 그래서 라
깡은 어머니–아이–팔뤼스라는 상상적 삼각형을 아버지–어머니–아
이라는 상징적 삼각형으로 대체한다.

라깡은 오이디푸스의 두 번째 시기에 프로이트가 손자의 놀이를
관찰했던 '실패 놀이'를 적용한다. 엄마가 없을 때 아이는 끈 달린 실
패를 잡아당기고 멀리 보내면서 "어어", "아아" 소리를 내면서 놀이를

하고 있었다. 프로이트는 이 두 음소를 독일어 *fort*(저기, 사라짐)와 *da*
(안, 여기, 있음)로 의미를 설명했다. 우리나라에선 전통적으로 아이를
키우는 부모들이 행해온 "까꿍 놀이", "숨박꼭질 놀이"가 이에 해당한
다고 볼 수 있다. 쾌락원칙(어머니를 곁에 두는 것)의 바람과는 반대로
실패 놀이의 반복을 통해서 아이는 어머니를 밖으로, 저 너머로 사라
지는 것을 받아들인다. 까꿍의 반복되는 놀이로 아이는 어머니 상실,
이별의 불쾌함을 견디게 하고, 그것은 또 다른 종류의 즐거움을 획득
하게 한다. 그것은 엄마를 소유하는 쾌락 원칙을 넘어서 보다 더 근원
적인 정신심리적 실존을 증명하게 한다. 이런 충동의 대립과 반복은
트라우마의 꿈이나 강박 반복에서도 등장하는 것인데, 그래서 프로이
트는 그의 명저 『쾌락원칙을 넘어서』에서 이런 심층 차원을 소위 '죽
음의 충동'에 대한 사상으로 발전시킨다.

　　라깡은 그의 세미나 초기에서부터 '실패 놀이'의 상징성에 주목했
다. 이 놀이는 어머니가 사라졌다가 다시 나타나는 것을 의미하는 동
시에 아이가 언어의 세계에 동참한다는 것을 의미한다. "까꿍 놀이(실
패 놀이)"는 어머니 곁을 떠나게 하고, 충동의 만족을 포기하는 훈련으
로 작용한다. "*Fort*", "*Da*"라는 두 음의 대립과 반복에 의해 아이는 어
떤 대상을 부수고 있다. 대체물, 즉 실패를 미끼로 자신의 허상을 사라
지게 하고 나타나게 하면서 아이는 어머니의 부재와 현존을 극복하는
것이다. 까꿍 놀이를 통해 미래의 주체는 대상(어머니)을 포기하면서
그것을 시니피앙으로 대체한다. 아이는 이 두 개의 음(말), 그 시니피
앙으로 잃어버린 사물(la Chose, 상징적 어머니)을 대체한 것이다. 여기
서 우리는 상징(말)은 사물의 죽음을 나타내는 것이고, 사물의 죽음을
대가로 인간 주체는 욕망의 영속성을 간직하게 된다고 한 라깡의 사고
를 이해하게 된다. 말이 사물을 죽이고 욕망을 낳는다.

　　아버지가 어머니의 욕망 대상 즉 팔뤼스를 소유하고 있다고 믿게
된 아이는 이제 자신이 어머니가 욕망하는 유일한 대상 상징적 팔뤼

스, 팔뤼스 시니피앙이 될 수 없다는 것을 알게 된다. 그리하여 아버지 이름, 아버지 은유를 도입하여 자리를 양보한다. 은유란 하나의 시니피앙이 다른 시니피앙의 위치를 대체하는 것이므로 아버지는 다른 시니피앙을 대체한 하나의 시니피앙이 된다. 오이디푸스 콤플렉스에서 아버지의 기능은 어머니 시니피앙을 대체하는 첫 번째 시니피앙이 된다. 어머니의 위치에 아버지로 대체된 것(아버지/어머니)과, 어머니가 부재할 때 어머니는 미지의 시니피에(x)를 의미하므로 라깡은 그것을 다음과 같은 기호식으로 표기한다(Lacan, 1998: 175).

$$\frac{\text{아버지}}{\text{어머니}} \cdot \frac{\text{어머니}}{\text{x}}$$

<아버지 은유 기호식 1>

$$\frac{S}{S'} \cdot \frac{S'}{x} \rightarrow S\left(\frac{1}{s'}\right)$$

<아버지 은유 기호식 2>

$$\frac{S}{\$'} \cdot \frac{\$'}{x} \rightarrow S\left(\frac{1}{s}\right)$$

<아버지 은유 기호식 3>

$$\frac{\text{아버지 이름(NP)}}{\text{어머니의 욕망(DM)}} \cdot \frac{\text{어머니의 욕망(DM)}}{\text{주체의 시니피에(x)}} \rightarrow \text{아버지 이름(NP)}. \frac{A}{\text{팔뤼스(phallus)}}$$

<아버지 은유 기호식 4(Lacan, 1966: 557)>

위의 기호식에서 대문자들(NP, DM, A, S, S')은 시니피앙들을 의미하고, 소문자들(x, phallus, s, s')은 시니피에를 의미한다. DM은 어머니의 욕망을 의미하는데, 다시 말하면 아이를 위한 어머니의 욕망과 어

머니를 위한 아이의 욕망을 말함이다. NP는 아버지 이름의 시니피앙
이면서 아버지의 '안돼(non)'의 상징적 의미를 뜻한다. 어머니의 욕망
(DM)은 아버지의 이름(NP)으로 대체되고 제거되어 억압되었다.

어머니의 부재와 현존의 미지수 x에 대한 해답은 은유로서의 시
니피에로 응답하는데, 그것은 바로 팔뤼스(phallus) 시니피에를 말함이
다. 아이에게 어머니의 부재를 의미하는 것(시니피에)은 어머니는 다른
곳, 즉 팔뤼스를 욕망하고 있다는 의미를 뜻한다. 더 이상 아이 자신이
어머니의 모든 것이 아니고, 어머니는 이 다른 곳, 즉 시니피앙으로서
의 아버지 팔뤼스를 욕망한다는 것을 뜻한다. 그렇게 아이는 팔뤼스적
의미작용(signification)의 세계에 접근하게 된다.

아버지 은유의 결과적 용어로서 큰타자(A)는 어머니의 욕망의 제
거(어머니의 욕망/어머니의 욕망=1)된 자리 1 대신에 그 결과물로서 자
리매김 된다. 이유는 어머니의 욕망은 소거되어 완전히 없어진 것이
아니고, 억압된 모든 시니피앙들처럼 큰타자의 장소, 무의식의 장소에
자리하고 있기 때문이다. 프로이트의 이론으로 말하면 무의식의 재현
물, 충동의 재현물로 자리한다고 할 수 있다. 라깡은 이 큰타자는 일반
적으로 주체에게는 닫혀진 현존이나, 억압된 상태에 있지만 시니피에
안에 표출하려고, 반복 자동을 고집하고 지속한다고 말한다(Lacan, 1966:
557). 이른바 "쾌락 원칙을 넘어서"를 언급하고 있음을 알 수 있다.

주목할 것은 신경증이나 도착증에서는 이 아버지 은유가 구성되
어 있긴 하지만, 잘 기능하지 않는 아버지 은유의 기능 장애가 있는 것
이고, 정신증에서는 아버지 이름의 시니피앙이 폐지되고, 아버지 은유
를 구성할 수 없다.

6) 오이디푸스의 세 번째 시기: 오이디푸스 통과

'까꿍 놀이(실패 놀이)'를 통해 어머니 너머 제3자인 아버지 이름을 발견한 아이는 이제 자신이 어머니의 팔뤼스가 되기를 포기하면서 자신이 아버지 이름의 동일시를 통해 그것을 소유하면 되지 않을까 하는 상황에 놓여진다. 거세의 실재적 동인, 실재적 아버지의 등장으로 아이는 이제 자신이 팔뤼스를 갖느냐, 갖지 못하느냐라는 거세 콤플렉스의 문제에 직면한 것이다. 이른바 상상적 대상(팔뤼스)의 상징적 결여를 말함이다.

거세를 수행하는 요인은 근친상간 금지를 표상하는 실재적 아버지이다. 이 근친상간 금지는 우리 인류에 내려진 최초의 계율이다. 인류가, 인류의 문화가 금지한 계율이다. 이 금지가 없으면 더 이상 인간이 아니고 문화는 없다. 모든 인류는 이 계율을 따른다. 그래서 우리는 근친강간죄를 범한 많은 사람들이 평생을 고통 속에 괴로워한다는 것을 잘 안다.

정신심리분석에서의 거세는 생물학적 개념이 아니라 어머니(부모)와 아이의 분리 독립의 시니피앙을 의미한다. 거세는 근본적으로 어머니(부모)와 아이 사이에 맺어진 상상적 관계, 나르시시즘 자아도취 관계와의 분리 독립적 시련 과정이다. 그러므로 거세는 우리를 인간화시키는 것이다. 근친상간 금지가 없었다면, 우리는 인간화되지 못했을 것이고 언어의 존재가 되지 못했을 것이다. 거세는 고통스러운 일이나 인간화를 위해, 즉 문화의 세계와 남녀 성의 정체성, 언어의 세계, 사회적 삶에 입문하기 위해 인간이 겪어야 할 필연이다. 포기하고 금지를 받아들이는 것은 그것을 인접한 것으로 대체하여 상징화를 탄생하게 하고 욕망의 우회적 실현을 용이하게 한다. 그러므로 거세는 열매를 맺게 하는 것이다.

우리는 오이디푸스의 세 번째 시기에 상징적 아버지가 친히 들어와서 아이를 안심시키게 되는 것을 보게 된다. 앞선 시기에는 모든 것이 어머니를 따라 진행되어 왔고, 앞선 세대들 가령 조부모들에게서 아버지 은유가 잘 기능했는지 못했는지 그 판단도 어머니가 결정했다. 이제 상징적 아버지, 아버지 은유가 팔뤼스적 속성 부여로 모아지고 투사됨에 따라 그동안 해오던 방식에 시련을 겪게 된다. 중요한 점은 아이가 어머니의 팔뤼스가 되기를 포기하고 아버지 이름의 시니피앙을 받아들일 때, 전제 조건은 아버지 이름으로 상징화된 법이 잘 갖추어져 있어야 한다는 것이다. 동시에 아버지 법으로 상징화된 구조적인 가치가 어머니의 욕망의 준거 가치로 잘 자리 잡고 있어야 한다. 그래야만 어머니처럼 아이도 팔뤼스 소유의 변증법 내에 들어오게 된다. 팔뤼스를 갖지 못한 어머니(부모)가 그것을 소유한 사람을 향해 팔뤼스를 욕망해야 아이도 그것을 찾아가지려 하면서 그것을 선망할 수 있게 된다. 만약 어머니(부모)가 아버지 이름의 법, 아버지의 팔뤼스 시니피앙을 거부하고 무시하면, 아이는 자기를 어머니(부모)의 팔뤼스와 동일시하게 되며 자신이 어머니(부모)의 욕망 대상이라는 생각에 포로가 되어 병을 앓게 된다. 자폐아들처럼 말이다.

어머니의 욕망이 아버지 이름으로 대표되는 상징적 법을 잘 따르게 되면, 어머니는 자신의 욕망이 상징적 아버지, 아버지 은유, 아버지 법의 중개에 의해 획득된다는 것을 받아들인 것이므로 아이도 거리낌 없이 아버지 이름에 접근한다. 아버지 이름은 언어와 문화와 같은 휴머니즘을 상징하는 법의 근본이기 때문이다.

이제 언어로 대표되고, 아버지 이름에 관련된 현실의 규범으로 대표되는 상징적 아버지는 더 이상 욕망을 빼앗는 약탈자가 아니다. 이 아버지는 아이의 근친상간 욕망의 방해자가 아니라 인간 세계의 규범과 법을 나타내는 언어적 상징계로 나타난다. 아버지는 법 그 자체가 아니다. 아버지 이름으로 받아들이는 언어기호들로 증명될 뿐이다. 이 언어기호들은 말하는 존재의 삶을 증표한다. 근친상간 금지를 명하고 친인척 관계, 이웃과의 관계, 인간관계의 조화를 추구하는 것이 모든 문화의 근본이요, 사랑과 욕망이 근본적으로 바라는 바이다. 그래서 아버지 이름은 휴머니즘 법의 재현일 뿐이다(This, 1980: 253－254).

　　현재까지 우리는 여아건 남아건 성의 구별없이 설명했다. 이제 오이디푸스의 세 번째 시기에 들어와서야 비로소 여아의 운명과 남아의 운명이 갈라지게 된다. 처음에 전지전능한 어머니와 동일시하면서 양성의 차이를 부인하던 남자아이는 마침내 어머니의 팔뤼스 결여를 확증하고는 어머니의 팔뤼스 되기를 포기하고 그것을 가진 아버지와의 동일시를 바랄 것이며 장차 커서 자기 자신이 그것을 소유하게 될 때를 기다릴 것이다. 남아처럼 어머니의 팔뤼스 결여를 확증하고 어머니의 팔뤼스 되기를 포기한 여자아이는 갖지 못한 팔뤼스를 갖고 싶어하는 변증론을 만난다. 팔뤼스를 갖지 못한 어머니를 멸시하고 어머니와 경쟁하면서 아버지의 팔뤼스 되기 변증론에 들어간 것이다. 장차 여자아이는 아버지에게 매력끌기, 남성에게 매력끌기를 수행하면서 여성되기, 어머니 되기(모성애)를 향해 나아갈 것이다.

◆　◆　◆

　　이와 같이 아버지 은유, 상징적 아버지는 복잡하고 혼잡함에 어떤 명료함을 가져다준다. 남아에게는 오이디푸스 콤플렉스의 사라짐, 소멸을 주고, 그것은 어머니 욕망의 시니피앙보다 우세하다는 의미를 내포한다. 마찬가지로 여아에게도 어머니에의 첫 번째 집착의 형국이 자취를 감추고, 아버지 이름의 시니피앙이 우위를 점한다. 남아건 여아건 성별의 차이 없이 아버지 이름의 시니피앙이 어머니 욕망의 시니피앙을 제거하는 것이다.

또한 우리는 아버지 은유, 상징적 아버지는 초자아의 문제를 제기한다는 것을 본다. 언젠가 프로이트는 여성들에게 초자아가 있는지에 의문을 제기했다. 그 이유는 남아에게 초자아는 오이디푸스 콤플렉스를 벗어나서 추구하는 계승자인 반면에 여아에게 아버지는 오이디푸스를 들어가게 하는 동인이기 때문이라 생각했기 때문이다. 그래서 라깡은 이 문제의 명확성을 제기하지 않을 수 없게 되었고, 이런 논리적인 모순 문제의 해결을 찾아야 했다. 그래서 이 문제를 좀 더 정교화하기 위해서 라깡은 초자아라는 말을 하지 않고 이상적 자아(moi idéal)에서 분절된 자아 이상(Idéal du moi)이라는 개념을 선호한다. 초기 프로이트 개념에서 초자아와 자아 이상은 동의어였다. 초기에 자아 이상은 아버지와의 내체화에 의한 동일시라는 개념으로 여아건 남아건 간에 아이는 이상으로서의 아버지에 동일시한다고 했다(Freud, 1981: 240).

진실로 아버지 은유로 아버지 이름에 어떤 시니피앙의 기능을 부여한 것은 남녀의 구별없이 오이디푸스 콤플렉스 문제 해결에 획기적인 많은 장점을 가져다주었다. 특히 세계의 여타 다른 문화권에 있는 살고 있는 나라들에서, 가령 말리노프스키가 관찰했듯이 어떤 아프리카 민족에서는 외삼촌이 아버지 이름의 역할을 수행하고 있는 것처럼 아버지 이름의 역할이 친아버지가 아닌 다른 형태로 수행될 수 있는 나라들에서도 잘 적용 입증될 수 있는 이론으로 평가되었다. 더군다나 오늘날에 그것은 각종 형태의 가족, 한부모 가족, 조손가족, 다문화 가정, 핵가족, 대가족, 비 혈연가족, 위탁가정, 입양아가족, 시험관 아기 등에 잘 입증되었고, 미래에 과학의 발달로 어떤 형태의 아이가 탄생하든 아버지 은유, 상징적 아버지의 개념은 계속 유효할 것이다. 오이디푸스와 관련하여 라깡은 고전적 오이디푸스의 3각 관계(아버지-어머니-아이)에 제4번째로 팔뤼스(phallus)라는 개념을 도입했음을 알 수 있다. 팔뤼스는 결국 거세의 개념을 의미하는 것으로 결여의 범주에서의 팔뤼스를 의미한다. 팔뤼스는 남녀 모두에게 결여된 욕망의 시니피앙일 뿐이다.

결국 팔뤼스가 '되는 단계'에서 팔뤼스를 '갖는 단계'로의 이행이 오이디푸스 통과의 가장 중요한 절정이라 하겠다.

제5부
정신증을 분석하다

사람들은 필연적으로 광기의 요인이 있기 때문에 자신이 미치지 않았
다고 하는 것은 광기의 측면에서 보면 그것도 미친 것이다.

Michel Foucault

제1장

정신증의 이해

정신증[psychose(프), psychosis(영)]은 우리의 일상 속어로 미친, 머리가 돈, 망령 든, 정신 나간, 맛이 간, 멘붕, 유체이탈 등의 언어로 표현하는 광기의 상태를 말한다. 비정상, 몰상식, 지각 상실, 미침, 사고혼란, 정신 나감, 광기에 빠짐 등 이런 것들이 유사 이래 이런 모습에 빠진 인간에게 부여된 부정적 이미지이다. 이런 현상에 대해서 사람들은 옛날부터 귀신이 들었다거나 신기가 들었다고 했고, 고대 그리스 의학자들은 뇌와 기질의 문제로 보았으며, 심리학자들은 영혼의 운동으로 보았다.

오늘날 정신증은 광기에 대한 미신이나, 종교적 신비주의가 사라지면서 크게 다음과 같은 세 가지 현상으로 분별하여 이해할 수 있다.

첫 번째로 정신의학적 지식에 의해 설정된 질병 분류학적 입장으로 그 종류에서 정신착란증(편집증), 정신분열증, 조울증으로 분류하는 흐름이다. 우리나라 정신의학에서는 조현병이라는 이름으로 불린다. 두 번째로는 각 문화에 따라 제각각의 증상이 있다는 인류학적 진단을 받아들이는 입장으로 이 견해는 민족정신의학(ethnopsychiatrie), 민족정신심리분석학(ethnopsychanalyse), 사회학, 문화교류적 정신의학에서 받아들이는 입장이다. 끝으로 세 번째는 말, 욕망 또는 광인의 체험을 감정 전이적인 경청으로 문제 해결에 접근하려는 입장이다.

이 견해는 역동 정신의학, 정신(심리)분석, 실존분석, 현상학, 반정신과에서 받아들인다.

광기에 관한 위의 세 입장은 언제나 서로 교차한다. 이성, 합리성에서 벗어난 광기의 진실을 이해하기란 참으로 어렵다. 또한 이 광기의 진실은 이성적 접근을 넘어선다. 정신분석, 심리분석이 신경증을 돌보고 치료하고자 하는 욕망에서 탄생했다 할지라도, 또한 동시에 정신심리분석은 환자의 고통을 듣는 것보다 임상적 실체를 분류하거나 약물 치료에 의존하는 정신과의 치료적 허무주의에 대한 반작용으로 광기를 치료하는 영역에 깊이 관여한다.

정신증자들을 사슬로부터 해방시킨 피넬(Pinel Philippe, 1745–1826) 사상의 혁명은 현대 정신증학의 태동을 알렸고, 그의 도덕심리치료는 오늘날 정신(심리)분석을 포함한 상담을 하는 모든 임상실천가들이 갖추어야 할 기본 토대라고 생각한다.

제2장

피넬과 정신증 치료 혁명

프랑스 정신의학의 창시자인 필립 피넬[Pinel Philippe, 1745년 프랑스 남서부 종키에르(auj. Jonquières) 탄생, 1826년 파리에서 사망]은 프랑스 혁명 중에 정신병원에 갇혀서 비인간적인 취급을 받아왔던 정신증자들의 해방자로서의 영웅적인 인물이다. 소위 정신병원의 "사슬 폐지"라는 위대한 혁명적 업적에 걸맞게 피넬은 정신증자에 대한 미친 몰상식한 처우를 폐지하고 새로운 치료의 관행을 발전시킨 선구자로서 평가받고 있다.

피넬은 1745년 4월 20일 프랑스 남서부 딴느(Tarn) 주 뚤루즈(Toulouse) 근교 까스트르(Castres)의 작은 마을 종끼에르(Jonquières)에서 장남으로 태어났다. 할아버지와 아버지가 지방 의사로서 집안 형편은 넉넉하지 못하였으나 자애로운 어머니의 사랑을 받고 잘 자라던 중, 어머니는 피넬이 15세 때, 7명의 자녀들을 남기고 세상을 떠난다. 아버지는 슬픔 속에서도 자녀들 교육을 걱정하여 카톨릭 사제인 학교 선생님을 가정교사로 모신다. 그 사제로부터 피넬은 프랑스와 라틴어 등을 열성적으로 배운다. 사제는 피넬이 성실하고 공부를 좋아하는 아이였기에 필립의 재능을 아까워하여 아버지의 허락으로 필립을 신학교에 추천 입학시켰고, 필립은 신학교육 과정을 잘 이수하고 교사가 되었다. 피넬은 문학과 라틴어 고전뿐만 아니라 루소(Rousseau), 볼테르(Voltaire), 로크(Locke), 콩디악(Condillac) 등 당시의 철학을 공부했고, 수학, 생물학, 의학 등 자연과학에도 흥미를 갖게 되었다.

보다 넓은 세계로 나아가 보다 깊은 학문을 하고 싶었던 피넬은 당시 파리 못지않게 생동감 넘치던 도시 툴루즈(Toulouse)에서 대학을 다니게 된다.

카톨릭 신부가 되기 위해 툴루즈의 콜레즈(단과대학)에서 카톨릭 신학 공부를 하는데 신학 공부 중 이른 시기에 의학에 흥미를 갖게 되고, 카톨릭 신학 과정, 신부가 되는 길을 포기한다. 곧바로 툴루즈 의과대학에 입학하여 의학 과정을 이수하고, 1773년 12월에 28세의 나이로 의학박사 학위를 받는다. 그 다음 해에 의료기술 숙련을 위해서 몽펠리에(Montpellier)로 가서 전문적인 의학 강의를 들으면서 병원 수련을 했고, 이어 더 나은 경력을 쌓기 위해 파리(Paris)로 이주한다. 아무 연고가 없었던 파리에서의 초기 생활은 궁핍했다. 그래서 의학 잡지 편집 일과 수학 사강사를 하면서 파리 생활을 시작했다.

지금도 그렇지만 정신질환, 정신증은 오랫동안 금기와 편견의 대상이었다. 고대에는 무녀나 주술사처럼 신이나 귀신과 관련되어 생각했고, 중세 시대에는 영혼이 짐승에 포로가 된 상태, 귀신들린 상태, 정신이 타락한 상태로 인식되어 가족이 숨기거나 사회로부터 배척당해 왔다. 그러나 다른 한편 중세인들은 광인은 일반인이 갖지 못한 신비적인 세계를 볼 수 있는 지식과 능력을 가졌다고도 생각했다. 광인은 일반인이 알지 못하는 신비로운 세계를 알고 있다고 생각한 것이다 (Foucault, 1972: 30−36).

푸코는 그의 명저 『고전 시대의 광기의 역사(Histoire de la folie à l'êge classique)』에서 광기, 정신증에 대한 근대적 인식이 형성된 것이 17세기 중반이라고 말한다. 그때부터 광기는 이성의 결여, 혹은 '비이성'으로 인식되었다. 광기가 이성에 의해 비이성으로 규정되고 침묵 속에 대상화된 것은 유럽의 고전주의 시대부터이다. 그리고 그것은 17세기 절대군주의 '구빈원(수용소)' 정책과 깊이 관련되어 있다.

르네상스 시대까지 광기는 '다른 세상'과 통하는 종교적 현상의 하나이거나, 우리의 이성이 언제든 도달할 수 있는 진실의 극단적 형태라는 생각이 있었다. 그리고 광인은 '광인들의 배'를 타고 멀리 보내졌는데, 그 배는 사라졌다가 불쑥 항구나 강의 지류를 따라 마을에 나타나곤 했다. 당시 광인들은 유랑의 삶으로 내몰렸다. 도시 밖으로 쫓겨났고, 상인이나 순례자 집단에 내맡겨졌거나, 외딴 시골에서 떠돌아다니거나, 선원들에게 위탁되거나 한 것이다. 광인들을 태운 배는 이곳저곳 떠돌다가 선원들이 성가시면 하선시켜 버리기도 했다. 푸코는 광인들의 추방은 어떤 의례의 유배조치라 말한다. 항해는 인간의 운명을 불확실성에 맡긴다. 광인들이 탄 배는 다른 세계의 상징이다. 광인들의 항해는 엄격한 나눔이고 통과제의이다(Foucault, 1972: 21-22).

바야흐로 17세기 중반 무렵 광기와 연관된 그런 전통은 끊어졌다. 정신증자는 미친 자이고 미친 자의 말은 들을 필요가 없다. 광기 안에는 일말의 진실도 없다. 광인의 말은 진실과 무관하다고 여겨서 광기와는 인식과 소통의 단절을 한 것이다.

이런 단절로 광인은 사회와 단절된 '구빈원'에 수용되었다. 1656년 루이 14세가 파리에 'hôpital général(구빈원, 종합병원)'을 설립하라는 칙령을 내린 것이 연대기상의 이정표가 될 것이다. 이 병원은 오늘날의 의료기관도 아니고 중세시대 수도원이 운영하던 자선기관도 아니다. 르네상스 시기에는 '광인들의 배'에 실어 보내서 공동체와 영원히 격리시켰던 광인을 이제는 구빈원이라는 이름하에 강제로 수용해서 사람들로부터 최대한 멀리 격리시킨 것이다. 프랑스 파리의 경우 군주의 칙령이 내려지고 6천여 명의 사람들이 파리 구빈원에 수감되었다. 도시 안팎을 배외하던 광인들도 다른 부랑인들과 함께 구빈원에 수용된다. 부랑인에 단속의 초점이 맞춰졌지만 권력에 의해 '비이성적'이라고 판단되는 사람들을 수용하게 되고, 거기에는 걸인, 가난한 병자, 무의탁 노인뿐 아니라 도둑, 실업자, 성병환자, 창녀, 동성애자, 온갖 유형의 방탕아, 가장이나 왕권의 공식 명령을 기피하는 자들, 낭비벽이 있는 가장, 규제를 어기고 멋대로 놀아난 성직자, 자유사상가들이 광인과 함께 구빈원에 강제 수용되었다.

적은 인원의 관리자들이 수용된 사람들을 관리하고 있었고, 사회에 복귀시킨다는 계획도 없었기에 수용소는 인권유린이 비일비재했다. 사실 인권이라는 개념조차 희박한 시기였고 광인을 정상인과 같은 인간이라고 여기지도 않았다. 마녀사냥으로 화형에 처해지는 것이 겨우 한두 세기 전까지 벌어졌던 상황이었으니, 악마에 홀린 것이라고 여기지 않는 것만으로도 다행스러운 일이었을 것이다.

또한 수용소에 갇힌 정신증자들은 심한 정신분열증, 간질, 정신지체, 죄수들 등으로 정상적인 판단을 하기 어려운 상황들도 많았기 때문에 이들을 통제하기 위해 동물을 다루듯이 사슬을 채워 묶어두는 것이 일반적이었고, 이런 비인간적인 행위를 그 누구도 비판하지 않았다. 그렇게 정신증자들은 권력에 낙인 찍힌 온갖 소외자들, 죄수들과 함께 집단수용소에 감금되어 사슬에 묶인 채 폭력 등 비인간적인 처우를 감내해야 했다.

말하자면 르네상스 시기의 "광인의 배"는 이제 "정신이상자의 수용소"로 격리 수용되게 된 것이다.

1) 프랑스 비세트르(Bicêtre) 병원

이러한 현상을 개선한 사람이 피넬(Philippe Pinel, 1745~1826)이다. 프랑스 남부에서 파리에 도착한 피넬은 아무 연고가 없었기에 처음에는 수학 사강사로 생활비를 벌었고, 그 수입으로 생활이 어느 정도 안정된 피넬은 글을 쓰기도 하고, 의학 잡지에 논문을 발표하기도 하면서 점차 그의 이름이 의학계에 알려지기 시작하였다. 1784－1789년에는 의학 잡지의 편집을 맡아서 의학 관련 많은 논문들을 선정 편집하고 출판하는 일을 하면서 여러 동료 의사들과 교류를 했다. 의학 관련 번역과 의학 잡지 일로 상당한 수입을 얻게 되어서 수학 사강사를 하지 않고도 하고 싶은 의학 공부를 지속할 수 있게 되었다. 또한 틈틈이 몇몇 부자들의 주치의도 하면서 생활의 기반을 다져갔다.

피넬은 신중하고 잘 갖추어진 의사의 입장을 견지하였기에 당시 많은 의사들이 돈 많은 환자들을 잡는 데 혈안이었던 것과는 다르게 의사는 장사가 아니라 자비와 탐구심의 조화를 추구하는 자유로운 직업이라는 평생의 신념을 간직했다.

피넬이 정신증에 관심을 갖기 시작한 결정적인 계기가 된 것은 정신증을 앓던 한 친구가 조광증의 증상으로 병원(구빈원)에 입원했었는데, 치료는 되지 않았고 정신착란과 폭력적 발작이 너무 심해서 결국 어쩔 수 없이 부모님이 고향집에 데려와 집 밖에 나가지 못하도록 감금하고 보호하고 있었는데, 어느 날 감시를 피하여 밖으로 나와 속옷차림으로 산 속을 방황하다가 심한 굶주림과 피로에 지쳐서 사망한 사건이었다.

그래서 피넬은 자신이 출판사 편집을 담당하던 의학 잡지를 통해 '구빈원'이란 집단수용의 비참한 실태를 고발하고, 정신증은 질병일 뿐이며 가난한 정신증자들에 대한 비인간적인 처우를 개선해야 한다는 신념을 꾸준히 피력해 나갔다.

1786년 무렵부터 피넬은 동료 의사 벨롬(Jacques Belhomme) 박사의 정신병원 진료실에서 정신증자를 진료하기 시작했고 운이 좋게도 환자들의 예약이 늘어나기 시작했다. 부유층을 위한 정신증 요양원에도 치료할 수 있는 자격이 허용되어 정신증의 진료와 연구를 할 수 있었으며, 이런 연구를 그가 편집하는 의학 잡지에 논문으로 게재하기 시작했다. 또한 카바니, 알베르트 등의 당시 최고의 지식인들과 사귀면서 프랑스 지식인의 소그룹 모임인 프랑스 살롱 문화 활동에도 참여하곤 했다. 1787년, 피넬은 프랑스 과학 아카데미에 인체 연구의 수학적 응용에 관련된 논문을 제출한다. 1789년에 일어난 프랑스 혁명은 그의 연구를 잠시 중단시켰으며, 혁명의 엄중한 상황에 직면하여 피넬은 온화하고 조심성 있는 그의 성격을 더 이상 유지하지 않았다. 그는 1789년의 혁명 운동에 찬성하고 열성적으로 참여했지만, 테러에 대해서는 매우 부정적이었다. 프랑스 혁명 체제 동안, 피넬은 1793년 8월 25일 협약의 법령에 의거하여 비세트르(Bicêtre) 병원의 원장으로 임명되었다.

비세트르(Bicetre) 구빈원(병원)은 1656년 루이 14세 왕실의 칙령에 따라 죄수들과 매춘 여성들과 함께 미친 사람들을 수용하는 소위 "대감호"라고 불렀던 독특한 장소였다. 이 보호소는 어떤 의료적 목적이 있는 것이 아니라, 사회적이고 도덕적이며 경제적인 규제 기관의 기능을 위한 것이었다. 광인과 범죄자 간에 차이 없이 수감자들은 따뜻한 공기나 빛이 없는 춥고 습한 주거에 밀어 넣어 살게 했다.

병원 원장으로 부임한 피넬은 대부분의 환자들이 사슬에 묶여 생활하는 것을 보고 모든 환자들의 사슬을 풀어주었다. 그와 관련된 소위 "사슬에서의 해방"이라 불리는 정신증의 혁명에 관한 피넬의 이야기를 몇 개 소개한다.

환자들을 사슬에서 해방시켜 자유를 주기 위한 권한을 수행하는 데는 당시 혁명 권력인 파리 코뮌(위원회)의 허가가 있어야 했다. 혁명 중이라 아직 두려움과 의심, 반혁명 혐의자에 대한 체포령이 내려진 상태이고, 피의 폭풍이 파리의 전 시가를 휩쓸고 있었다. 피넬은 굳은 결심을 하고 파리 코뮌에 나아가 정신증자에 대한 잔혹한 취급에 대한 개혁을 요구한다. 이 요청에 혁명 위원회 위원으로 당시의 권력의 핵심이었던 잔혹하기로 악명 높았던 쿠통(Couthon)은 비세트르를 방문한다. 반혁명자들이 숨어 있나 확인하러 간 것이다. 혹시나 그런 사람들이 숨어 있다가 발각이라고 되면 피넬의 목숨도 어떻게 될지 모르는 일이 벌어진 것이다. 피넬은 망설임 없이 쿠통을 조광증 환자들의 구역으로 안내했는데, 거기서 쿠통은 환자들의 숙소를 돌아보고는 고통스러운 느낌을 받는다. 환자들에게 질문을 하고 싶어 했지만, 돌아오는 것은 욕설과 무례한 폭언, 광언이었다. 더 이상 조사는 무익했다. 피넬을 향해 '아니 저런 짐승들을 풀어주고 싶다니, 친구, 당신이야말로 미친 짓 아니오?', 피넬은 '맞아요, 이 환자들은 너무 학대받고 있어요. 이들에게 쇠사슬 대신 신선한 공기와 자유를 주고 싶어요. 그것에 대해 구체적인 대책과 방안을 가지고 있습니다', 쿠통은 '그렇다면 당신이 해보고 싶은 대로 하시오. 단지 나는 당신이 그 계획의 희생자가 될까 걱정이 되오.'라는 말을 하고 떠났다.

피넬은 비세트르의 병원 원장으로서 사슬에서의 광인의 해방과 도덕치료라는 그의 계획을 실천해간다.

제일 처음 쇠사슬을 제거한 환자는 아주 오래된 영국인 선장이었는데, 장장 42년간을 쇠사슬에 묶여있었던 환자였다. 그는 병원에서 조광증 발작 중에 자물쇠로 병원 직원의 머리를 때려죽인 후부터는 다른 환자들보다도 더 심하게 옴짝달싹 못하게 묶여 있었다. 피넬은 특유의 휴머니즘 정신에 따라 쇠사슬을 풀어주고 자유를 주고 산책도 하도록 하고 대화와 상담을 하였다. 선장은 처음엔 자기를 조롱한다고 믿지 않다가 이내 피넬의 진심을 깨닫고 풀어주면 정말 잘 하겠다고 다짐을 한다. 마침내 쇠사슬이 완전히 제거되자, 선장은 잘 일어나지 못하다가 15분 정도 지나면서 일어나서 방문으로 걸어가서 첫 마디가 "아! 날씨 참 좋다"라는 말을 시작으로 서투른 걸음으로 계단을 오르내리면서 너무 좋아했고, 약속한 대로 저녁이 되어 얌전하게 침대에서

쉬었다. 그후 2년 동안 병원 생활을 하였으나 한 번도 조광증 발작은 없었다. 그리고 병원을 자유롭게 출입하는 것에 대해 다른 환자들에게 다소의 거만함은 있었으나 여러 면에서 병원에 도움을 주는 유익한 사람이 되었다.

두 번째로 쇠사슬을 제거한 환자는 젊은 시절 프랑스 군 장교였는데, 36년 동안 쇠사슬에 묶여 있었다. 그는 망상이 심한 환자였는데, 오랫동안 종교적인 묵상 끝에 자기는 신의 명령으로 피의 세례를 드려야 한다는 집념에 사로 잡혀있었다. 그리스도교인들을 지옥에서 구제하여 천국으로 보내기 위해서는 현세의 많은 그리스도교인들을 죽여야 한다는 망상에 빠져있었다. 이런 망상에 따라 자기 자식을 죽이고, 자식의 심장을 도려내어 신에게 바치는 행동을 했다. 그는 곧 바로 체포되어 정신병 판결을 받고 비세트르에 수감되었다. 그는 오랜 세월 동안 독방에서 조광증 발작으로 고통을 겪었고, 나중에는 벙어리처럼 말도 안하고, 유령처럼 앉아 있었다. 그렇게 방치되어 있었다. 피넬은 이 환자의 쇠사슬을 제거하고 침대에 옮겨 눕혔다. 다리는 펼 수 없는 상태로 되었기에 치료 팀이 수개월 동안 케어를 해 보았으나, 회복하지 못하고 사망하였다.

피넬의 "사슬에서의 해방" 환자 중 슈뱅제 사례 또한 유명하다.
슈뱅제는 프랑스 친위대의 한 병사였는데, 근무 중 술을 먹고 난동을 부리곤 했다. 덩치가 크고 힘이 장사였는데, 술에 만취되어 시비를 걸고 싸우고 폭력을 휘두르는 등의 행패가 심했다. 이런 일이 자주 일어나서 마침내 친위대에서 쫓겨났고, 남은 재산도 술과 방탕으로 탕진하고 성격도 난폭하게 변해 버렸다. 그는 광기가 일어나면 자기가 장군이라고 하면서 아무에게나 폭행을 일삼다가 체포되어 비세트르에 수용되었고 거기서 10년간 독방에 갇힌 채 쇠사슬에 묶여 생활했다.

그곳에서 힘으로 쇠사슬을 끊고 감시하는 간수들도 때려눕힌 사건도 있었다.

피넬은 그를 여러 번 상담하고 진찰을 했다. 필립이 보기에 그는 본래 얌전한 성격을 가진 사람이었으나, 너무나 많은 좌절과 무자비한 취급을 당해서 계속 흥분하고 있다는 것을 알았다. 피넬은 환자 슈뱅제에게 진찰한 이런 해석을 전하면서 대화로 서로 공감하며 이해를 시켰고, 직면하고 있는 괴로움을 벗어나도록 도와주겠다고 용기를 내자고 말했더니, 그 후부터 환자 슈뱅제는 아주 얌전해지고 고분고분하게 되었다. 그래서 피넬은 그에게 쇠사슬을 제거해주면서 그에게 좋은 일을 하기 위해 이 세상에 태어났으니, 불행에 처해있는 사람들을 돕는 일에 함께하자고 제의를 했고, 그가 이에 동의해서 병원의 직원으로 일했다. 병원 사람들 모두도 이렇게 빨리 변한 사람을 본 적이 없었다고 존경과 감탄을 했다. 얼마 전까지만 해도 환자들 가운데, 가장 난폭했던 사람이 쇠사슬에서 해방되어 자유를 얻게 된 후부터 보인 분별력 있고 예의 바른 태도와 친절한 말투는 보는 사람들로 하여금 감탄과 찬사를 불러일으키기에 충분하였다.

그리하여 슈뱅제의 삶은 의사 피넬을 향한 은혜를 갚는 데 바쳤고, 피넬이 혁명의 폭풍을 겪으며 역경과 위험을 직면한 위기의 순간마다 여러 번 피넬을 구해냈다. 뿐만 아니라 병원의 어려운 일도 맡아서 했고 식량이 떨어지면 식량을 구해오는 등 병원의 크고 작은 어려운 일을 싫은 내색도 없이 즐겁게 해내었다. 슈뱅제는 자신의 여생을 환자의 해방과 자기 해방을 위해 열심히 일하였다.

위의 몇 가지 사례에서와 같이 피넬은 광기, 즉 정신증이 마귀에게 혼이 사로잡혀서 생긴다는 오랜 관념 대신 정신증은 사회적·심리적 스트레스에 지나치게 노출된 결과로 생기는 것이고, 부차적으로는 유전적·생리적 손상에 의해서도 생긴다고 보았다. 피넬은 그의 "도덕적

심리치료"를 제도화하기 위해 비세트르의 환자들을 진찰하고 연구하기 시작했는데, 이때 그의 진찰 연구에 도움을 준 것이 감옥 내부의 감시감독 경찰 책임자인 교도소장인 퓌생(Jean-Baptiste Pussin)의 감독 방식이었다. 퓌생은 아주 성실하게 병원 근무를 하였고, 환자를 향한 커다란 자비를 베푸는 사람이었으며, 환자들의 마음과 힘든 부분을 고려하면서도 권력과 관찰의 재능을 지닌 그런 사람이었다. 퓌생의 부인도 병원 식당에서 일하고 있었는데, 이 부부는 피넬의 휴머니즘과 도덕치료에 찬성하고 피넬의 일을 도왔다.

　　피넬은 1793에서 1795년까지 비세트르 병원에서 머물면서 휴머니즘 정신에 따른 도덕 심리치료를 행하도록 했고, 이를 잘 실천한 퓌생의 휴머니즘 정신을 칭찬하고 그것을 잘 활용하여 유용하게 제도화했다. 그리하여 환자들의 사슬을 폐지하게 하고 그들을 휴머니즘(인본주의) 심리치료, 도덕치료로 대체하도록 한 것이다. 광인들에게 따뜻하게 애정 어린 말을 함으로써 마음을 안정시키도록 했고, 거부감을 일으키는 거친 부정적인 말을 하여 광인들이 화나게 하지 말아야 하며, 때로는 엉뚱한 말에도 잘 응대함으로써 항상 따뜻하고 부드러운 느낌을 주도록 할 것이며, 절대 폭력적인 행위를 하지 않음으로써 환자들 스스로가 자기 감정을 극복해가도록 해야 한다고 했다. 피넬은 비세트르 병원에서 시행하였던 이런 도덕 심리치료 요법에 대한 이론과 실제를 그의 명저 『정신증 또는 조증에 관한 의학-철학적 연구(Traité médico-philosophique sur l'aliénation mentale ou la manie』(1809)에 기록했다.

2) 살페트리에르(Salpêtrière) 여성병원

1794년 12월에 피넬은 파리 건강대학의 보건위생학 교수가 되었고, 그 시절 그는 이미 가장 유명한 정신과 의사로 명성이 알려졌다.

1795년 파리의 살페트리에르(Salpêtrière) 병원에서, 피넬은 또 한 번 정신증자들의 쇠사슬을 풀게 한다. 프랑스 정신의학의 창시자 피넬은 정신증자들을 잔인함과 폭력보다는 자비와 인내로 치료해야한다고 믿었다. 이러한 사슬로부터의 해방 사상은 19세기에 피넬을 중심으로 구성된 프랑스 정신의학 의사들의 탄생을 널리 알리는 계기가 되었다. 그리하여 피넬 정신을 계승하는 훌륭한 학자들과 의사들이 널리 퍼지게 되었고, 지금도 피넬을 계승하고 있으며, 이 영광스런 이야기는 인구에 회자되고 있다.

1795년 5월 13일 피넬은 살페트리에르 병원 원장으로 임명되는데, 그곳의 여성 정신증자들은 아직도 사슬에 묶여 비인간적인 취급을 받고 있었다. 그는 앞서의 비세트르 병원에서와 같은 방식으로 사슬의 폐지 계획을 진행했다. 이번에는 교도소장과 권력자의 많은 반대와 압력이 있었지만, 피넬은 살페트리에르 병원에서도 무사히 지혜롭게 사슬을 풀어주고 족쇄 사용의 금지를 성취했다. 감옥과 같았던 병원을 의료시설로 개선하는 작업을 주도했다. 이 병원은 범죄를 저질렀거나 정신질환을 앓고 있는 여성을 수용하는 곳으로, 당시에 매년 약 250여 명이 새로 수용되어 50여명이 사망할 정도로 위생상태가 엉망이었다.

그는 모든 정신증을 동일한 질환으로 보던 고정관념에서 벗어나 환자의 병력과 증상을 자세히 기록하여 분류하였다. 또 맑은 공기와 운동, 일, 사회적 활동이 정신질환 치료에 도움이 되고 과도한 강제수용은 오히려 병을 악화시킬 뿐이라고 보았다. 그에게 수용소는 치료를 위한 곳이었고 그 본질은 심리적 치료에 있었다.

그러나 수용소를 정적들을 감금하는 수단으로 이용하던 혁명기 프랑스에서 피넬의 이러한 개혁은 목숨을 내놓아야 하는 것이었다. 실제로 피넬은 사슬을 풀어준 정신질환자가 사고를 낼 경우 단두대에 오른다는 서약을 하기도 하였다.

혁명적 분노에서 진정으로 이어지는 그 시기에 피넬은 정신증자들에 대한 진정한 혁명을 실현했다. 사슬의 잔인성을 그리스도의 정신에 입각한 온유와 자비로 대체하였고 정신증과 의료 시스템의 관계에 새로운 시대를 열었다. 무엇보다도 그는 의학적 사고의 중심을 구성하는 임상 병리학의 선구자로서 의학사에 빛나는 명성을 갖게 되었다.

1798년에 출판된 그의 저서 『철학적 병리론과 의학에 적용된 분석 방법(Nosographie Philosophique ou Méthode de l'analyse appliquée à la médecine)』에서 피넬은 정신증을 조직의 손상에 의한 것보다는 정신증상들을 분류하고 각각의 증상에 관해서 서술한다. 따라서 그의 방법은 자연주의와 비교해부학에 의해 기술된 분석 방법에 토대를 둔 것이다. 피넬의 병리학은 그 후 상당 기간 동안 프랑스 의학의 바이블로 여겨졌다. 연구 업적도 성공적이었지만 무엇보다도 피넬을 훌륭하게 한 것은 인간성, 인본주의적 실천을 행한 정신의학의 위대한 개혁자라는 점에 있었다. 필립은 의사로서 환자들을 친절하고 친근하게 대면하고 대화하고 상담했으며 환자들을 위해 다양한 활동 프로그램 등을 수행했다.

또한 피넬은 1801년에 발표한 그의 유명한 저서 『정신증 또는 조증에 관한 의학-철학적 연구(Traité médico-philosophique sur l'aliénation mentale ou la manie)』에서 정신증에 대한 매우 다른 분류를 제시했다. 초판은 당시 가장 전형적이고 빈번하게 발생했던 정신증 모델로 조증에 관한 것을 중심적으로 기술했다. 피넬은 의학의 모든 영역에서 근본적인 명제로 평가했던 분석적인 방법을 정신증에 적용한 것이다.

피넬은 환자 개개인의 이상 증상에 대하여 원인 분석적 방법에 따라 조직이나 기능적인 원인을 발견하고 찾는 것으로 연구를 수행했다.

그는 먼저 정신증의 원인을 유전적인 성향이라고 일부 인정하면서도 외부 환경의 폭력, 즉 폭력의 감정들이 원인이라고 기술했다. 그러나 피넬은 대뇌 조직 장애설은 믿지 않았다. 감정들에 얽힌 문제라고 본 것이다. 정신증은 감정들에서 촉발되어 기관적 손상에까지 이른다. 정신증자도 하나의 주체이기에 치료자의 자세는 그들의 과거에 얽힌 감정이나 어려움에 처한 상황 등을 고려해야 한다. 피넬은 이러한 연구 업적들과 명성으로 1803년에는 프랑스 아카데미 회원으로 추대되었다.

1809년에 재판된 『정신증 또는 조증에 관한 의학－철학적 연구』에서 피넬은 조증에 관한 견해를 바꾼다. 그는 가장 가벼운 정신심리의 혼돈에서부터 가장 심각한 증상에 이르기까지 드러난 행동의 층위에서 정신증의 분류학을 기술했다. 가령 부분 망상인 간단한 우울증, 단순한 멜랑콜리(부분 망상)로 시작하여 일반적인 망상인 조증으로 분류하고, 이어 일반적인 인지능력의 장애인 치매를 분류했다. 마지막 백치는 인지 기능의 총체적 붕괴로 분류했다. 재판본에는 비세트르(Bicêtre) 병원과 살페트리에르(Salpétrière) 병원에서의 경험을 보여주는 200 페이지 이상의 새로운 페이지가 포함되어 있다. 피넬은 정신증의 인본주의적 치료를 강조했고, 정신증을 지속하게 하거나 악화시키는 지옥의 순환을 없애기 위해서 가족 환경과의 관계와 다른 환자들과의 관계 그리고 병원 행정 내에서 의사들의 역할을 강조한다. 그는 약물 치료를 부수적으로 중요시 했다.

피넬은 정신증들을 쇠퇴하게 만드는 불필요한 약물투여와 피뽑기를 없앴다. 그는 미친사람을 배려의 마음과 격려의 말로 치료될 수 있다고 생각했고, 망상증의 경우는 노련하고 지혜로운 대화로 망상적 사고를 줄여야 한다고 했다. 의사는 정신증의 사고를 이해해야 한다고 했고, 대화를 통해 정신증자가 이성을 찾도록 하면서 자신의 실수와 바람, 소망을 점점 인식하게 하는 그런 도덕 심리치료를 주창했다. 이른바 피넬은 광기와의 대화를 통한 심리치료를 수행했던 것이다.

프랑스 나폴레옹 제국의 주치의사를 사임하고 대학에서 정신증 연구를 계속하던 피넬은 1826년 10월 25일 뇌졸중으로 세상을 떠났다. 그의 운구행렬을 따르던 사람들 중에는 살페트리에르 병원의 환자였던 여성들도 있었다. 이들은 모두 자신들을 족쇄로부터 해방시켜 준 은인을 기리기 위해 모여든 것이었다.

피넬은 프랑스 영웅들이 잠든 곳 뻬르 라쉐즈(Père Lachaise) 묘지에 묻혔다.

제3장

정신증 분석의 선구자 블로일러

블로일러(Bleuler Eugen, 1857-1939)는 정신분열증(schizophrénie)과 자폐증(autisme) 용어의 발명자이자, 스위스의 부르그휠츠리(Burghölzli) 클리닉의 병원장이었다. 이 병원은 포렐[1](Forel A. 1848-1931) 다음에 프로이트주의의 모든 개척자들이 일하게 되면서 대단한 명성을 누리게 되었다. 또한 그는 20세기 새로운 정신의학의 위대한 주창자이며, 한 세기 앞서 필립 피넬(Philippe Pinel)에 의해 발표된 것과 비교가 될 만한 광기 치료의 개척자였다. 지그문트 프로이트와 동시대를 살았던 그는 그와의 갈등과 불일치에도 이를 극복한 친구이자 변호인이었다. 블로일러주의라는 1970년대까지의 정신의학적 지식의 전반을 특징짓는 진정한 학파를 성립하였다.

그는 취리히 근처 졸리콘(Zollikon)에서 프로테스탄트 농민 출신으로 태어났다. 그의 아버지는 지방 학교 행정관이었다. 엘랑베르제(Ellenberger H. F.)는 기록하기를 "그의 아버지, 할아버지, 가족 모두는

---

1) 포렐은 19세기 말에 광기 치료와 감금 치료를 개혁한 스위스의 정신과의사이다. 취리히에서 정신과 교수를 지냈고, 1879년부터는 부르그휠츠리 클리닉 병원장으로 명성이 자자했다. 이 병원에서 훌륭한 제자들이 배출되었고, 그중 블로일러와 미국 정신심리분석의 선구자인 마이어(Meyer A.)가 유명하다. 그는 알콜중독자 치료를 하면서 신체 조직설을 포기했고 당시에 번영했던 최면술 치료를 도입했다. 육체적 질병은 물론 정신적 장애 치료를 위해 외래 진료 체계를 조직했고, 최면치료를 수행했다. 그는 형법 개혁과 수용소 개혁, 매춘 개혁에 대해서도 선구자였다.

캉통(스위스 주)의 농민이 취리히 도시 당국의 지배를 받고 있을 당시를 생생하게 기억하고 있었는데, 도시 당국은 농민이 어떠한 직업이나 고용에 종사하지 못하도록 엄하게 제한했다. […] 블로일러 가족은 정치적 투쟁에 가담하여 1831년에 평등한 농민 권리를 인정받았고, 1833년에는 농민 출신인, 젊은이의 지적 발달을 촉발시키기 위해서 취리히 대학 설립에까지 이르게 되었다."(Roudinesco et Plon, 2000: 134)

블로일러는 농촌 출신 정신이상자를 돌보기로 결정했고, 그들의 말을 경청했으며, 더 이상 그들을 실험적 대상으로 간주하지 않았다. 정신의학을 공부하게 되면서, 처음에는 베른에서 다음에는 파리에서 샤르코(Charco J. M.)와 마냥(Magnan V, 1835-1916)의 강의를 수강했고, 또한 런던과 뮌헨에서도 공부했다. 이런 학업적 연구 후에 그는 부르그횔츠리 클리닉에서 포렐(Forel)의 인턴이 되었고 1898년에는 그를 계승하여 병원장이 되었다. 그는 여기에 30년 동안 머물렀고 1927년에는 그의 아들 만프레트 블로일러(Manfred Bleuler)가 그의 위업을 계승했다.

블로일러가 부르그횔츠리 클리닉에 부임하였을 때, 독일어권 정신의학은 에밀 크레펠린의 병리학이 주류였다. 크레펠린도 역시 프로이트와 블로일러와 같은 시대를 살았지만, 정신 병원에 엄격한 조직과 규칙을 세웠다. 하지만 그런 조직과 규칙 체계의 고안자인 크레펠린(Emil Kraepelin)은 죄수와 같이 취급되었던 정신이상자의 처우를 개선하지 못했고 그 증상을 분류하는 데 급급하여, 억압적이고 틀에 박힌 광기의 개념에 집착하고 있었다.

그런데 1900년을 전후하여 이 체제는 모든 부분에서 붕괴되었다. 프랑스식 직계를 계승하여 한편으로는 샤르코(Charcot J. M.)의 전통과, 다른 한편에서는 이폴리트 베르냉(Bernheim H.)의 전통에 따르게 되었다. 정신증과 신경증의 주요 전문가들은 분류된 추상적 개념에 의해서가 아니라 환자의 말을 들음으로써 광기의 임상학을 새롭게 성립하려 했고, 그들은 환자들과 고통을 같이하고, 환자의 말을 해석하고, 환자의 망상 속에 담긴 뜻을 이해하며 그들과 함께 역동적 관계와 전이 관계를 잘 수용하려 했다.

블로일러는 1911년에 그의 위대한 저작인 『조발성 치매 혹은 정신분열증(Dementia praecox(démence précoce) *ou le groupe des schizophrénies*)』을 출간했고, 그 책속에서 광기에 대한 새로운 안내를 제안했다. 그는 증상, 망상, 다양한 장애와 환각들은 프로이트가 잘 서술한 정신심리 기제들을 잘 참조하여 주의를 기울이면 그 의미를 발견할 수 있게 될 것이라고 말했다. 그는 처음으로, 프로이트 사상을 정신의학적 지식의 토대로 수용하려 했다. 그래서 우리는 프로이트가 히스테리를 신경증의 근대적 패러다임으로 전환시켰다면, 마찬가지로 블로일러는 20세기 광기의 구조적 모델을 만들기 위하여 정신분열증이란 말을 고안했다고 유추할 수 있겠다.

당시에 그는 신체기관적이고 유전적인 병인학을 거부하지 않으면서, 정신증을 심리적 감정의 영역에 위치시켰다. 따라서 새로운 정신분열증은 치매(démence)도 아니며 조발적(précoce)이지도 않다. 이것은 중독성(toxique)을 기원으로 하고 있으며, 일차적인 문제로는 인격 분리(dissociation) 혹은 분열(Spaltung)이고, 이차적인 문제로는 자기 퇴행 또는 자폐증을 특징으로 한다. 이런 진단을 통해 블로일러는 계몽주의적 정신증 치료 행위를 새롭게 갱신했고 광기는 치료될 수 있었다. 왜냐하면 이성을 잃은 모든 주체는 자기 속에 적절한 자가적 도덕 치료에 의해 치료에 도달할 수 있는 이성의 잔여가 있기 때문이다. 19세기 말, 유전에 관한 다양한 이론의 등장으로 심리치료 가능성은 약화되었고, 정신증의 영구적 감금의 합법화가 이루어져왔던 그 시기에, 광기의 심리적 기원 가능성에 대한 논쟁을 촉발시킨 프로이트 명제에 고무되어 광기 치료의 가능성에 대한 희망이 다시 나타났다. 그런 이유로 블로일러는 그 시대의 정신의학과 진정한 결별을 하게 된다. 그는 정신 병동에 진보주의적 사고를 연결했다. 그리고 이런 혁신을 실현하려고, 정신심리분석 사용을 적극 권유하고 용인하며 환자를 상담 진료하는 데 많은 시간을 보냈다. 이는 프로이트적 사고의 정당성을 증명하기 위해서였다.

정신심리분석이 부르그횔츠리 클리닉에서의 검증된 치료를 계기로, 1900년에서 1913년 사이에 프로이트주의 명제가 정신의학의 중심으로 잘 정착되었다. 엄청난 열정을 가진 세 사람(프로이트, 블로일러, 그리고 프로이트 제자이자 블로일러의 조수인 융)이 치료에 관여했는데, 그러던 중 그들 사이에 오랜 시간 갈등을 빚는 대화가 진행되었다.

섹슈얼리티 우위성이라는 명제에 반감인 블로일러는 환자 치료를 위하여 먼저 그들과 접촉하고 그들을 친밀하게 이해하려 했다. 그는 엘리스(Ellis H.)에 의해 고안되고 프로이트에 의해 채택된 자가-성애(auto-érotisme)라는 개념에서 출발하여 자폐증(autisme)의 개념을 발전시켰다. 블로일러는 두 단어를 합성하여(auto + erotisme) 새 용어 자폐증(autisme)을 창안함으로써 위험하다고 판단한 범성주의에서 벗어나게 해주었다. 자폐증은 후에 아동 정신증 클리닉에서 없어서는 안 될 용어가 되었다.

블로일러가 정신심리분석을 정신병원에 적응시키려 했다면, 프로이트는 빈에서부터 취리히를 거쳐 이 시기에 세계를 지배한 정신의학의 독일어권 언약의 땅을 정복하려 했다. 그리고 그는 이 사업의 도움을 위하여 부르그횔츠리 클리닉에서 블로일러의 조수인 융의 충실성을 고려했다. 블로일러와는 달리 프로이트는 자가-성애의 개념을 간직했고 일반적인 정신증의 영역을 정신분열증(schizophrénie)이란 용어 대신에 편집증(정신착란증 paranoïa)이란 범주 속에서 사고하기를 선호했다. 따라서 프로이트는 크레펠린 체계의 블로일러적 혁신에 반대했고, 근본적으로 신경증, 정신증, 도착증 사이의 구조적 구분을 체계화했다.

융은 그의 정신의학의 스승인 블로일러로부터 멀리 떨어져나갔고, 다음에는 그를 후계자로 삼았던 프로이트에게도 멀어져 나갔다. 그는 정신분열증이란 용어 대신에 조발성 치매(démence précoce)라는 용어를 선택했고, 1910년에는 내향성(introversion)이란 말을 고안했는데, 리비도가 주체의 내부 세계에 후퇴하는 것을 지칭하는 자폐증이란 말 대신에 그 말을 선호했다.

두 사람과의 결별은 블로일러로 하여금 약 1세기 전의 필립 피넬과 유사한 입장에 처하게 했다. 정신심리분석으로부터 멀어지면서 그는 점차 치료 가능성에 회의적이 되었고, 다음에는 순전히 기관적인 병인학의 관념과 다시 연계했다. 그렇지만 그런 세기적인 토론의 조우는 프로이트주의 명제의 승리였다. 왜냐하면 우선은 프랑스에서 다음에는 미국에서 그리고 전 세계에, 광기의 정신심리적인 접근에서부터 출발하여 의학적 항로에 의해 정신심리분석의 정착이라는 광범위한 운동이 전개되었기 때문이다(Roudinesco et Plon, 2000: 134-136).

제4장

프로이트의 편집증 분석: 슈레버 증례

　프로이트의 정신증은 한 주체가 무의식 속에서 망상적이거나 환각적인 현실을 재구성하는 것이다. 프로이트의 무의식 이론은 광기, 정신적인 병, 정신증에 대한 새로운 이론을 제공하여 정신심리분석의 계승자들에게 정신증을 정복하는 토대가 된다. 프로이트는 크레펠린(Emil Kraepelin, 1856–1926)의 정신증 분류를 참조하여 편집증(paranoia)을 정신증의 대표적 형태로 특권화하고, 정신증 사례로 편집증에 시달린 슈레버 사례를 정신심리분석적으로 연구하여 발표한다. 프로이트는 슈레버(Schreber Daniel Paul, 1842–1911)를 직접 만난 적이 없었지만, 슈레버가 쓴 책 『한 신경정신병자의 회상록(*Denkwürdigkeiten eines nervenkranken*)』(1903)의 출판으로 알게 되었다.

　프로이트는 1909년에 이 책을 연구했고, 1년 후에 이 책에 대한 논평으로서 정신증에 관한 훌륭한 논문인 "편집증 사례 자서전에 대한 정신분석학적　논평(*Psychoanalytische　Bemerkungen　über　einen Autobiographisch Beschreibenen Fall von Paranoia*)"을 발표했다.

　프로이트는 슈레버를 대표적 정신증인 편집증자로 보았고, 그래서 슈레버는 리비도적 대상들로부터의 삶을 철회하고, 많은 부분 일반 세상에 집중하는 삶을 폐지하였다고 보았다. 편집증은 자기 내부의 공간에 갇힌 삶을 살기에 정신심리분석이 접근하기에 쉽지 않은 일이다.

슈레버의 증상을 살펴보면서 편집증을 정신심리분석적으로 살펴보자.

1) 슈레버 증례의 역사

독일 판사였던 다니엘 파울 슈레버(Daniel Paul Schreber, 1842–1911)는 1842년 신교 부르주와 집안에서 출생했다. 그의 아버지는 독일의 의사이자 교육자, 독일에 보건 의료 운동을 도입 보급한 유명인으로 알려졌다.

판사였던 슈레버의 형은 오랫동안 방종한 독신 생활에서 얻은 매독 등의 이유로 권총 비관 자살한 것으로 알려졌다. 슈레버는 아주 똑똑했고 학업성적이 우등을 놓치지 않았으며 법학 박사로 작스주의 고등법원장의 자리에까지 올랐다.

슈레버는 1884년 12월, 그의 나이 42세 때, 처음 정신병원에 입원한다. 병원에서 몇 달 동안 우울증의 위기를 겪는다. 그는 자신의 주치의 정신과의사 플레히지히(Paul Flechsig, 1847–1929) 교수에게 무한한 인정을 받으면서 치료를 받고 건강이 회복된다. 이런 첫 번째 병원 입원 후 퇴원하여, 8년 동안 아내와 지내면서 아이를 갖지 못해서 실망이 있긴 했지만, 아주 행복한 생활을 한다.

그러던 중 1893년 51세 때, 선배 판사들 보다 먼저 고등법원장에 임명되었는데, 법원장의 임무를 수행하기 전에 슈레버는 많은 악몽에 시달리고 새로운 병마가 찾아온다. 어느 날 새벽, 반수면 상태에서 '침실에서 자기가 여성이 되어 강간당하는 아름다운 꿈'(슈레버, 2010: 51)을 생각한다. 이 생각은 곧 억압되고, 몹시 수치스러움을 갖는다.

고등법원장으로 임명된 몇 달 후, 불면증의 악화와 고열섬망을 동반한 두 번째 병마가 찾아온다. 자신이 학대당한다는 생각과 임박한 죽음의 사고에 시달리고, 소음과 빛에 지극히 예민해진다. 그에게 환시와 환청의 증상이 나타난 것이다. 그는 죽음을 보고, 페스트와 나병에 감염되어 분해되는 환상을 본다. 그는 자기 몸에 전혀 듣지도 보지도 못했던 온갖 종류의 병의 증상을 감지한다. 세계의 종말을 느낀다. 무서운 전염병이 돌게 된다고 한다. 유럽에 페스트와 나병이 돌고, 자기 몸에도 그 흔적이 나타난다. '동방 나병', '히브리 나병', '인도 나병', '이집트 나병'을 열거한다. '나는 첫 번째 나병 시체이며, 나병 시체를 이끌고 있다'(슈레버, 2010: 101 – 102)는 주문을 암송한다. 그는 '페스트 증상들은 내 몸에 여러 번 상당히 분명한 정도로 출현했다'고 생각한다. 그리고 푸른색 페스트, 고동색 페스트, 백색 페스트, 검정색 페스트를 열거한다. 그의 신체는 가장 공포스러운 취급을 겪으면서 혐오스럽고 역겹게 조종당한다고 생각한다. 이런 환청들과 환시들은 그를 몇 시간 동안 환각의 쇼킹 상태, 얼빠진 상태에 있게 했다. 그리하여 죽음을 바라는 상태에 이르고 자살 시도를 여러 번 반복하게 된다. 바야흐로 슈레버는 신과 교류를 하고 자신의 주치의사와 조수, 신 등이 공모하여 자기를 영혼살해 하려 한다고 하고, 신이 자기를 여성화시켜서 강간하려 한다고도 하며 자기가 여성화되어 여성의 감각을 느끼고 여자의 유방이 생겼다고 한다. 그런 망상 증상들은 신과의 동침이나 기적 현상 등의 미스터리로 뒤범벅된다.

결국 슈레버는 최초로 정신증이 발병 한 이후 27년의 기간 동안에 13년을 정신병원 수용소에서 보내게 된다.

2) 슈레버의 망상증 언어들

슈레버가 직접 쓴 책『한 신경정신병자의 회상록』은 믿을 수 없는 놀라운 책이다. 이유는 그 책이 관찰자의 입장에서 쓰여진 글이 아니라, 미친 말을 하는 사람 자신이 직접 자신의 내면 세계를 묘사했기 때문이다. 특히 그 책은 통사론적 차원에서 수동형 문장이 압도적으로 많은데, 그것은 편집증 특유의 증상으로 언어와 생각의 규칙이 일치하지 않고, 외부로부터 온 환각적인 생각이 언어의 규칙과 부딪치면서 환각과 현실의 구별되지 않으면서 일어나는 마치 꿈과 같이 단편적인 생각들이 반사적으로 투영되어서 발생하는 탈주체화되고 분편화된 언어로 쓰여진 텍스트이다. 그래서 그것은 보통 사람들에게는 이해할 수 없는 비문이고, 밑도 끝도 없는 반복되는 말들의 집합체에 불과하지만 한 인간의 정신심리세계 내면을 연구하고 정신의학과 심리, 언어, 법, 종교 등을 연구하는 사람들에게는 아주 귀중한 텍스트가 될 수 있다.

또한 이 책에 서술된 슈레버의 망상 주제들은 정치든, 종교든, 성이든, 아내든, 정신증이든, 법이든, 역사든, 의학이든 무엇이든지 간에, 그것들 모두는 편집증의 두 개의 축인 박해 편집망상과 과대망상이 슈레버 자신의 주변을 감돌고 있다.

우리는 슈레버의 온갖 박해 망상의 말들과 자기가 여성으로 변한다는 과대망상을 주목하지 않을 수 없다.

(1) 신이 슈레버를 박해한다.

슈레버는 우주의 질서를 설명하는 것으로 시작하는데, 그 내용은 황당한 얘기들이고 요약하면 다음과 같다. 인간 존재는 육체와 영혼을 갖고 있다. 영혼은 신경 내에 자리를 한다. 신은 신경계들로 구성되어 있는데, 그 신경계의 양이 어마어마하게 많은 무한대이다. 그러므로 신은 모든 영혼이다. 신의 신경계들을 '빛, 광선'이라고 부르고 모든 창조의 기원이다. 가령 신이 한 인간을 창조하기를 원할 때, 신은 누군가를 그의 신경계들로부터 분리시키고 인간 존재로 변형시킨다(슈레버, 2010: 24−25).

신과 천체는 긴밀하게 연결되어 있다. 이미 몇 년 전부터 태양이 인간의 언어로 내게 말을 걸고 있다. 신은 태양과 그 밖의 별들이 방사하는 빛을 수단으로 지구에서 일어나는 모든 일을 지각할 수 있는 능력을 가지고 있다.

신의 왕국인 경이로운 우주 질서에 균열이 발생한다. 첫 번째 균열은 주치의사 플레히지히와 슈레버 사이에서 일어난 영혼살해이고, 다른 균열은 누군가가 슈레버에게 자행한 영혼살해이다. 슈레버는 주치의사 플레히지히 교수가 자기를 박해한다는 망상을 플레히지히 가문과 슈레버 가문의 싸움이 그 발단이라고 말한다. 그는 플레히지히라는 이름을 가진 존재가 신적 영감을 갖기 위해 슈레버에게 부여된 신경계를 악용해 신의 광선을 붙잡아두는 데 성공했다고 말한다. 말하자면 주치의사 플레히지히 박사가 신적 능력을 가지려고 슈레버의 신경계를 붙잡아 괴롭힌다는 망상이다. 그는 “나 자신도 끔찍한 시간을 보냈고, 쓰디쓴 고통을 체험했다. 6년 전부터 신의 신경들이 끊임없이 내 몸에 쏟아져 들어옴으로써 그때까지 모였던 모든 축복이 상실되었고, 그것들을 새로 쌓는 일도 잠정적으로 불가능해졌다 …… 전체 신경 덩어리에서 떨어져 나온 신경 부분들이 계속 도움을 요청하는 소리가 매일 같이 하늘에서 들려온다. 이전 상태를 회복하려면 수 천 년이 걸릴 수 있다”(슈레버, 2010: 47)고 자신의 박해 망상을 서술한다.

(2) 영혼을 위협당하는 슈레버

슈레버가 반복 서술하는 머릿속 신경계들이 말하는 현상은 정상적 언어와 아무 관계없는 말이다. 그것은 슈레버의 영혼에 침투된 말들이고, 이 말들을 반대하는 슈레버의 의지가 전혀 보이지 않는다. 아마도 슈레버가 가장 고통스러워하는 신의 징벌을 말하는 것 같다. 그 환청들은 쉴 새 없이 슈레버를 모욕하고, 그에게 광선의 퇴각으로 세상의 종말, 땅이 얼고, 세상의 모든 시간이 멈추며, 우주의 대 격변을 알린다.

신은 고인들의 신경망, 고인들의 영혼의 신경망으로 구성되어 있다. 신의 신경망들이 슈레버를 유인하여, 어느 날 슈레버는 죽음의 영

혼들의 유혹에 빠진다. 그 영혼들이 몇 밀리미터의 조그만 인간의 형
태로 그의 머리 속에 꽉 들어찬다. 어느 날 밤에도, 그것들이 무수히
슈레버의 머리에 들어와 우글거리고 있는데, 그것들 모두가 그 어떤
통제도 없이 악마들의 혼돈스러운 괴성을 질러댄다(슈레버, 161 – 163).

슈레버의 신과의 관계는 열렬한 사랑과 반항의 관계로 점철되어
있다. 슈레버는 신이 행한 모든 악행을 고발하고, 그것은 어리석고 바
보스러운 짓들이라고 얘기하지만, 동시에 신에 대한 모든 칭송과 영광
을 말한다.

(3) 육체를 위협당하는 슈레버

그의 육체의 어떤 부분도 가만히 놓아주지 않았다. 슈레버는 육체
의 어떤 부분도, 어떤 기관도 훼손되지 않은 것이 없다고 말한다. 누군
가가 그의 키를 작게 했고, 폐 안에 벌레들을 집어넣었으며, 그리고 폐
가 거의 사라질 때까지 쪼그라들게 했고, 폐를 깨무는 듯한 고통을 당
했다고 했다. 그의 창자를 꺼냈고 식도를 갈기갈기 찢었다. 가슴협착
으로 가슴부위 전체가 눌려서 숨 쉴 수 없는 압박감의 고통을 겪어야
했다. 갈비뼈를 부러트렸고, 후두 부분을 갉아 먹었으며, 슈레버의 위
를 유대인의 위로 바꾸어버렸고 뇌 신경계, 척수를 뽑아내려고 했다.
피아노 칠 때, 손가락을 마비시켰고, 악보를 보지 못하도록 두 눈의 방
향을 바꾸었다. 오랫동안 지속적으로 눈을 감기려는 시도가 있어왔다.
신의 광선들이 슈레버의 눈에 시각적 광경들을 빼앗아서 자신의 파괴
성을 보존하고 있다고 했다. 아주 조그만 사람들, 작은 악마들이 눈썹
안에 있으면서 거미줄 같은 끈으로 마음 내키는 대로 눈꺼풀을 끌어올
리고 내리고 한다고 했다.

슈레버는 자기의 신경이 아무도 범하지 못할 불가항력의 힘, 흡인
력을 가졌다는 사실로 인해 신의 광선들(신)에게 온갖 종류의 육체적
박해를 받는다고 생각한 것이다.

(4) 여성으로 변신하는 슈레버

슈레버의 정신증 초기에, 박해의 절정에 이르렀을 때, 슈레버의 거세는 자기가 모욕당하는 것이 숙명이고, 성적으로 농락당하면서 자기가 파괴되는 것이 운명이라고 생각했다. 처음에는 그렇게 만드는 주모자가 주치의사 프레히지히 교수이고, 이어 신 자신이 슈레버의 영혼 살해와 그의 육체를 여성 매춘부로 만들려는 계획을 한 공모자라 했다. 그러나 이런 음모는 실패를 했고, 이유는 세계 질서가 슈레버 편이어서 그렇다고 했다.

그러나 후에 슈레버는 세계 질서에 따라 그것에 부응하여 여성으로 변하는 것을 받아들인다. 거세를 받아들이고 슈레버와 신 사이에, 슈레버와 슈레버 자신 사이에서 갈등의 화해를 한 것이다. 그는 한 여성의 성적 감각의 쾌감을 느꼈고 신을 향한 여성의 태도를 기꺼이 받아들인다고 했다. 신의 여자로 되는 것을 느낀 것이다. 그때부터 그의 신경들이 여성 감각을 갖추었고, 피부는 여성 피부처럼 특별히 부드러워졌으며, 특히 쾌락 신경들이 여성의 유방에 대체된 가슴 부위에 집중적으로 모아졌다.

말하자면 슈레버는, 신이 모욕을 주는 것이 아니라 희생 제의로 자기를 신의 여자로 선언했기 때문에 자기 여성화라는 생각으로 화해를 시작한 것이다. 신의 여자가 되기를 받아들인 슈레버는 신에게 육체의 쾌락을 줄 것이고, 세상의 종말로 모든 것이 다 파괴된 후 신과의 동침으로 자신의 유일한 자손을 낳을 것이라 했다(슈레버, 179-180).

(5) 슈레버의 죽음

1903년, 슈레버는 자기 책『한 신경정신증 환자의 회상록』을 출판하였고, 이 책 덕분에 그는 존넨슈타인 정신요양병원에서 나올 수 있었고, 재산도 되찾을 수 있었다. 병원에서 퇴원한 슈레버는 1907년까지 드레스덴에서 새집을 짓고 아내와 행복한 삶을 보낸다.

그런데 모친이 사망하고, 부인이 뇌경색으로 언어 장애를 겪게 되는 1907년 슈레버는 예전의 정신증이 재발하게 되어 라이프치히 되젠 정신병원에 입원한다. 4년간의 병원 생활 끝에 1911년에 호흡곤란과 심장마비로 세상을 뜬다. 사망 다음날 부검한 시신에서는 예상했던 것과는 달리 아무런 신경체계의 이상이 발견되지 않았다.

3) 슈레버 편집증의 정신심리분석

위에서 본 바와 같이 슈레버의 망상증들은 황당하고 정교하다. 슈레버는 처음에 자기 주치의사인 프레히지히(Paul Flechsig, 1847–1929) 교수에게 잘 치료받아서 그에게 경의와 감사를 표했으나, 2차 발병부터 플레히지히와 신이 자기를 '영혼–살해'하고 있다고 온갖 박해망상을 한다.

이런 망상의 증상들에서는 종종 전능한 힘 또는 권력, 지배력을 가진 사람이 있고, 그가 모든 권력을 쥐고 음모를 꾸미고 있다고 주장한다. 슈레버의 경우 전능한 힘인 신과 플레히지히 박사가 자기를 온갖 박해를 하고 음모한다고 주장한다. 대개 그런 음모자는 망상증이 발병하기 전에 정신증자의 감정에 중요한 역할을 했던 사람이거나 그를 대치하는 인물이다. 다시 말해서 편집증자의 망상 속에서 박해자라고 미워하고 증오하는 두려운 대상이 전에는 사랑하고 존경하는 사람이다. 프로이트가 소개한 공포증 아이 '꼬마 한스'의 경우에 두려움의 이중성, 즉 아버지에 대한 사랑과 적대감이라는 양가감정은 말 공포증이라는 형태로 나타나지만, 슈레버에게는 그 양가감정은 그 박해자에 대한 변한 감정, 사랑의 감정이 증오의 감정으로 변한 이유를 정당화하기 위해 다양한 지식을 근거로 온갖 망상을 동원하여 설명하는 방식으로 전개된다. 슈레버의 환상 속에서 플레히지히 박사는 "신 플레히지히"이다. 신과 플레히지히는 동급이다. 그래서 슈레버는 자신이 감사했고 고마워했던 플레히지히 박사와 신이 자기를 영혼 살해했다고 영혼 살해하고 있다고 박해망상을 한다. 슈레버가 처음 발병(1884년 가을)하였을 때, 플레히지히 박사의 치료를 받았고, 치료가 잘 되어 1885년 말 무렵에는 완전히 회복되었다고 했다. 그때 슈레버는 병이 나은 후 아내와 8년을 함께 보냈고, 그동안 매우 행복했고, 외적인 생활도 명예로웠다고 했다(슈레버, 50-51). 그러나 두 번째 발병(1893년 11월) 이후부터는 증상이 악화 되어 온갖 박해망상에 시달리게 된다.

그러면 슈레버는 왜 주치의사 플레히지히 박사와 신이 자기를 영혼 살해한다는 온갖 망상을 했던 것일까?

프로이트는 주치의사 플레히지히 박사에 대한 친밀한 감정, 전이(Transfert)로 해석을 한다. 정신심리분석을 진행 중에 분석주체(내담자)가 외부 대상(부모나 형제자매, 의사, 친구 등)과 겪은 자신의 무의식의 감정, 인생의 과거에 중요한 인물에 대해 느꼈던 감정을 분석가에게 전이하면서 반복되는 현상을 감정 전이, 줄여서 전이(Transfert)라 한다. 전이는 무의식의 감정을 한 위치에서 다른 위치로 옮김, 대치하는 것을 의미한다(Freud, 1975: 86-87).

프로이트는 슈레버의 아버지와 형에 대한 무의식 감정, 무의식 사고가 플레히지히 박사에게 대치되어 재현되었다고 본 것이다. 슈레버는 플레히지히 박사를 보면서 아버지와 형이 생각난다. 플레히지히를 보면서 아버지와 형을 다시 발견한 것이다.

슈레버의 아버지 다니엘 고트리프(고트로프) 모리츠 슈레버[Dniel Gottlieb(Gottlob) Moritz Schreber, 1808-1861] 박사는 위생학, 체육학, 정형외과에 근거한 매우 엄격한 교육 이론을 만든 명성 높은 유명 인사였다. 그가 집필하여 독일에 널리 유포된 저서 및 편람에서 인간 본성에 담긴 나쁜 점을 고치고 새로운 인간을 창조함으로써 사회 병폐를 고쳐 나가자고 제안하기도 했다. 건강을 위해서 체육과 노동을 장려하는 활동도 하고, 체육을 기초로 하는 치료의 교재인 『진료를 위한 실내 체조』는 수없이 재판을 거듭하여 1912년까지 40판 정도 발행됐다고 하니 그의 명성이 대단했다는 것을 알 수 있다. 독일 정신 혁신에 정열적이었던 그는 동산에 대한 노동 분할 주창자였고, 그런 이유로 독일 사회민주주의당의 지지를 받았으며 국가-사회주의(나치즘)에도 인정받았다(Roudinessco/Plon, 2000: 972).

그는 사다리에 떨어져 머리를 다친 3년 후 우울증을 앓다가 1861년 53세의 나이로 생을 마감했다. 그때 슈레버의 나이는 19세였다.

바야흐로 아버지와 일찍 사별했던 아들 슈레버는 그런 훌륭한 아버지를 신격화하는 환상을 갖는다. 우리는 고대인들의 풍습에서 죽은 아버지를 신격화하여 제의를 지내왔었다는 것을 잘 안다. 한국의 조상에 올리는 제사 문화도 그런 의미를 내포하고 있다고 볼 수 있다. 프로이트는 명저 『토템과 타부』에서 원시무리 인류 집단을 분석한다. 어느 날 추방된 형제무리들이 힘을 합쳐 아버지를 죽이고 제거했다. 살해된 아버지를 먹기도 했는데, 폭군이었던 원래의 아버지는 형제무리 집단에게는 부러움과 두려움의 대상이었다. 그들은 아버지를 먹는 행위를 통해 자신들 각자와 아버지를 동일시했다. 인류 최초의 제사일지 모르는 토템적 향연은 아버지를 죽인 죄책감과 그것의 공동 표출로 진행되는 공동 제의였다(Freud, 1965: 212-213).

원시무리 집단은 아버지에 대한 모순된 감정, 적대감과 동시에 아버지와 동일시하는 사랑의 감정, 사랑과 미움의 양가감정을 갖는다. 아버지를 제거하고 아버지에 대한 증오감을 충족하고 또한 아버지와의 동일시 소원을 달성하고 난 후에 그때까지 억압했던 감정의 표출을 통해 자신들을 해방시켜야 했을 것이다. 그것은 후회라는 모습으로 나타났고, 집단 모두가 공통적으로 느끼는 후회 감정인 죄책감을 낳았다.

이제 죽은 아버지는 살아 있을 때보다 더 강해졌다. 이러한 현상은 오늘날에도 일어나는 숙명이다(Freud, 1965: 214－215). 바야흐로 죽은 아버지는 토템으로 숭배되고 나아가 신으로 경배된다.

또한 어린 아이들도 아버지를 신처럼 공경하고 복종한다. 그러다가 사춘기에 오면 반항심이 생기고 공경과 반항이 혼합되는 상황을 겪게 된다. 슈레버가 보기에 아버지는 의사이자 교육자로서 환자들과 당시 독일 사람들에게 존경을 받았다는 것이 신이 기적으로 병을 고치고 말로 사람들을 교육하는 특성과 동일한 것이다.

또한 슈레버는 '상위신과 하위신으로 나누었고, 아버지와 형에 대한 기억은 나에게는 신성한 것이었다. 하위신은 상위신에 비해 더 가까이 있는 신으로 훨씬 높은 수준의 영혼 쾌락에 참여했다 … … 하위신은 내게 항상 우호적인 태도를 취했고, 상위신은 매우 적대적인 태도를 취하게 되었다'(슈레버, 183)고 말한다. 그렇게 아버지를 상위신으로 형을 하위신으로 대치한 것이다. 말하자면 슈레버가 주치의사 플레히지히 박사를 죽은 아버지와 형으로 대치하고 응축하면서 전이하는, 투사의 방어 메커니즘, 방어 심리를 의미한다. 투사는 자기 내부의 심리적 속성을 외부에서 온 타인의 속성인 양 다른 사람 탓으로 돌리면서 외부로 전가하는 것이다. 꿈에서 존경하는 사람을 조롱하고 비웃고 비난하는 양가감정이 나타나는 것처럼, 구순 단계의 아기가 사랑하는 대상(어머니 젖)을 깨물면서 가학적 쾌감을 즐기는 것처럼, 슈레버가 신과 플레히지히 박사를 열렬히 존경하면서도 영혼－살해자라고 반항하고 비난하는 것도 동등한 심리로 이해할 수 있다. 대상을 사랑하는 욕망과 적대하는 욕망, 사랑과 증오, 욕망과 두려움의 양가감정이 공존하는 것이다. 감정의 애착이 강한 슈레버의 지극한 아버지 사랑의 이면에는 무의식적인 적대감이 숨어있다. 그 무의식적인 적대감으로부터 자신을 지키기 위해 적의의 대상을 고인에게 투사한다. 그동안 억압되어 잠복되어 있던 슈레버의 적대 감정들은 점점 증폭되는 심적 스트레스의 증가와 맞물려서 2차 병마로 정신병원에 입원하고 갇히게 되면서 더 이상 참지 못하고 투사의 심리로 폭발한다. 그리하여 슈레버는 자기가 존경하고 사랑하는 사람이 자기를 박해한다는 피해망상을 표출하게 된 것이다.

　　슈레버의 망상에 태양, 빛, 광선도 아버지와 형을 대치하는 상징으로 읽을 수 있다. 태양이 인간의 언어로 내게 말을 걸고 있다. '신은 태양과 그 밖의 별들이 방사하는 빛을 수단으로 지구에서 일어나는 모든 일을 지각할 수 있는 능력을 가지고 있다'(슈레버, 28)고 말한다. 신의 신경계들을 '빛, 광선'이라고 부르고 모든 창조의 기원이라고 말한다. 슈레버는 신과 태양(빛)을 동일시한 것이다. 슈레버는 태양, 빛을 남성성의 상징으로 본 것이다. 대개 인류학적으로 기독교 문화권에서 태양, 빛은 남성성의 상징으로 읽혀진다. 이집트의 파라오, 그리스의 아폴론, 그리스도의 십자가, 태양의 아들 잉카 등은 우리가 쉽게 떠오르는 남성의 상징들이다. 바티칸뿐만 아니라, 이탈리아, 프랑스, 독일 등의 유럽 성당들의 성화들이나 모자이크 벽화들을 보면 신의 광명, 빛이 하늘에서 인간의 영혼에 스며드는 모습들을 형상화한 작품들을 손쉽게 볼 수 있다. 그러므로 슈레버에게 신은 태양이고 빛이며 영혼이고, 또한 그것은 복잡한 감정으로 얽힌 아버지와 형을 대치하는 감정의 상징으로 해석할 수 있는 것이다.

　　또한 아버지는 슈레버에게 거세공포의 원인이다. 슈레버는 아버지로 대치된 주치의사 플레히지히 박사가 거세공포를 재현하고 있다고 생각한다. 꼬마 한스의 경우 오이디푸스 상에서 어머니에 대한 근친상간 욕망을 아버지가 거세 위협하기 때문에 아버지로 대치된 말 공포증으로 환상화 했지만, 슈레버의 경우 이런 거세의 위협에 대한 방어심리로 자신이 여성으로 변하고 있다고 환상화(환타즘, fantasme) 한다. 정신심리분석에서 "거세"의 개념은 수컷 성 기관을 자른다는 그런 의미가 아니다. 거세는 근본적으로 어머니와 아이 사이에 맺어진 상상적이고 자아도취애적인 나르시시즘의 유대 관계를 자르고 분리시키는 행위에 의해 생산된 단절의 상처, 분리 불안이다. 그것은 오이디푸스를 겪으면서 우리가 무의식적으로 겪는, 또 장차 남녀의 성적 신분을 결정하는 복합적인 정신 경험을 의미한다.

　　프로이트가 묘사한 오이디푸스 콤플렉스는 남아의 경우 부모의 신체와 계속적이고도 다양한 방식으로 접촉하는 신체 접촉의 재현에 연루된 리비도적 갈등의 교차로이다. 이 교차로에서 남아는 자기 파괴의 두려움에 직면한다. 아이의 내부에 어머니를 향한 생리적인 욕망의 분출, 충동을 억압하고, 자신의 욕망인 신체적 애로티시즘의 실현을 위협하는 인성 파괴에 대한 불안과 두려움이 생긴다. 이 경험의 본질은 첫 번째로 아이가 불안의 대가로 성의 신체해부학적인 차이를 인식하는 것으로 구성된다. 그때까지 아이는 절대적인 힘의 환상에 살았었다. 그런데 남자아이가 여자들의 성기 부위를 목격하고 여자에겐 페니스가 없다는 사실을 분명하게 확인하고 그 사실을 확신하게 될 때, 남자아이는 거세 불안에 사로잡힌다. 그것은 마치 "만약 여자아이에게 페니스가 없다면, 그것은 아버지가 자른 것이다. 그 이유는 여자아이가 어머니와 근친상간하려는 금지된 욕망을 품어서 벌을 받았기 때문이다"라고 생각하고 "나도 더 이상 어머니를 욕망하지 말아야 한다. 그렇지 않으면 나도 똑같은 징벌을 받을 것이다"라고 판단하는 것과 같다. 즉 여체를 봄으로 인해 페니스라는 성기를 잃어버릴 것이라는 거세 불안이 엄습하는 것이다. 말하자면 남자 아이가 가장 자랑스러운 대상으로 여긴 신체의 일부가 강탈당하게 되는 것에 대한 두려움을 의미한다. 아이는 어머니에 대한 근친상간의 욕망을 갖는 동시에 그것을 포기하도록 강요받는, 대립적이고 선택적인 상황에 처해있는 것이다. 그래서 아버지에 대한 미움이 싹트고 아버지를 경쟁 상대자, 적대감을 갖으면서 어머니에 대한 근친상간 욕망은 억압한다(이유섭, 2012:

189－196).

프로이트는 리비도 발달을 대상과의 관계 양상으로 연결지어 생각했다. 그래서 인간 주체는 오토－에로티시즘(자가－성애)에서 시작하여 나르시시즘(자기애, 자아도취애)으로 이동하고 이어 동성애를 거쳐서 이성애적 대상 선택으로 진행한다. 이성애적인 대상 선택의 단계에 이르렀다고 해서 동성애적인 성향이 아주 없어지거나 끝난 것은 아니다. 동성애적인 성향은 성적인 목표물에서 벗어나서 우정과 형제애, 동료애, 단결심, 인류애 등으로 승화를 해가는 것이다(Freud, 1993: 59－60). 동성애적인 충동이 사회적인 충동으로 잘 승화되면, 충동이 구속의 질곡에서 해방되었기에 죄책감은 없어진다. 그러나 동성애적 충동이 너무 강하게 밀고 들어와 더 이상 견디지를 못하고 한계에 부딪칠 때, 망상의 증상으로 분출하게 되는 것이다.

말하자면 인간은 동성애와 이성애가 모두 공존한다. 그런 이유로 이성애에 좌절이 심하면 동성애로 선회하는 경우나, 동성애에서 이성애로 향하는 경우가 일어난다. 우리는 보통 사춘기 시절에 동성애적이었다가 사춘기가 지난 후에 이성애로 향한다. 또한 여성이 성의 절정기를 지나 갱년기를 겪으면서 성에 흥미를 잃듯이 남성도 갱년기를 겪는다.

당시 슈레버는 갱년기 나이로 슈레버가 발병하여 입원하고 있을 당시에 슈레버 부인은 친정을 다녀오느라 며칠 동안 슈레버의 입원실에 오지 못했다. 부인이 부재한 그때 슈레버는 불안에 시달리며 여러 번(대여섯 번)의 자위행위를 했다. 영혼 쾌락이 생겨날 때마다 수도 없이 반복되었던 어구, ‘당신은 아내 앞에서 부끄럽지 않소?’, ‘스스로 씹(자위행위) … 하는, 이 인간이 고등법원 의장이었대 …’(슈레버, 180) 그런 식으로 많은 사람들이 비난하는 환청을 듣는다. 거세 위협의 환청으로 읽을 수 있다. 거세에 대한 위협을 피하기 위한 소망으로 자신이 여성으로 변한다는 환상을 작품화한 것이다. 내가 바라건 바라지 않건

상관없이 세계질서는 내게 탈남성화(여성화)를 요구하고 있으며, 따라서 내게는 여자로 변신한다는 생각과 화해(신과의)하는 것 말고는 다른 방도가 없다는 것을 의심 없이 믿고 있다.

슈레버의 거세는 자기가 모욕당하는 것이 숙명이고, 성적으로 농락당하면서 자기가 파괴되는 것이 운명이라고 생각했다. 처음 주모자는 프레히지히 교수이고, 이어 신이 슈레버의 영혼살해와 그의 육체를 여성 매춘부로 만들려는 계획을 한 공모자라 했다.

그러나 후에 슈레버는 세계 질서에 따라 자신이 여성으로 변하는 것을 받아들인다. 거세를 받아들이고 슈레버와 신 사이에, 즉 아버지와의 갈등에 화해를 한 것이다. 슈레버는 여성의 성적 감각의 쾌감을 느꼈고 신을 향한 여성적 태도를 받아들였다. 슈레버는 여성적 감각을 느꼈고, 여성 피부처럼 특별히 부드러워졌으며 특히 쾌감이 여성의 유방에 대체된 가슴 부위에 집중적으로 모아졌다고 반복해서 말한다.

슈레버는 거세의 두려움을 여성으로 변화되어 신의 여성으로 변성하는 환상(환타즘)으로 동성애적 방어 전략을 세운 것이다. 이렇게 프로이트는 슈레버의 동성애적 퇴행 감정, 선회 감정들을 분석한 것이다. 여성화되면 거세의 공포로부터 모면할 수 있다고 생각했기 때문이다.

이와 같이 프로이트는 신에 대항하는 슈레버의 울부짖음 내부에서 아버지에 대항하는 저항과 반란의 표현을 보았다. 슈레버는 아버지의 죽음을 위로 받기 위해 아들, 자손을 갖지 않았다. 이러한 의도는 신으로 변형된 아버지의 이미지들과 화해를 시도하는 식으로 표출된 것이다. 그리하여 프로이트는 편집증 증후 형성에서 가장 두드러진 특징은 바로 투사의 방어 심리라 했다. 심리적으로 내부 인식이 억압되면, 그 억압된 내용은 왜곡되어 어떤 종류의 외부적 인식으로 회귀한다. 그래서 편집증의 목표는 자아가 받아들일 수 없는 사고, 그 재현을 외부 세계로 투사하면서 자아를 방어하는 것이다(Freud, 1973: 100).

정신심리의 내부 인식이 외부로 투사되어서 변형되어 나타난 것이 망상증의 메커니즘이므로 슈레버가 훌륭하고 억압적인 아버지와, 판사였지만 비관 자살한 형에 대해 가졌던 애정, 그런 동성애적인 애정 감정이 박해받는다는 망상증의 투사과정으로 풀이한 프로이트의 탁월한 분석(Freud, 1993, 61−63)을 다음과 같은 네 가지 방법으로 해석할 수 있다.

(1) 피해망상

첫 번째로는 "나(한 남자)는 그(남자)를 사랑한다"는 기본 명제에 동사부분이 변형되어 "나는 그 남자를 사랑하시 않는다", "나는 그 남자를 미워한다"는 피해망상의 경우이다. 원래의 "사랑한다"는 감정이 억압되고, "나는 그를 미워한다"는 감정을 전제한다. 이 전제는 투사되어 "그가 나를 미워해(박해해), 그래서 내가 그를 미워한다"로 바뀌는 것이다. 내부 인식이 억압된 무의식의 감정은 외부 인식의 결과로 둔갑하여 나타나서, "나는 그 남자를 사랑하지 않아, 나는 그를 미워해, 그가 나를 박해하기 때문이야"라는 피해망상을 하는 것이다. 그런 식으로 슈레버는 존경하고 사랑했던 주치의사, 아버지, 형은 억압되고 그 억압들은 투사에 의해 밖으로 대체된 플레히지히 가문의 영혼 살해이나 신(신의 광선들), 신의 왕국들이 자기를 박해하고 있다고 온갖 피해망상들을 환상화한다.

(2) 색정광(Erotomania)

두 번째로는 목적어 부분이 변형되어 "나는 그 남자를 사랑하지 않는다, 나는 여자를 사랑한다"이다. 왜냐하면 투사의 심리 기제에 의해서 "여자가 나를 사랑하기 때문이다". 이렇게 남성의 편집증은 사랑

의 대상을 남자에게서 여자로 변형시키는 색정광을 무대화한다. 슈레
버는 자신을 남성에서 여성으로 변형시킨 색정광, 동성애의 모습을 환
상화한다. 여성으로 변형된 대상(슈레버 자신)을 통한 환상화된 나르시
시즘, 자기만족, 자아도취애의 색정광을 보인 것이다. 슈레버 자신이
여성으로 변해서 결국 신과의 동침을 하고 잉태를 하고 세상의 유일한
자손을 낳는다는 환상은 결국 신과의 화해, 아버지와의 화해를 시도한
동성애적 환상화(환타즘 Fantasme)이다. 남자 편집증은 방어 심리들을
동원하여 남자를 여자로 대상을 바꾸면서 많은 남성들이 자기를 사랑
한다는 동성애적 색정광의 나르시시즘으로 퇴행하는 모습을 보인다.
나르시시즘은 정신증의 리비도의 숨겨진 부분이다. 그것은 외부 세계
와의 모든 유대관계를 빼앗겨버린 자아에 대한 리비도의 숨겨진 부분
이다. 정신증자는, 자아에 과잉 투여된 리비도 에너지를 신경증처럼
대체하여 사용하지 못하고 어떤 규모의 나르시시즘적 자아도취애 망
상으로 포화를 연다.

(3) 시기질투 망상

세 번째로 주어 부분의 변형으로 "내가 그를 사랑하는 것이 아니
라, 그녀(제3자)가 그를 사랑한다"라고 생각함으로써 그녀(제3자)가 자
기가 사랑하는 남자를 사랑한다고 하는 이른바 시기질투 망상을 한다.
그래서 편집증은 그가 사랑하고 싶은 모든 남자들과 그녀(제3자)를 관
련지어 의심하는 의심증, 시기질투 망상을 한다. 시기질투는 사랑하는
대상을 잃을지도 모른다는 불안과 그에 따른 슬픔의 고통, 자존감의
상처, 성공한 경쟁 대상에 대한 적대 감정과 실패한 자기에 대한 자기
비난과 죄책감, 사랑과 미움의 양가감정 등이 혼재한 복합적인 콤플렉
스로서 그 기원은 어린 시절의 오이디푸스 콤플렉스에 기원을 둔다
(Freud, 1991: 87－89).

슈레버에게 이런 질투 심리가 망상의 형태로 아주 많이 표출되고

있다. 자기 주치의사 플레히지히에 대하여 그가 자기를 영혼 살해하고 있다고 반복해서 얘기한다. 첫 번째 발병했을 때, 플레히지히 박사의 치료로 완전히 치유되었다고 했고, 그래서 진정 고마움을 갖고, 사례비까지 주면서 그 마음을 특별하게 표했다. 아내는 자기보다 더 깊이 고마움을 느끼고 있었고, 남편을 다시 선물해준 사람이라고 너무도 존경했으며, 그래서 아내는 그의 사진을 책상에 몇 년 동안 올려놓기도 했다. 이렇게 각별히 은인으로 생각하는 사람을 다른 한편으로는 그가 다른 사람과 공모하여 자기를 영혼 살해하려고 한다는 목소리와 생각들을 신, 상위 신, 하위 신, 영혼, 플레히지히의 영혼, 슈레버의 영혼, 악마, 신의 광선, 신의 신경망 등의 환각적 언어들로 질투의 심리를 투사를 한다. 잠을 잘 때, 꿈에서 파편적인 우리의 정신적 사고들이 투사되어 나타나듯이 슈레버는 아내를 비롯한 그동안 자신이 쌓아온 인생의 모든 것들, 주변 사람들의 사랑과 고등법원장으로서 명예와 수치심, 자존심의 상실, 건강, 아버지, 형 등의 죽음과 상실 그것에 직면한 슬픔과 절망감, 독일 국회의원 당선 실패와 자기 자신의 과오들, 아버지의 교육에 대한 원망 등은 슈레버에게는 도저히 받아들일 수 없는 일들이 되었기에 이런 것들에 대한 사고를 폐지하고 대신 그 원인을, 그 아픔을 투사하여 대체할 대상으로 플레히지히 박사와 신을 내세워서 자신의 지식을 동원하여 온갖 단편적인 환각, 환청, 환시의 언어로 표출하는 것이다. 그렇게 슈레버는 플레히지히와 신에 대해서 사랑과 증오의 감정들, 죄책감 감정들, 오이디푸스 감정들을 환각적인 시기질투 망상 체계로 표출한 것이다.

미국의 정신심리분석학자인 니덜랜드(William G. Niederland)는 슈레버의 편집증적 망상이 그의 아버지의 권위적인 교육에서 비롯된 것이라고 말한다. 가령 책상에 앉을 때, 고개를 들고 허리와 가슴을 곧게 편 자세를 유지시키기 위해 머리와 가슴에 착용하는 '바른 자세 유지기'나 균형 잡힌 머리 모양을 만들기 위해 '머리 고정기' 등을 만들어

건강한 신체를 위해 제한하고 규제하는 권위적인 교육 방법을 자식들에게 직접 적용하여 효과를 보았다고 한다(슈레버/김남시역, 483). 슈레버는 "회상록" 11장 첫 구절부터 "내 육체는 끊임없이 신의 기적의 대상이었다. 내 육체의 어떤 부분, 어떤 기관도 잠시나마 기적에 의해 훼손되지 않은 곳이 없으며, 그 어떤 근육도 다양한 목적으로 움직이거나 마비시키려는 의도로 기적에 의해 희롱당하지 않은 곳은 없다". 기적이라는 이름으로 투사된 아버지의 교육 방법에 희생된 슈레버의 항변을 짐작할 수 있다.

(4) 과대망상

네 번째로는 "나는 아무도 사랑하지 않는다, 나는 절대로 사랑하지 않는다"는 명제 전체를 부정하는 것이다. 그런데 사람의 리비도는 어디로든 향해야 되기 때문에, 이 명제는 "나는 오직 나만을 사랑한다"는 명제와 심리적인 동격이 된다. 이런 식의 부정은 노년을 밀접하게 보내던 아내가 갑자기 세상 떠나자 아내의 죽음을 절대 부정하며 일상 생활을 아내가 살아있는 듯 이미 죽은 아내와 같이 살아가는 어떤 할아버지처럼 이런 절대 부정은 과대망상을 가져온다. 과대망상은 아무도 사랑하지 않고 오직 자신만을 사랑하는 자아에 대한 과대평가가 일어난다. 그래서 어떤 편집증자는 자기가 신이나 예수라 하고, 대통령이라 하는 등의 과대망상을 한다. 슈레버의 신의 왕국에 대한 얘기나 신의 광선들, 신의 신경망, 신의 계시, 신의 심판, 신의 기적, 세상의 몰락, '자기가 탈남성화의 기적을 몸소 직접 체험했다', '내 육체가 여성의 육체로 변신한다'는 등의 과대망상을 환상화한다.

4) 정신증의 방어 메커니즘

당시의 환경에서 정신증에 관한 프로이트의 연구는 새로운 정신
병리학을 검토하기 위한 것이거나 정신병리학의 실제에 관한 새로운
임상적 분류 형태를 보여주기 위함이 아니다. 프로이트는 그 시절 그
런 문제는 정신과의사들의 임무이고 그들이 행해야 더 좋은 거라고 생
각했다.

정신병리학의 현상을 넘어서 프로이트가 추구한 정신증에 관한
임상적 연구는 근본적으로 정신증 임상의 정신심리(psychisme)적 메커
니즘의 근원을 찾는 것이다. 결국 이 연구는 프로이트가 추구했던 위
상학적, 역동적 그리고 경제적이라는 세 가지 정신심리 메커니즘의 결
정요인을 내포하는 것이다.

프로이트는 초기부터 정신착란증(편집증)의 정신심리적인 방어 기
제를 분석했다. 그것에 따르면 편집증의 자아는 도저히 받아들일 수
없고 화해할 수 없는 외부의 사건, 외부적 재현과의 고통스런 싸움으
로 방어하고, 결국에 이런 고통스런 사건, 이런 재현과의 방어 심리가
편집증의 원인이 된다. "편집증은 종종 자아를 침범하는 것, 자아 이상
의 영역에 만족을 좌절시키는 것이 원인이 된다."(Freud, 1969: 105)

프로이트는 그의 초기 글 「방어의 신경정신증」(1894)과 「방어의
신경정신증의 새로운 고찰」(1896)에서 정신신경증자들의 3부류 방어
메커니즘을 형성하는 정신 역동의 존재를 논하고 있다. 그것의 하나는
참을 수 없는 사건, 그 재현, 그 감정을 상징적으로 연결된 신체의 어
떤 부위로 전환하여 나타내 보이는, 히스테리적 전환 장애라고 부르는
히스테리와, 다음은 수용할 수 없는 그 재현, 그 사고를 의미는 없지만
받아들일 수 있는 다른 것으로 대체하여 방어하는 강박증과, 마지막으
로 그 재현, 그 고통을 더 이상 히스테리처럼 전환하지도 못하고 강박
증처럼 대체할 수도 없어서 상호적인 소통 행위가 붕괴되고, 그 재현
의 궁극적 운명이 상징적인 질서, 상식적인 언어 이해와는 완전히 다

른 이질적인 투사의 방어 메커니즘을 나타내는 편집증이다(Freud, 1989: 136–145).

그래서 슈레버가 아버지와 관련된 그의 감정과 생각을 신(광선, 빛)으로 투사하여 신이 자기를 괴롭힌다고 온갖 망상의 말을 하는 것이다. 편집증자에게 정신심리적으로 받아들일 수 없는 내부의 사고, 내부 인식이 억압되면, 그 억압된 내용들은 밖으로 표출하려는 지속적인 충동을 일으킨다. 그런데 그 내용들은 자아에게는 절대로 수용할 수 없는 사고들, 재현들이므로 이 수용할 수 없는 사고는 아예 없는 것이라고 생각 자체, 인식 자체를 폐지시켜버리고 대신 밖으로 시선을 돌리면서 그 모든 것이 밖으로부터 온 것이라고 왜곡하고 투사하면서 자아를 방어하는 것이다. 그러므로 슈레버가 온갖 망상증을 투사해 표출해보이는 것도 슈레버 자신의 증상, 그 고통을 효율적이고 경제적으로 방지하기 위한 방어의 의미가 있는 것이다.

그러나 자아가 그 고통스러운 그 재현, 그 사고를 절대로 없었던 일이라고 폐지하는 순간부터 아이러니컬하게도 슈레버는, 주체는 정신증이라는 편집증의 증상에 이르게 되고, 곧 그것은 단지 '환각적인 혼돈', '온갖 망상증'에 시달린다. 그렇게 억압의 실패는 정신증을 낳는다.

슈레버의 병은 방어 메커니즘의 증상들로 얽혀있다. 편집증이 표출하는 환각들이나 미친 형태들은 주어진 어떤 원인의 즉각적인 결과가 아니라, 참을 수 없는 고통에 대항하고 방어하기 위한 자아의 싸움, 그 갈등에서 유래한 결과들이다.

편집증은 결코 받아들일 수 없는 무의식 사고들, 그 아픔들, 동의할 수 없는 그 재현들을 없애버리기 위하여, 자신의 정신심리 체계의 붕괴를 위협하는 어떤 낯선 이상한 방식으로, 병적으로 표출하는 자아의 필사적인 방어의 시도이다. 그 방어는 우선 타협할 수 없는 아픔, 그 재현의 폭력적인 거부, 폐지이다. 프로이트의 재발견을 강조하면서 프로이트를 꼼꼼히 읽었던 라깡의 개념으로는 폐지(forclusion)의 언어, 그 시니피앙으로 말할 수 있을 것이다. 라깡은 프로이트가 사용한 Verwerfung(기각)을 프랑스어 Forclusion로 대체하여 개념화한다. Forclusion은 법률 용어에서 시효가 지나 소권이 상실 기각, 폐지되는 것을 말하는데, 라깡은 그것을 정신증에서 상징적 법, 상징적 은유, 아버지 이름의 은유가 사라지고 없어지는 상징계의 그침, 상실, 기능 정지의 의미로 개념화한다. '언어처럼 짜여진 무의식'이라는 라깡의 개념은 이런 정신증 현상을 정신심리분석적으로 이해하게 한다. 정신증이건 아니건 우리 말하는 존재는 말해진 존재이다. 우리는 우리의 의지와 의식적 지식을 초월하여 큰타자[1](Autre)에 의해 말해진 존재이다. 언어에서, 대화에서 송신자는 역의 형태로 수신자를 통해 자신의 메지를 받는다. 송신자, 즉 자아는 마치 자기 말들이 외부에서 온 것처럼, 외부 어떤 다른 사람이 자기에게 말할 것을 발언한 것처럼 자신의 말들이 말하는 것을 듣게 된다. 슈레버가 겪는 많은 환청과 환시도 그렇게 이해할 수 있다. 예컨대 분석 상담 중에 한 여성 내담자가 자기 과거의 기억을 이야기한다. 이야기 중, 갑자기 놀라서 멈칫하며 부끄러워하고 당황하며 혼란스러워 한다. 왜냐하면 그녀가 그때까지 숨기던 그녀의 욕망을 누설하는 어떤 말을 부지불식간에 방금해 버렸기 때문이다. 우리는 무의식의 언어, 큰타자가 말하는 것을 듣는 자신을 보게된다. 그래서 망상증은 슈레버처럼 환청의 목소리들을 듣게 되는 것이다. 그 환청들은 자기 외부에서 온 것이기도 하고 자신의 내부에서 온 것이기도 하는 이중의 확실성에 시달린다. 결국 자아는 점차로 그동안 외부 세계를 이해하게 해왔던 내면 세계의 의미를 상실한다. 그 상실한 자리에 외부세계와 내면세계가 합쳐진 새로운 세계를 만들어내는

---

1) 라깡은 큰타자(Autre)와 작은타자(a)를 구분하는데, 작은타자(a)는 실제의 타자가 아니라 자아의 반영과 투사인 그런 타자이고, 큰타자(A)는 어머니의 말로 상징되는 무의식의 시니피앙들이다. 그래서 라깡은 무의식은 큰타자의 언술, 큰타자의 담론이라 말한다.

데, 이 세계는 그거(거시기 Es), 즉 무의식의 충동들이 투사의 방어기제로 표출하는 온갖 망상 세계로 구성되어 있는 것이다(Freud, 1992: 5-6).

신경증을 포함한 우리 모두도 어떤 착각의 목소리를 들을 수 있지만, 그 체험은 근복적으로 다르다. 신경증은 그런 착각을 체험하고 놀라지만 곧 그의 무의식의 생각이 그를 통해서 말하고 있다는 것을 인정하지만, 정신증은 환청이 슈레버처럼 어떤 박해자의 실재목소리로 확신하고 자기를 미치도록 끊임없이 괴롭히는 박해의 목소리들에 고통스러워한다. 그러므로 신경증의 결정적 요인은 자아가 현실의 영향에 지배를 받는다면, 정신증은 그거(거시기 Es), 즉 무의식의 충동들에 의해 지배를 받는다. 정신증에서는 현실감의 상실이 반드시 존재하지만, 신경증은 현실감의 상실 증상은 없는 것으로 보인다. 신경증은 현실을 부정하지 않고 그것을 바꾸려고 한다면, 정신증은 현실을 부정하고 그것을 환각적으로 대체한다(Freud, 1992: 38-39).

편집증의 거부, 폐지의 방어 메커니즘에서 자아는 너무 괴로운 나머지 그 참을 수 없는 재현을 없애버리고 외부 현실과 분리시켜 밖으로 추방해버린다. 자아는 화가 나서 분을 참지 못하고, 급기야 더 이상 화를 참지 못하여 맹목적으로 현실의 재현으로부터 자기의 일부를 절단해버리는 것이다.

밖으로 추방한다, 자아를 절단한다, 재현을 폐지한다는 의미는 자아에 너무 과잉 부과된 정신심리적 재현들이 갑자기 모든 의미작용을 빼앗겨버리고 잃게 되는 것을 의미한다. 추방, 절단, 폐지는 의미작용의 갑작스런 철수, 퇴행과 동등한 의미를 지닌다. 그래서 자아는 실체 안에 구멍을 낸다. 자아 내의 구멍은 현실 내의 구멍, 결여와 동등한 의미이다.

우리는 여기서 편집증 진행과정을 일별할 수 있다. 먼저 보통의 재현들, 현실의 재현들과 타협할 수 없는 초긴장, 극도로 최고의 화난 과잉투자(과잉투여 surinvestissement)가 발생한다. 자아는 참을 수 없는 괴로움과 화를 견딜 수 없게 되고 그 정신심리적 재현의 과잉투여, 과잉신경에 시달리며 괴로워한다. 이어 더 이상 타협할 수 없는 감정, 사고, 그 재현에 대해서 엄청나게 과격하고 급격한 거부로 이어지고, 그 재현을 현실에서 폐지하기에 이른다. 그 재현이 현실에서 폐지된 후 자아는 분열되어 결여된 자리에 대신 환각이나 망상의 형태로 그 자리를 대체하는 것이다.

슈레버의 망상 언어로 표출된 세상의 종말, 인류의 멸망의 환상들은 결국 정신심리분석적 관점에서 대상들에 대한 리비도적 관심의 퇴행의 모습으로 여겨진다. 그렇게 유명했지만 많은 심적 상흔을 준 아버지의 허무한 죽음, 형의 비관 자살, 명예롭던 직업(고등법원장)의 상실, 행복했던 가족 부부관계의 파경, 정신병동에 갇힌 채 정신적인 병마로 인한 육체와 정신의 고통, 죽음의 불안 등 모든 희망을 잃고 아무도 의지할 사람 없고 절대로 감당할 수 없는 현실의 어려움과 두려움, 혼돈에 직면하여 지적 수준이 높은 슈레버가 할 수 있는 방법은 자기의 내면적 고통을 밖으로 투사할 수밖에 없었을 것이다. 그동안 애정의 대상이고 리비도적 대상이었던 그 대상들에 대한 관심을 폐지하고 관심을 외부 탓으로 돌리는 정교한 환상체계를 만든다. 그러므로 세상의 종말은 슈레버 자신의 파국의 투사가 된다. 그래서 등장하는 것이 신과 플레히지히가 자기를 박해한다고 박해망상의 편집적 투사를 끊임없이 주장한다.

그것들은 슈레버에게 아버지 상징의 의미를 담고 있는 신은 '자기를 여자로 만들려고 한다든지, 영혼 살해를 공모하려 한다든지, 신의 신경망으로 끊임없이 육체와 영혼을 괴롭힌다든지' 등을 하는 비난과 반항의 대상이면서 다른 한편으로는 경외와 헌신의 대상으로 혼합되어 있는 양가감정으로 나타난다. 그런 신과의 갈등은 어린 시절 엄격한 교육 방식에 따르기를 강요했던 아버지에 대한 애증 감정을 볼 수 있다. 그런 의미에서 여성으로의 변환 환상은 기본적으로 아버지의 거세 위협의 투사이다.

◆ ◆ ◆

프로이트 편집증의 기본 이해 과정은 투사 심리인데, 심리적으로 내부 인식이 억압되면, 그 억압된 내용은 왜곡되어 어떤 종류의 외부적 인식으로 회귀한다. 편집증의 억압된 내부 인식은 다음과 같이 투사 심리의 과정으로 표출된다는 것을 이해할 수 있다.

먼저 "나는 한 남자를 좋아한다"는 기본 명제로 시작한다. 이 명제는 반—투여(contre–investissement)의 리비도 메커니즘에 따라 "나는 그를 싫어한다"로 변형된다. 이어 투사의 메커니즘에 따라 "그가 나를 싫어한다(박해한다)"는 결론에 이른다. 이런 까닭에 편집증은 비슷한 다른 사람들 모두에게도 투사되어 그 사람들이 자기를 박해한다고 생각하는 것이다. 예전에 사랑하던 대상이 박해자로 바뀌고 억압된 사랑은 증오로 변형된다. 그래서 슈레버는 신과 플레히지히 등이 끊임없이 자기를 박해한다고 한다.

다음은 "나는 그 남자를 사랑하지 않는다, 나는 여자를 사랑한다"이다. 왜냐하면 투사의 심리 기제에 의해서 "여자가 나를 사랑하기 때문이다." 이렇게 남성의 편집증은 사랑의 대상을 남자에게서 여자로 변형시키는 색정광을 무대화한다. 슈레버는 자신을 남성에서 여성으로 변형시킨 색정광, 동성애의 모습을 환상화한다. 여성으로 변형된 대상(슈레버 자신)을 통한 환상화된 나르시시즘, 자아도취애의 색정광을 보인 것이다.

한편 "내가 그를 사랑하는 것이 아니라, 그녀가 그를 사랑한다"라고 생각함으로써 그녀가 자기가 좋아하는 남자를 사랑한다고 하는 이른바 시기질투 망상을 한다. 그래서 편집증은 그가 사랑하고 싶은 모든 남자들과 그녀를 관련지어 의심하는 의심증(가령 의처증, 의부증), 시기질투 망상을 한다.

또한 "나는 아무도 사랑하지 않는다, 나는 오직 나만을 사랑한다"는 나르시시즘의 과대망상을 한다. 결국 슈레버는 인류가 멸망하고 신과 동침하여 유일한 자손을 낳고, 그가 새로운 세상을 세운다고 한다.

물론 단 하나의 정신증만이 있는 것이 아니라, 다양한 정신증이 존재한다. 프로이트는 다양한 사례를 접하고 소개하고 연구하면서 편집증의 내면에 공통적으로 존재하는 무의식의 메카니즘을 증명해내는 노력을 했다. 정신심리분석학적 관점에서 이렇게 프로이트가 정신증 이론의 토대를 잘 연구하여 슈레버 증례를 잘 분석·소개하였기에 그덕에 오늘날 우리는 정신증의 대표적 형태인 편집증을 잘 이해할 수 있는 기본 토대를 갖추게 되었다. 이것을 바탕으로 프로이트 이후 오늘날까지 이를 계승하는 많은 학자와 정신분석임상가들이 이를 분석 현장에서 실천하여 증명하고 있고, 정신증에 대해서 더욱 풍부하고 다양하며 심도 있게 연구해오고 있다.

제5장

라깡의 정신증 분석: I도식과 폐지

1) 거울상계(거울단계, Le stade du miroir)

1936년에 라깡은 <거울상계>를 설명하면서 정신심리분석 이론을 잘 구축하기 시작한다. 우리는 태어난 영아가 6개월경부터 거울 이미지, 거울 영상을 겪으면서 자아를 찾아가는 모습을 발견한다. 이 시기에 갓 태어난 아기는 아직 걷지 못하고, 신체의 각 부분이 뇌신경과 아직 촘촘히 잘 연결되어 있지 않다. 특히 그 시기에 자신의 신체모습이 아직 구성되어 있지 않다. 다만 자신의 신체는 조각으로 분열되어 있는 것으로 지각한다. 그래서 그것을 조각난 신체상의 환타즘(fantasmes)이라 부른다. 거울상계는 조각난 신체상에 불과했던 인간 존재가 어떻게 거울 영상 속에서 버림받고 동시에 통합된 자기 이미지로 자아를 인식해가는지를 묘사한다.

라깡은 앙리 왈롱(Henri Wallon, 1879-1962)이 거울 앞에선 아기의 모습을 관찰한 서술을 토대로 거울상계를 발전적으로 이론화하게 된다. 프랑스 문학박사 학위를 가진 철학자로 의사였던 왈롱은 아동 심리교육의 전문가로 소르본느 대학교와 콜레주 드 프랑스 대학교에서 교수를 역임했다. 1921년에 '의학-교육상담센터'를 창건하여 아동 심리와 교육의 임상에 몰두했고, 그것을 위해 '신프랑스교육협회'도 창설했다. 제2차 세계대전 발발 전에는 반파시스트 지식인 단체에 중요한 역할을 하였고, 전쟁 중에는 레지스탕스 운동에 참여했으며, 전쟁 승리 후에는 국회의원이 되어 국가 교육위원회 위원장이 되어 국가 교육의 개혁을 수행했다. 사람들은 그를 교육심리의 창시자로 평가했다. 그는 아동 관련 저서들을 저술했는데, 내용은 정서와 육체, 지적 발달을 강조하는 심리발달 개념을 중심으로 서술된 것이다.

　1931년에 왈롱은 '거울 실험'을 발표했다. 거울을 관찰하는 침팬지와 생후 6-8개월 된 아이가 거울을 관찰한 실험이다. 침팬지는 자기 모습을 빨리 알아보지만 곧 싫증을 냈는데, 아이는 거울에 비친 자기 모습에 흥미를 느끼고 그 모습이 자기의 영상이라는 것을 알게 되었다는 것이다. 즉 자기 몸의 실제 모습과 자기 몸의 이미지(영상)을 구분하기에 이른다는 것이다. 영상적 공간에 위치한 아이 주체가 상징적 통찰을 통해 자기 몸의 통일성을 이루어가는 것이다. 아이는 거울 영상의 자기 모습을 통해 자아를 세우고 외부 세계, 환경과의 관계를 통해 통일된 자아를 구축해가면서 성숙을 지향한다.

(1) 모사(분신, 닮음 le Semblable)

　거울을 볼 때, 아기는 거울에 비친 자신과 닮은 타자를 보면서 자기 자신을 본다. 아기가 본 한 어른, 이름하여 큰타자(Autre 가령 어머니)가 거기에 있다면, 아기는 그 큰타자를 거울에 비추어 보고 마치 그 큰타자가 자신과 같은 것이라 확인하고는 자신을 반추해 본다. 그때 아기는 거울에 비친 그 타자, 그 타자의 영상[i(a)]을 자기 자신과 다르지 않다고 직감한다. 아기주체는 자기의 감정을 타자의 영상에 동일시하고 타자의 영상에 매료되어 동일시 감정에 사로잡힌다(Lacan, 1966: 181).

　돌토(Françoise Dolto)는 거울을 통한 아기주체의 형성에 선-자아(pré-Moi)라는 용어를 도입한다. 아이의 선-자아는 어머니의 현존과 부재의 변증론에서 기원한다. 부재와 현존의 변증론에 의한 기다림과 되찾음의 반복으로 약속된 현존과 연결되어 발전적 인지를 보장하는 연속성에 의해 선-자아는 탄생한다. 또한 세상에 존재하도록 하는 시간적-공간적인 중개물과 큰타자(어머니)의 말의 기억에 의해 선-자아는 탄생한다. 듣고 있는 아기는 자기에게 말하는 사람에 의해서 자기 자신을 알게 된다(Dolto, 1984: 149).

이렇게 아기는 먼저 자기 자신을 위해 이상적 모델, 자아 이상 [I(A)]에 동일화된다. 이런 경험은 인간이 살아가면서 인생의 여정에 자취를 남기고 보존된다. 우리는 종종 정치적 선택에 이르면 언제나 큰타자의 자취(가령 부모, 고향)을 선택하는 모습을 잘 안다.

결국 자아상의 찾음은 아기에게 아주 큰 기쁨을 주게 되고, 이에 맞추어 아기는 곧 걷는 것으로 이 기쁨을 만끽한다. 물론 큰타자와의 현존의 경험 없이는, 큰타자의 사랑스런 보살핌이 없이는 이런 기쁨의 경험을 얻을 수 없다는 점을 유의해야 한다.

(2) 신체 이미지(영상)와 신체 모습 : 거짓된 경험

거울에 비친 영상, 이미지는 자기 모습이면서도 또한 자기와 닮은 미끼이기도 하다. 왜냐하면 아이의 현재 자기 자신은 신경학적으로 아직 완전히 통일되어 있지 못해서 정신이 명하는 대로 몸이 따라주지 못하는데도 거울에 비친 자기 신체의 모습은 완성된 통일된 상으로 지각하게 되기 때문이다. 조각난 신체 이미지에 있던 아이가 자기의 통일된 몸의 형상을 보면서 환희와 안심에 도취되는 나르시시즘의 순간이지만, 그것은 또한 자기 실제 몸과 그 몸의 영상과의 괴리를 느끼는 소외의 순간이기도 하다.

이런 신경학적인 개념인 실제 눈에 보이는 신체모습과 무의식적인 신체 이미지 사이의 차이점을 이해하는 것은 대단히 중요하다. 가령 과대 망상적 순간에 겪는 거짓된 거울상적 경험은 신체의 실제모습과 신체 영상 사이의 편차, 현실과 이미지 사이의 편차를 확연히 구별하게 한다. 또한 아이들은 자기가 아닌 것 같은 모습을 보고, 때로는 자기가 아닌 자기보다 훨씬 강한 어떤 자기의 모습을 보기도 한다. 여하튼 신체모습과 신체이미지 사이에, 현실과 이미지 사이에 편차가 크면 클수록 이런 환각, 착각을 없애기 위해서 좀 더 오랜 기간 분석상담을 수행해야 한다.

어떤 사람은 친구 관계나 인간관계에서 줄곧 자신의 이중적인 모습을 발견하고는 고통스러워하곤 한다. 가령 명문대 학생이나 유학생 행세를 하며 사는 경우가 있다. 예컨대 학교에서는 조기유학이나 외국에서 살다온 친구들에게 자신도 유학을 다녀왔노라고 거의 완벽에 가까운 시나리오로 꾸며서 외국생활의 거짓 경험담을 얘기하곤 한다. 그럴 때마다 자기 자신이 정말로 조기유학 다녀온 사람인 것처럼 착각에 빠질 수 있다. 그는 현실의 자신의 모습과는 전혀 다른 모습으로 과장되고 거짓되게 자신의 모습을 꾸며서 다른 사람들에게 자신을 과시하곤 하게 된다. 그리고 그 거짓을 방어하기 위해 또 다른 거짓을 만들어내고 또 만들어내면서 급기야 인성의 분열까지 이르는 고통의 나락에 빠지게 된다. 실제 현재의 진짜 자기 모습과 자기의 무의식적인 이미지(가짜로 꾸며낸 자기 이미지) 사이에 엄청난 괴리가 그를 분열되게 하고 고통스럽게 한 것이다. 우리는 정도의 차이는 있지만 일상생활에서 이런 이중성의 모습들을 겪는다.

사실 주체는 거울상에 직면하여 타자와의 모사(분신, 닮음 semblable)로 자기가 주인이라는 환상을 갖는다. 그 타자가 자기와 닮으면 닮을수록, 주체는 타자보다 우세하기를 원할 것이고, 거울 속의 이미지처럼 명백하게 타자에게 응답하기를 원할 것이다. 타자와 똑같이 자기 자신도 자율적이라고 믿고 그렇게 하기를 매우 험악하게 한다. 이런 현상은 쌍둥이의 경우 아주 명백하게 나타난다. 부부지간이나 부모 자식 간에도 이런 현상이 발생하곤 한다. 우리는 일상생활 속에서 자기의 상상(영상)적 생각을 배우자나 자녀가 그대로 해주기를 바라는 경우가 발생하곤 한다.

또한 거울상의 경험은 사랑의 환상을 생각해보게 한다. 내가 타자의 시선으로 주목받는 나 자신을 볼 때, 나에게 이 영상을 보내온 그 사람은 내 눈에 내가 사랑하는 사람이 된다. 그렇게 나는 그 사람을 사랑하게 되는 것이다. 그래서 모든 사랑은 프로이트의 말처럼 어떤 측면에서 나르시시즘, 자아도취애적이라 할 수 있다.

(3) 주체와 자아, 쉐마 L, 상징계, 상상계

우리는 라깡의 거울상계를 통해서 프로이트의 Ich(자아)가 주체와 자아라는 두 정신기제로 다시 구성되는 것을 본다. 라깡의 Moi(자아)와 프로이트의 2차 위상학에서의 Ich(자아)는 정확하게 일치되지 않는 것은 부인할 수 없는 일이다. 프로이트는 그의 책 『자아와 그거(거시기 Es)』에서 Ich(자아)를 Es(그거)에서 분화된 것으로 상정했고 무의식의 일부분이었다고 서술했다. 그럼에도 불구하고 프로이트의 글에서 꿈꾸는 자나 실수 행위를 하는 자를 말할 때의 Ich(자아)와, 나르시시즘에 대한 서술에서의 Ich(자아)가 똑같은 자아가 아니라 할 수 있다.

라깡은 자아와 무의식 주체를 구별하면서 정신심리분석을 수행한다. 1956년 「도둑맞은 편지에 관한 세미나」에서 라깡은 자기 이름의 첫 알파벳을 의미하는 쉐마 L을 소개한다. 그는 거기서 무의식의 주체(sujet)와 자아(moi)를 제시하고 그 각각에 상징계와 상상계의 축을 그려 설명한다.

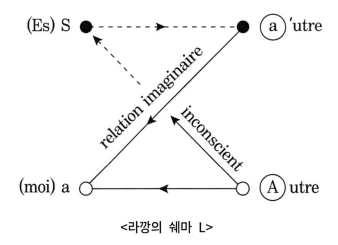

<라깡의 쉐마 L>

위의 쉐마 L에서 왼쪽 위 '(Es)S'의 S는 원초적 단계로 상정된 주체
(Sujet)의 머리글자 S이며 프로이트의 Es, 즉 프로이트의 제2차위상학
Es(그거, 거시기), Ich(자아), Über-Ich(초자아)의 구조에서 말하는 Es이
기도 하다.

이 쉐마 L은 거울상계를 설명하는 도식이다. 여기선 화살표 방향
이 가장 중요하다. 거울 앞에 선 주체(S)는 거울에 비친 자신의 상을
어떤 타자[a'(utre)]로 여긴다. 타자의 프랑스어는 autre이다. 이 거울은
물리적인 거울일 수도 있고, 주체에게 말을 걸어오는 타자일 수도 있
다. 이 타자를 줄여서 a'로 표기한다. 화살표 벡터가 S→→a'(주체가 타
자에게 말을 걸어온다)로 표기된 것을 말한다. 거울상 a'는 주체가 자기
자신이 바로 이런 사람이라고 생각하는 자아(a)를 반추하고 있는 것이
된다. 주체는 거울상 a'의 내면에 자기 자신의 모습인 자아(a)가 들어
있다고 생각한다.

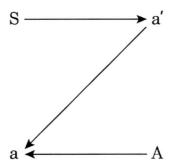

이렇게 하여 주체 S는 자신의 모습을 a(자아)로 생각하는데, 주체 S가 a'를 통해 인식한 자아 a는 이미 선취된 언어활동이라는 큰타자 A(Autre)의 영향을 받고 있는 것이다. 그래서 주체의 옆에서 말하고 놀아주는 큰타자 A는 아기의 자아(Moi) a가 된다. 줄여서 a로 표기하고 화살표 백터는 a←A로 향한다.

주목할 것은 이 도식에서 자아(a)와 자기 거울상 타자(a')는 액센트(대시 부호)로만 구분될 뿐이다. 자아와 자기 거울상 타자(a와 a') 이 둘은 서로 이기려고 끊임없이 공을 주고받는다. 이 a－a' 축을 '상상(영상)적 축'이라 부른다. 이 축은 모사(분신, 닮음 le semblable) 관계에 있기에 우리들 누구나도 갖고 있는 '편집(parano)'적 기제라고도 말할 수 있다.

다음은 쉐마 L에서 주체(S)와 큰타자(A, 장소로서의 무의식을 말함)의 관계, '상징적 축' A→⋯ S를 본다. 이 축은 논리적으로 보면 주체가 장소로서의 무의식에 분리되었기 때문에 존재하지 않는다. 그러나 반면에 주체와 무의식의 관계성 측면에서 A→⋯ S 관계는 궁극적으로 분석적 치료의 관계 안에서 개척의 길을 열게 된다. 이 길은 저절로 되어지지 않고, 쉐마 L에서 보는 바와 같이 극복하여야만 하는 상상적 축의 장벽에 부딪치게 된다.

(4) 저항

라깡은 이 상상적 축, 이 자아 축(a-a')에서 저항이 발생한다고 보았다. 저항은 분석수행자(분석주체, 분석내담자)의 잘못된 의지로 정의되는 것이 아니라, 통과하여 지나가기가 어려운 저항의 통로로 정의한다. 오직 분석가의 욕망만이 그것을 극복할 수 있다고 본다. 사실 거울상의 체험은 아기에게 자기가 한 몸으로 통합되어 있다는 환영적 감정을 준다. 우리도 그런 체험을 하곤 한다. 깜빡하거나 말실수, 열쇠를 잃어버리는 것과 같은 건망증의 실수행위를 겪으면서 어처구니없는 나 자신에 대해 질책하며 속상해 한다. 그때 우리는 그런 행동은 나 자신이 아닌 것으로 굳이 덮어버리려 한다. 이른바 자아의 저항을 말하는 것이다. 꿈과 망각증, 실언, 건망증, 실수행위 등 이런 모든 무의식의 형성물들은 자아에게 나르시시즘적 상처, 자존심의 상처를 주는 것이다. 그래서 저항의 심급인 그 자아는 자기에게 직접적으로 너무도 적나라하게 설명되어지는 해석들을 회피하려는 것이다.

위의 쉐마 L은 주체적인 범주에서 두 정신적인 질서인 상징계와 상상계(영상계)를 구분하게 한다. 상상될 수도 없고, 말로 상징될 수도 없는 실재계는 차후에 보도록 한다.

2) 쉐마 R(Schéma R)

라깡은 1957-1958년 세미나 "무의식의 형성물(Les formations de l'inconscient)"에서 쉐마 R이라 부르는 이론을 발전적으로 계속 정교화하면서 마침내 1958년 5월에 "정신증 치료 가능성의 서언(Lacan J., 1966: 553)"이라는 논문에서 그것을 완성한다. 이 도식은 쉐마 L도식으로부터 파생된 것으로 이른바 거울상계 이론과 아버지 은유의 개념들을 통합한다.

쉐마 R은 쉐마 L의 Saa'A의 여정을 담고 있고, 주체(S)와 큰타자(A)의 상징적 관계는 자아(a')와 그 대상들(a)과의 관계인 상상적 관계와 중첩된다. 쉐마 R은, 라깡이 앞서 탐구했던 거울상계 쉐마 L의 상상계와 상징계 사이에 놓인 주체의 현실(실재)의 자리매김을 개념화하기 위한 총체적 시각적인 노력이다. 상상계와 상징계라는 이 두 영역의 내부에 주체의 실재를 자리매김하는 것이다. 다음의 도식에 보는 것처럼 주체의 실재(R)는 상상계(I)와 상징계(S)에 동시에 참여한다.

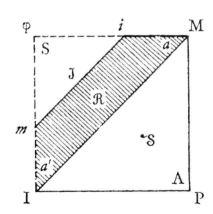

<쉐마 R>(Lacan, 1966: 553)

R도식(쉐마 R); φ(상상적 팔뤼스), S(주체), i(이상적 자아), m(자아), M[어머니, 근원적 대상(어머니)], a(이상적 자아, 타자), I(자아 이상), a'(자아), P(아버지 이름의 시니피앙, 아버지, 아버지 은유), A(큰타자, 상징적 큰타자), I(ℑ 상상계), R(ℜ 실재계), S(ട 상징계)

쉐마 R은 먼저 사각형에 네 개의 꼭지점이 있다. 그 사각형은 두 개의 오이디푸스 삼각형, 어머니−아이−팔뤼스(M−I−φ)라는 **상상적 삼각형**과 아버지−어머니−아이(P−M−I)라는 **상징적 삼각형**으로 구성된다(<쉐마 R 2>).

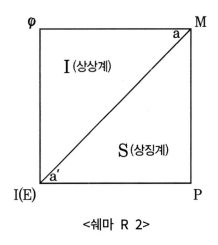

<쉐마 R 2>

<쉐마 R 2>에서 어머니−아이(M−I)의 축은 두 삼각형에 공통이다. 이 축은 이 두 삼각형 어디에 속하느냐에 따라 상상계를 특징하기도 하고, 상징계를 특징하기도 한다. 이 축은 라깡의 쉐마 L의 상상적 축(a−a')과 서로 겹친다. 근원적 어머니(M)는 다른 말로 원초적 사랑의 대상, 사물(La Chose) 또는 절대적 큰타자로 이해할 수 있는 것으로 앞의 그림 <쉐마 R>에서처럼 상상계, 실재계, 상징계의 영역을 동시에 대표하는 어머니라 할 수 있다. 그런 이유로 아이는 어머니(M)

를 통해 상징계에 들어오게 된다. 그래서 상징적 삼각형, 상징계는 어머니(M) – 자아이상(I) – 아버지(P)로 구성된다. 말하자면 아버지의 법(P)은 어머니(M)를 통해 아이주체[아이(I(E))]에게 받아들여진다. 어머니가 아버지 법을 받아들여야 아이주체도 아버지 법을 받아들인다. 만약 어머니가 아버지 법을 받아들이지 않으면 아이주체는 아버지 법에 동일시하지 못하게 되어 아픔을 겪는다. 어머니가 아버지 법을 받아들여야만, 어머니가 아버지 이름의 시니피앙을 욕망하여야만 아이주체도 그것을 받아들임으로써 정상화의 길에 들어서기 때문이다.

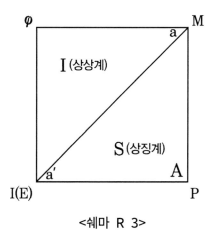

<쉐마 R 3>

　여기서 주목할 사항은 아버지 은유, 아버지 이름의 시니피앙인 아버지(P)가 상징적 장소로서 큰타자(A), 즉 무의식의 장소로 구성되어있다는 것이다(<쉐마 R 3>). 그래서 라깡이 큰타자(A)를 상징적 삼각형의 중심 위치인 P의 위치에 놓은 것이다. 거기에는 상징계, 즉 상징적 큰타자(A)의 기능을 강조하기 위한 의미가 내포되어 있다. 상징계와 그 큰타자(A)는 자아가 형성되기 전에 이미 존재해왔다. 상징적 큰타자의 선존(先存) 하에 자아가 자리매김 되는 것이기에 앞의 <쉐마 R>의 그림에서 상징적 삼각형이 다른 두 영역(상상계와 실재계)을 포

개는 모습을 보게 된다.

또한 위의 도식은 남아건 여아건 구별 없이 아이는 자아이상(I)으로서의 아버지(P)와 내체화(incorporation)로 동일시한다. 그런 이유로 라깡은 자아이상(I)의 위치에 아이(E)를 놓은 것이다. 아이(E)는 내체화에 의해 그가 동일시할 이상(I)이 되었다. 아이는 그렇게 성별의 구별 없이 아버지 동일시에 의해 오이디푸스 콤플렉스를 벗어난다.

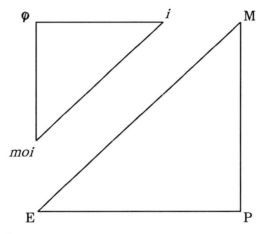

Enfant désiré
= Idéal du moi

<쉐마 R 4>(Lacan, 세미나 10, 257)

또한 우리는 <쉐마 R 4>에서 보는 바와 같이 오이디푸스 콤플렉스의 작동에 따른 상상적 팔뤼스(φ)의 등장처럼 주체(S)가 상상적 팔뤼스(φ)의 위치에 놓여있음을 본다. <쉐마 R 4>에서 오이디푸스의 두 삼각형, 즉 상상적 삼각형(φ-i-m)과 상징적 삼각형(P-M-E)의 중심점에 각각 팔뤼스(φ)와 아버지(P)가 대칭되어 있다. 이것은 단순한 대칭이 아니라 어떤 연결을 의미한다. 그것은 상징계에서의 아버지 시니피앙(P)의 위치가 상상계(영상계)에서는 팔뤼스(φ)의 위치와

연결된다는 것을 뜻한다. 어머니의 욕망의 대상, 욕망의 시니피앙 팔뤼스(φ)를 전제로 아이는 어머니의 욕망을 욕망한다. 아이가 어머니의 욕망을 욕망할 때, 어떤 중개물이 필수적이다. 이 중개물이 상징계에서의 아버지의 위치(P)가 되는 것이다. 아버지 개념, 아버지 시니피앙의 자리매김은 아무것도 없던 아이에게 본질적 창조가 되고, 무로부터 창조, 절대적 창조가 탄생한다(Lacan, 세미나 10: 257).

그것은 시니피앙들의 등장으로 시니피에가 정해짐에 따라 진정한 주체가 형성되는 것을 의미한다. 주체는 시니피앙의 결과인 셈이다. 시니피앙 없이 주체를 정의할 수 없고, 주체 없이 시니피앙을 정의할 수 없다. 상상적 삼각형의 꼭짓점, 주체의 자리에 상상적 팔뤼스를 올려놓았다는 의미는 주체란 살아있는 존재, 생명의 존재와 동일시된다는 뜻이다.

우리는 여기서 주체의 연속적인 동일시들을 본다. 이 동일시들은 앞서보았듯이 거울상계가 모태이다. 먼저 주체−어머니(S−M)의 축인 이상적 자아를 구성하는 타자의 이미지(i)와의 동일시가 있고, 주체−자아이상(S−I)의 축인 자아(m)가 이상적 큰타자(자아이상)를 닮고자하는 동일시가 있다. <쉐마 R 4>에서 보는 바와 같이 욕망의 범주에서 보면, 자아이상(I)은 아이(E)의 상태가 된다.

우리는 상상적 축(a−a')은 계속되는 여정을 수행하면서 어떤 두께, 부피를 형성하는 것을 확인한다. 이 두께는 양파껍질처럼 계속되는 여정으로 수많은 겹으로 덮여있다. 우리는 이 두께, 겹, 덮개를 그림의 점선으로 표현할 수 있다.

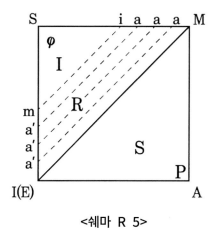

<쉐마 R 5>

위 그림 <쉐마 R 5>처럼 이상적 자아 축인 i−M축 사이에 많은 상상적 타자들이 형성되고(Si, Sa1, Sa2, Sa3...San, SM) 자아이상의 축인 m−I(Sm, Sa'1, Sa'2...Sa'n, SI)축 사이에 많은 자아이상들이 형성되어 있음을 알 수 있다. 다시 말해서 i와 M 사이에 수많은 상상적 타자들이 형성되고, 그 상상적 타자들은 자아와 상상적으로 동일시되어 m과 I 사이에 수많은 자아이상을 형성한다. 그렇게 수많은 상상적 동일시는 그에 따른 상징적 동일시를 지향한다. 그것은 다음 그림 <쉐마 R 6>에서처럼 실재의 영역(imMI, 실재계 R)은 imM의 삼각형에서 mMI(E)의 삼각형으로 뫼비우스의 면처럼 뒤틀면서 상징계에 접합된다.

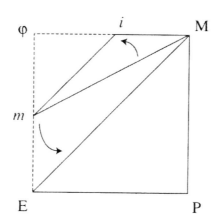

<쉐마 R 6>(Lacan 세미나5, 1998: 226)

위의 그림에서 사각형 imMI(E)로 표현된 면적은 실재(**R**, 실재계)의 영역이다. 그 영역은 상상계(**I**)와 상징계(**S**)의 중간(경계)에 있으면서 그 두 영역을 접합, 연결시키고 있음을 알려준다. 그것은 실재계 사각형의 네 꼭지점을 뫼비우스의 띠처럼 비틀어서 연결을 시킨 것과 같다. m과 M이 접합되면서 동시에 i와 I가 접합되는 형태가 된다.

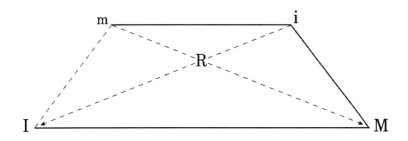

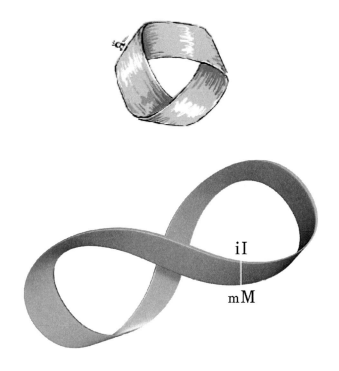

<쉐마 R 7> 뫼비우스의 띠

　　뫼비우스의 띠(Möbius strip)는 위상수학적인 곡면으로, 경계가 하나밖에 없는 2차원 도형이다. 안과 밖의 구별이 없는 대표적인 도형이다. 모형은 종이 띠를 절반 정도 비틀어 끝을 붙이는 것으로 만들 수 있다. 뫼비우스 띠는 어느 지점에서 띠의 중심을 따라 이동하면 출발한 곳과 반대 면에 도달할 수 있다. 이 상황에서 계속 나아가면 두 바퀴를 돌아 처음 위치로 돌아오게 된다. 이러한 연속성에 의해 뫼비우스 띠는 단일 경계를 가지게 된다. 라깡의 위상학에서는 뫼비우스의 띠를 시작으로 원환면, 크로스−캡, 클라인의 병 등을 정신심리분석학적으로 고찰한다. 뫼비우스의 띠로 무의식과 의식의 관계를 비유할 수 있다. 그것들은 서로 다른 내용이 아니라 뫼비우스의 궤적처럼 동일한 내용을 서로 다른 언어로 표상하고 있는 것이다. 그럴 때 뫼비우스의

띠 그 자체는 무의식 주체가 된다.

그림 <쉐마 R 7>의 뫼비우스의 띠에서 보는 바와 같이 m의 대척점에 M이 위치해 있고, i의 대척점이 I가 위치해 있지만, 이 대척점들은 같은 면, 같은 곳에 위치에 있는 것이다. 실재계의 사각형 miMI는 뫼비우스의 면으로 변형되고 다른 두 삼각형 I(상상계)와 S(상징계)는 뫼비우스의 면처럼 돌면서 단 하나의 면으로 연결되면서 동시에 공동 경계구역을 형성한다. 상징계와 상상계는 뫼비우스의 면처럼 공동의 경계로 서로 연결 접합되는 것이다.

말하자면, 현실의 지각(실재계)은 아버지 은유의 도입으로 정상화를 수용하는 것일 뿐만 아니라, 상징적 선들과 상상적 선들에 의한 경계의 영역이기도 하다(이유섭, 2012: 59-60).

<쉐마 R>은 정상적인 주체의 현실 감정, 실재 감정을 결정하는 요인들, 말하자면 아버지 이름의 시니피앙의 존재 덕분에 아버지 은유의 기능을 원활이 수행하게 되는 그런 구조들을 탐구한다. 그런데 아버지 은유의 기능이 신경증 주체나 도착증 주체에게는 종종 잘 기능하지 않고, 정신증 주체에게는 아버지 이름의 시니피앙이 폐지(閉止;기능 정지, forclos)되고 상징계의 의미작용 구조를 생산해내지 못한다. 라깡은 프로이트의 Verwerfung(상실, 기각, 폐지)이라는 용어를 프랑스어의 forclusion[1](상실, 기각, 폐지, 그침)라는 용어로 번역하여 사용 고찰하면

---

1) 라깡은 프로이트가 사용한 독일어의 Verwerfung(기각, 폐기, 폐지)을 프랑스어의 Forclusion으로 번역하여 정신증의 중요 개념으로 정의한다. Forclusion은 법률 용어에서 시효가 지나 소권이 상실 기각, 배제, 폐지되는 것을 의미하는데, 라깡은 그것을 정신증에서 상징적 법, 상징적 은유, 아버지 이름의 은유가 사라지고 없어지는 상징계의 그침, 상실, 기능 정지, 폐지의 의미로 개념화한다. 우리는 프랑스어 Forclusion을 폐지(閉止)로 번역한다. 폐지의 국어사전의 정의 중에 다음의 두 가지, 즉 "실시하여 오던 제도나 법규, 일 따위를 그만두거나 없앰"과 "어떤 작용이나 기능이 그침"이라는 두 가지 의미를 모두 담고 있는 것이 라깡의 Forclusion의 개념에 가깝기 때문이다.

서 그 개념을 정신증 특유의 메카니즘으로 자리매김한다. 아버지 이름 시니피앙의 폐지라 함은 그것이 예전에 전혀 없었던 것처럼 상징적 질서를 기능 정지하는 것을 의미한다. 그런데 상징계에서 폐지된 것은 환각의 형태로 실재(계)에 재등장한다.

3) 쉐마 I(Schéma I)

<쉐마 I>는 정신증의 경우에 실재 영역(실재계)의 변경, 폐지(forclusion)에 대해서 탐구한 것이다. 라깡은 편집증자 슈레버 판사 사례를 세밀히 검토하면서 <쉐마 I>를 정교화한다.

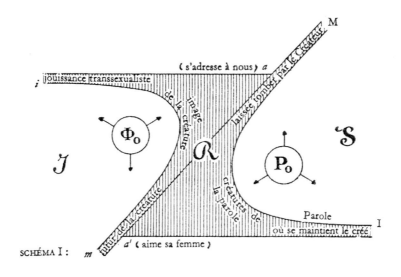

<쉐마 I(Schéma I)>(Lacan, 1966: 571)

위의 그림에서 보는 바와 같이 실재의 영역(iMmI, 실재계)이 양쪽에 움푹 패여 들어가 있음을 알 수 있다. 한쪽은 아버지 이름의 실패(P_0)와 다른 한쪽은 상상적 팔뤼스 의미화 실패(Φ_0)를 나타낸다. 아버지 이름 결여로 그 자리는 구멍이 나 있고 동시에 아버지 은유로 인해 팔

뤼스적 의미가 부여된 세계에 주체는 접근할 수 없게 된다. 그러므로 주체는 자기만의 망상을 재구축해야 하는 입장에 있게 된다. 그림에서 실재의 영역(실재계)은 서로 점근하는 두 개의 곡선, 점근선에 의해 경계되어 있으며, 그 점근 곡선들은 상징적 오이디푸스 삼각형과 상상적 오이디푸스 삼각형의 결여를 대신하고 있다. 그래서 그림은 m, i, M, I 의 지표들이 경계없이 시간과 공간이 무한대라는 것을 알려준다.

    <쉐마 I>의 그림 이해를 위해서 우리는 삼각형 iMm과 삼각형 MmI의 변형을 본다. 앞에서 살펴 본 <쉐마 R>에서 iMm은 자기 신체 이미지, 이상적 타자(i)의 경계 차원에서의 투입 운동이고, MmI는 시니피앙들의 연쇄, 자아이상의 차원에서의 투입 운동이라는 것을 염두에 두어야 한다. <쉐마 I> 그림에서 이 두 운동은 mi선과 MI선에 의해 한정된 현실 영역(실재계)을 뒤틀게 된다. 아버지 이름의 시니피앙의 폐지는 상징적 질서에 어떤 구멍(슈레버의 경우 신의 신경망으로서 신의 광선과 신의 빛, 신이 슈레버를 괴롭힘, 신에 의해 버림받은 세상의 종말이라는 등)을 형성하고 그것과 연결되어 상상적 질서에 또 다른 구멍(자아도취애, 나르시시즘적 주이상스; 동성애, 신이 슈레버 자기를 상대로 육욕의 쾌락을 즐긴다, 신과의 동침, 신과의 동침으로 인한 유일한 자손을 낳는다는 등)을 형성한다. 이 두 구멍은 mi선과 MI선을 안쪽으로 패이게 하고, 근본적인 주체의 네 가지 지표 m, i, M, I가 무한하다는 것을 뜻한다. 그리고 주체의 마지막 지표 I는 무한대 운동에 따라서 결여되어 있는 아버지 이름의 시니피앙 자리에 과대 망상적 자아 이상을 올려놓는다. 우리는 다니엘 슈레버의 모습에서 '신'을 비롯한 과대망상적 환청과 환시들이 수도 없이 반복되는 것을 본다. "신의 전능은 지옥의 백작이 산 채로 불태워지도록 결정했다", "우리는 지옥의 백작을 물리친 것에 대해 승리를 외친다"(슈레버, 2010: 166). 슈레버는 세상의 종말이 가까웠고 암흑의 세계 속에서 자신만이 유일하게 생존한 존재라고 생각하였다. 신은 그에게 신경계를 이용한 언어로 말하고 여성으로 변형

시켜서 새로운 종을 생산해야 하는 구원의 사명을 부여했다고 믿었다.

우리는 <쉐마 R>이 변형된 <쉐마 I>의 일반적인 형태를 다음
과 같이 그려볼 수 있다.

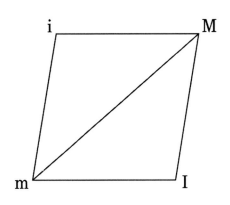

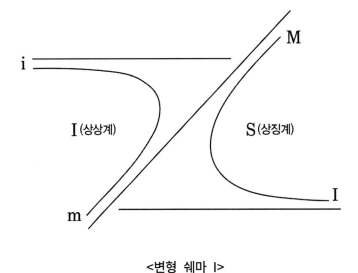

<변형 쉐마 I>

이와 같이 <변형 쉐마 I>는 m과 M의 위치들의 위상학적 관계의 급진적인 변경을 의미하고, m과 M은 서로 중심축인 대각선의 양쪽에 하나는 상상계(I)에 또 다른 하나는 상징계(S)에 위치해 있는데, 그것들은 시간과 공간이 무한대인 점근 쌍곡선으로 구성되어 있다.

이런 급격한 변경의 메커니즘은 아버지 이름의 시니피앙이 폐지될 때마다 매번 나타나는 것은 아니다. 정신증이 항상 이성을 잃고 정신 나간 상태에 있는 것은 아니기 때문이다. 정신증의 그런 폐지(forclusion) 현상을 찾아내는 것이 항상 가능한 것도 아니다. 그것을 찾아내기란 쉬운 일이 아니지만, 정신증의 증상이 일어날 때 그런 폐지를 발견할 수 있다.

한 사례를 보자.

국방의 의무를 수행 중인 어떤 병사가 있었다. 그는 취사병으로 주로 취사 담당과 상관의 취사 심부름을 주로 한다. 상관의 취사 심부름은 마치 아버지 명령을 억지로 수행하는 아들 취급과 유사했다. 그러던 어느 날 이 병사는 주방에서 코브라가 나타나는 환상을 본다. 이런 환각을 본 후부터 병사는 이 수수께끼 같은 코브라의 출현에 대한 이유를 찾기 위해 망상을 만들어내기 시작한다. 아버지가 아들에게 명령을 내리 듯 취급하는 상관과의 관계가 아버지 시니피앙을 만나는 계기가 되었고, 정신증 발발의 계기가 되었으며, 아버지 이름의 시니피앙을 폐지하는 사고의 변경이 일어났다. 말하자면 병사와 상관 사이에 갈등의 중재를 수행할 수 있는 아버지 이름의 시니피앙이 존재하지 못해서 그 의미작용(signification), 의사소통 작용의 연결이 끊어졌다. 상징적인 연쇄의 법칙으로 응답하는 의미작용이 멈춘 것이다. 그 멈춘 자리에 순수 팔뤼스 이미지가 코브라의 형태로 실재(실재계)로 환각적으로 나타난 것이다. 라깡이 말한 바와 같이 상징계로부터 폐지된 것이 실재(계) 내에서 다시 나타난 것이다(Lacan, 1966: 388).

이렇게 우리는 아버지 이름의 시니피앙, 상징적 법이 폐지되면 그 폐지된 자리에 상징적 법, 아버지 은유를 막고 있었던 현실이 실재 내에 환각적으로 재출현하는 것을 알 수 있다. 실재계는 상징계가 폐지될 때 실재 현실로 나타나 돌아오는 것이라는 의미는 역으로 상징계는 실재계의 도래를 막고 있는 방어라는 의미도 된다. 그 방어는 완벽하지 못해서 실재(계)가 상징계 너머로 출현할 수 있다. 밤에 꾸는 꿈에 우리는 그것을 볼 수 있다. 예컨대 어떤 반복되는 꿈이나 악몽을 들 수 있다. 프로이트는 그것을 쾌락의 원칙을 넘어서 반복되는 실재(계)를 말한 바 있다.

정신심리분석은, 어떤 정신심리적인 형성의 생산물을, 어떤 무의식의 생산물을 설명할 수 있는 구조화된 메커니즘을 탐구한다. 그것이 정신심리분석 중에 종종 제한된 행위로 발생하는 착각이든 행동화이든 신체화 증상이든지 그것이 발생되는 정신심리적인 메커니즘의 설명이 필요하다. 그런 의미에서 폐지(Forclusion)는 정신증의 경우에만 유일하게 관찰되는 심리기제라고 말할 수 있는 것이 아니라, 정신증으로 고려되건 아니건 간에 부분별로 관찰되는 국부 메커니즘이라 할 수 있을 것 같다. 우리는 종종 정신증을 애매한 테두리에 가두어 낙인을 찍는 너무 편협한 생각에 머물러 있곤 했고, 폐지의 개념도 너무 편협하게 쓰이는 경우가 있는 것 같다. 가령 라깡의 유명한 명제 "상징계로부터 버려진 것이 실재(계) 내에 재출현한다(ce qui est rejeté du symbolique réapparaît dans le réel)"는 말 때문에 폐지(forclusion)를 정신증과 동의어로 쓰이는 현상이 유행처럼 번졌다. 아마도 폐지의 개념의 난해함도 그런 현상을 더욱 부채질한 것 같다.

4) 라깡의 폐지 개념에 앞선 프로이트 개념의 조명

먼저 프로이트의 억압(refoulement)이라는 넓은 개념의 범주에 대비해보면서 폐지 개념의 초점을 맞추어가자. 프로이트는 논문 "방어의 신경정신증"(1894)과 "방어의 신경정신증의 새로운 고찰"(1896)에서 억압의 특징에 따라 세 종류의 방어 정신신경증을 구별했다. 참을 수 없는 그 재현, 사고를 상징적으로 연결된 신체의 어떤 부분으로 전환하여 나타내 보이는 히스테리적 전환 장애라 부르는 히스테리와, 수용할 수 없는 그 재현을 의미가 없지만 받아들일 수 있는 다른 것으로 대체하여 방어하는 강박증과, 마지막으로 더 이상 히스테리처럼 전환하지도 못하고 강박증처럼 대체할 수도 없어서 상호적인 행위가 붕괴되고, 그 재현의 궁극적인 운명이 상징적인 질서와는 완전히 이질적인 투사의 심리 기제로 알려진 편집증이다. 이 세 번째 것은 더 이상 암암리에 발생하는 것이 아니라 난폭하게 일어난다. 그럼에도 불구하고 이것은 더 많은 방어 에너지를 소유하고 있고 방어를 효율적으로 사용하고 있는 심리 기제이다. 여기에서 자아는, 참을 수 없는 그 재현, 그 사고를 감정과 행위 모두에서 폐지해 버린다. 마치 그 재현이 자아의 영역에서는 절대로 발생하지 않았던 것처럼 말이다. 그러나 그 재현을 폐지하여 성공적으로 방어를 한 그 순간부터 주체는 정신증에 이르게 되고, 그것은 단지 '환각적인 혼돈'으로 자리매김 된다.

프로이트가 소개한 한 사례는 그것을 입증한다.

한 소녀가 있었는데, 그녀는 한 남자에게 처음으로 사랑에 깊게 빠졌고, 그 남자가 그녀의 사랑을 받아들여 돌아올 것이라고 굳게 믿고 있었다. 그러나 그 소녀는 오해를 하고 있었다. 사실 그 청년은 그녀의 집을 방문하는 다른 동기가 있었던 것이다. 그녀에게 실망은 견딜 수 없는 것이고 원하는 바가 아니었다. 처음 그녀는 히스테리적 전환을 실행하면서 실망과 좌절의 두려움에 대항하여 그녀 스스로 방어

를 수행했고, 언젠가는 그 남자가 다가와서 그녀의 손을 잡을 것이라
는 믿음을 고수했다. 그런 일이 벌어짐과 동시에 그녀는 불행을 느꼈
고, 병을 얻었다. 이유는 그 히스테리적 전환으로는 그녀의 염원을 이
룰 수 없었고 그 남자를 만난다는 고통스러운 감정을 계속적으로 겪고
있었기 때문이다. 마침내 그 긴장의 감정이 폭발하여, 어느 날 가족의
축제가 있던 날 그녀가 그 남자를 기다리는 일이 벌어졌다. 그러나 그
남자는 오지 않았고 그날은 지나갔다.

　　그 남자가 타고 올 거라고 생각했던 모든 기차가 다 지나가자 그
녀는 환각적인 혼돈의 상태에 이르게 되었다. 환각 속에서 그 남자는
도착했고 정원에서 그 남자의 목소리를 들었으며, 그녀는 그를 맞이하
기 위하여 서둘러서 잠옷을 입으러 갔다. 그때부터 그녀는 근 2달 동
안 그 남자가 거기에, 항상 자기 옆에 있다는 만족한 꿈을 꾸며 살았
다. 그렇게 한가적 사고를 하면서 그녀는 그녀의 히스테리와 정신심리
적인 절망을 이겨내려고 애썼다. 그러나 병을 앓고 있는 동안, 그녀는
대부분의 의심과 고통의 기간에는 침묵에 빠지곤 했다(S. Freud, SE III:
58－59).

　　위의 소녀의 경우를 통해서 우리가 주목해 볼 것은, 정신증의 환
각적인 만족(그 남자를 만나고 남자의 목소리를 듣고 남자와 잠자리를 같이
한다는 환각)은 병적인 고통이 몰려올 것이라는 급박한 불안의 위협이
몰려올 때 일어난다는 점이다. 자아는 참을 수 없는 그 재현, 그 사고
와 관계를 끊어 버리지만, 그러나 불가분하게 그 재현은 정신심리적인
현실, 실재의 조각, 그 실재의 파편과 관계를 맺게 된다. 그렇게 자아
는 전적으로 또는 부분적으로 실제 현실로부터 분리된다. 정신증의 자
아는 절망에 빠지고 더 이상 교환이나 대안, 거래가 없고, 상실과 폐지
만이 있게 된다. 그런 정신증의 재현은 애정 감정을 분리할 시간적 여
유를 갖지 못하고, 현실을 인정할 시간을 갖지 못하고, 최소한 자기 자

신이 정리할 시간적 여유 없이 버려진 것이다. 이유는 자아 역시 이런 현실에서 멀리 가버렸기 때문이다.

자아는 찢어진 자아의 조각을 착각한다. 그 소녀가 오지도 않은 그 남자의 목소리 환청을 들었을 때, 이 목소리는 현실이 아니라 잃어버린 자아로부터 온 것이다. 한편으로 자아는 확신있게 그 목소리를 진실이라고 착각하지만, 다른 한편으로 자아는 그 목소리가 자아로부터 온 것으로 현실과 아주 다른 것(타자)이다. 여기서 우리는 자아와 다른 자아(타자)는 완전히 이질적이라는 것을 잘 포착할 수 있다. 폐지(forclusion)의 모든 문제들이 이곳에 있다. 버려지고 착각에 빠진 자아는 환상의 대상 자아와는 완전히 근원적으로 이질적인 것이다. 반면에 억압된 것(억압물)을 억압하면서 그리고 억압물의 회귀로 대체하면서 재현들로 작동하는 자아는 항상 같은 자아이다.

다른 개념으로 말하자면, 억압의 기제 내에서 억압물과 그 회귀는 상동성이지만, 반면에 폐지의 기제에서는, 억압물이 물론 자아와 관계된 것이지만 폐지된 것이 다시 나타나는 것과는 근본적으로 이질적이다. 그런 면에서 폐지의 기제는 억압의 기제보다 더 성공적이다. 이유는 폐지된 것이 다시 나타나는 것, 그것의 재출현은 견딜 수 없는 고통의 씨앗에 직면하여 서로 서로에게 가능한 반향이 전혀 없는 아주 이질적인 딴판이기 때문이다. 거기서 주체는 아무것도 알지 못한다. 그러나 이런 성공의 대가는 부분적인 상흔, 아픔이고 연관된 환각의 고통인 것이다.

5) 라깡의 폐지(閉止, forclusion)와 시니피앙의 짝(S1/S2)

앞에서 우리는 현실, 즉 사랑에 빠진 그 소녀의 경우 사랑하는 남자에게 버림받는 그 고통스러운 정신심리적인 현실, 심적 현실, 실재는 정신심리적인 재현들(사고들)의 일반적 총체 중에서 견딜 수 없는 특별히 예외적인 한 재현으로 구성되어 있기 때문에 너무도 견딜 수 없는 것이라는 것을 보았다. 버림받음의 정신심리적 현실은 정신심리분석적으로 거세의 정신심리적 현실을 의미한다. 그렇다면 거세의 심적 현실, 거세의 실재는 견딜 수 없는 고통일까?

우리는 나지오가 소개한 라깡의 시니피앙의 짝(S1/S2) 이론으로 실마리를 풀어본다.

프로이트적 재현에서의 견딜 수 없는 정신심리적 현실은 하나의 재현과 모든 다른 재현들 사이의 논리적인 관계 내에서만 존재하는 것이며 그런 관계 내에서 견딜 수 없는 것이라 말할 수 있다. 정신심리적인 현실, 실재는 하나 또는 전체로 고정되는 것이 아니라, 하나와 전체 간의 상호작용에 의해 구조화된다. 또한 그것은 하나와, 그 하나가 결여된 전체와의 관계 법칙에 따라서 세워진 틀로 구현된다. 그러므로 하나와 전체 관계의 법칙, 또는 하나의 시니피앙(S1)과 다른 시니피앙들(S2)과의 관계 법칙으로 짜여진다. 라깡을 따라 우리는 S1과 S2의 관계는 다음과 같이 세 가지 개념적 범주로 고찰된다는 것을 알고 있다 :

예외/전체 ;
외-재[ex(外)-sistence(在)]/일관성 ;
횡(연속)/종(계열).

하나(S1)는 전체에 예외를 수행하고, 그것은 일관성을 결정하는 모든 다른 총체 밖의 위치에 외－재하며, 즉 S1은 S2를 구성하기위해

외-재하며, 하나(S1)는 다른 연쇄들에 의해 연절(연속하는 분절)된 한 계열(종)의 연속(횡) 위치에 대응한다. 이 모든 경우에 우리는 하나(S1) 와 타자들(S2)은 같은 모태라는 것을 잊지 말아야 한다.

그러나 우리가 이 모태를 형식적이고 상태적인 관계로 규정한다 고 해서 폐지 기제와 그 특징이 이해된 것은 아니다. 반대로 이 관계는 원인론적이고 역동적이다. 하나가 외-재하고 그 나머지 타자들은 총 제로 유지되며, 이번에는 하나가 그 타자들 뒤를 이어 계승할 수 있다. 이유는 연쇄의 끝에 자리를 점유하려고 기다리는 연승자(연결 계승하는 것)가 위치하고 있기 때문이다. 또한 S1은 요인이자 위치이다. 타자들 을 둘러싸는 예외적 요인(S1)은 그들의 일관성을 유지시키는 원인이다. S1은 S2가 구성되기 위하여 외-재한다. 또한 그것은 총체의 운동을 보장하는 연결 계승하는 것, 연승자로 항상 비어있음의 위치이다. 항 상 비어있음이기에 그것을 메우면서 총체화하는 운동을 낳는다. 한 요 인이 계열의 끝 부분(빈 부분)에 첨부된다는 것은 바로 연승자의 위치 가 된다는 것이고 바로 이어 다른 연승자를 기다려서 그 자리를 대체 하는 식으로 그 연승자가 빈자리를 메우면서 단계의 이동이 일어나게 된다(Nasio, 1987: 116).

이런 두 방식, 즉 **한 요인의 총체에의 등록과 외-재의 연승자를 향한 대 체**라는 이 두 방식은 시니피앙들의 연쇄가 움직이고 해체되지 않게 하 기위한 최소한의 조건이다. 그래서 실재는 마치 옷감처럼 짜여져 있다 고 비유할 수 있는 것이다. 실 한 올 한 올이 있고 그것을 시작으로 무 늬가 새겨지며 옷감은 새롭게 갱신된다.

그렇기 때문에 우리는 정신심리적 현실, 실재를 그것이 변함없이 항상 같은 것인 양, 거세가 모두에게 단 한 번만 겪는 것인 양 생각하 지 말아야 한다. 반대로 실이 한 올 한 올 짜여지면서 천의 경계가 생 기고 옷감을 만들어가듯이 타자들 중에서 하나의 독특한 현실(실재)을 갖는 것이다. 이 현실은 S1과 S2의 두 위치를 채우러 온 다른 요인들에 의한 독특한 현실로 존재한다. 불변항인 모태 S1/S2는 통시적인 연절 (연속하는 분절)의 연속으로 반복되고 그런 연절의 연속에서 하나의 현실이 정의되고 설명된다. 그리고 하나의 사건, 하나의 시니피앙이 발생할 때마다 거세가 일어난다. 실재는 근본적으로 어떤 사건의 현실이다. 실재는 사건이 발생하는 바로 그때에만 현실화 되고 실행화 될 뿐이다.

가령 히스테리적 전환이 일어나는 시기라든지 강박증이나 환타즘이 발생하는 시기, 즉 억압물의 회귀의 때에만 실행화된다. 분석가는 증상에 직면할 때마다 지엽적인 거세에 직면하게 된다. 거세의 현실은 주어진 순간에 딱 한 번만 유일하게 일어난다고 믿는 심각한 오해가 있을 수 있지만, 분석적 경험에 의하면 이와는 반대로 견딜 수 없는 실재는 사건이 발생하는 순간에만 존재하는 실재들의 복수이고 그 실재들은 연속으로 이어지기도 하고 가끔은 공존하기도 한다. 거세는 결코 유일한 것이 아니라 사건에 따른 것이고 지엽적이며 복수인 것이다. 유일한 거세가 있는 것이 아니라, 복수의 거세가 있다.

그럼에도 불구하고 어떤 순간에 나타나는 그런 지엽적인 실재가 다른 모든 실재의 구성적인 논리와 맞게 대응하지 않은 일이 벌어진다. 실재는 항상 사건이 일어난 순간에 실현되고 실행되지만, 이번에 발생한 사건은 거세의 구실이 되는 어떤 시니피앙 사건과 관련된 것을 말하는 것이 아니다.

그 사건이 폐지에 관련된 사건이고 그 실재는 다른 사건들과는 다른 폐지에 의해 생산된 실재이다. 억압물의 이질적인 회귀로 발생하는 그 실재는 시니피앙의 일관성과는 너무도 다른 특징을 취하고 거세의 대상도 완전히 변형되어 나타난다. 그런데 여기서 주목해보아야 할 사항은 폐지에 의해 생산된 그 실재, 그 이질적인 것이 나머지 다른 실재와 호환된다는 것이다. 나머지 다른 것들과는 다른 것이지만 그것들과 호환이 없는 것은 아니다. 지엽적인 폐지를 특징화할 때, 우리는 그 폐지 메커니즘이 아주 상세한 어떤 실재의 지엽적인 면과는 아주 예외적으로 위치해 있다는 사실을 준수하려 한다는 점을 주목한다. 거기서 폐지로 구성된 이 실재는 폐지되지 않은 다른 것들과 함께하고 지속한다. 말하자면 폐지에 의해 생산된 정신심리적 현실(실재)들은 억압에 의해 생산된 정신심리적 현실들과 공존한다.

6) 폐지(閉止)의 메커니즘과 시동

앞서의 조명에 이어 이제는 폐지(閉止, forclusion)의 메커니즘을 어떻게 이해해야 하는 지를 접근해보자.

시니피앙의 짝(S1/S2) 이론 덕분에 지엽적인 실재의 일관성 문제는, 그 일관성이 이미 구성적인 버림이 포함되어 있는 것이기 때문에 어떤 요인의 제거일 수 없다는 점을 분명하게 알 수 있었다. 한 시니피앙(S1)은 연승자의 자리를 점유하러 와서 틀에 경계를 긋고 자리를 잡게 된다. 그러나 폐지는, 상징적 일관성과 안정성이 한 시니피앙이 이미 제외된 것에서 구성되는 것이기 때문에 상징적 시니피앙에서 제외된다. 폐지는 상실이 아니라 반대로 상실의 폐지로부터 생산될 것이다. 실재를 외－재하게 하고 일관성 있게 하는 그 상징적인 요인은 그곳에서는 존재하지 않는다. 그 어떤 인접성도 없고 어떤 자질도 없으며 어떤 이름도 없다. 그것은 마치 탄생의 행위가 구체적 현실, 특수한 실재의 상징적 구성화가 결여되어 있는 것과 같다.

그렇기 때문에 폐지는 버림도 아니고 추방도 아니라, 어떤 여정의 사고발생이고 단계의 멈춤이며 과정의 차단이다. 여기서 프랑스어 법률 용어로 '시효에 의한 소권을 상실한' 'forclos(폭클로)'라는 형용사는 어떤 정해진 폐쇄된 의미로 고정된 정의로 붙여질 수 없다. 이유는 외－재의 위치에 있지 못한 그 요인은 자리를 잡지 못하여 존재에 이르지 못하기 때문이다. 폐지의 기제는 한 요인에 관련된 것이 아니라, 사전에 예측한 운동을 죽이는 것이다. 폐지는 버림받아 없어진 것이라기보다는 도래하지 않음이요, 거부현상이라기보다는 존재의 무력이다(J.-D. Nasio, 1987: 121).

　"시니피앙은 다른 시니피앙을 위하여 주체를 재현(대리표현)한다"는 라깡의 명제는 우리의 논의를 입증한다. 폐지(forclusion)의 관점에서 한 시니피앙과 다른 시니피앙은 요인의 문제가 아니라, '위하여'라는 관계로 서로 연결되어 있다. 시니피앙들 사이의 관계는 '위하여'라는 말로 온전히 요약된다고 볼 수 있다. 폐지는 이런 관계, 유대의 손상이요, '위하여'라는 말의 정지이다.

　폐지(閉止; 기능 정지)가 폐기하여 없애버리는 것이 아니라 도래하지 않은 것이라는 개념은 프로이트가 다니엘 쉬레버의 투사 기제를 설명하면서 이미 지적했다. "내부에서 억압된 감정을 외부로 투사한다고 말하는 것은 정확하지 않다. 차라리 내부에서 폐지(閉止; 기능 정지)되었던 것이 외부로 돌아온다고 해야 한다."(Freud, 1973: 315). 다시 말해서 내부에서 억압된 시니피앙이 외부로 다시 던져진다고 말하는 것은 정확하지 않다. 차라리 현실적 관점에서 내부에서 폐지(閉止; 기능 정지)되었던 것, 외-재에 이르지 못한 것, 계승자의 자리 매김에 이르지 못한 것은 외부로 다시 돌아온다고 말해야 된다. 폐지는 폐기해 없애버리는 어떤 물(chose)이 아니라 억압 그 자체의 진정한 과정이다. 내부에서 취소된 것은 어떤 타자를 위한 재현의 전치이자 대체의 과정이라 할 수 있다.

　이제 라깡은 폐지의 개념을 태초 믿음의 상징적인 그날에 이르지 못함의 과정으로 시작하여, 분석적인 공간 내에서 "상징계로부터 버려진 것(ce qui est rejeté du symbolique...)"이라는 탁월한 표현을 창안한다.
　라깡의 '상징계로부터 버려진 것'이란 말은 무슨 의미일까?

우리는 라깡의 아버지-이름(Nom-du-Père)의 시니피앙과 폐지의 개념을 나란히 검토하면서 조명해보자. 라깡의 아버지-이름의 시니피앙에는 폐지를 행하는 상세한 요인이 없었으므로, 폐지는 어려움 없이 미연에 기능 정지로 구성될 수 있었다. 진실로 존재의 선험성인 아버지-이름의 시니피앙에 대한 태초의 믿음이 존재해 있었기 때문에, 폐지는 그런 전제의 단순한 후퇴와 동등한 것으로 여겨졌다. 그러나 아버지-이름이 구체적인 어떤 것이고 언뜻 보아 고칠 수 있는 것으로 여겨지고, 아버지-이름의 시니피앙이 모든 현실에 일관성을 부여하는 것으로 정의됨에 따라, 그 결과로 아버지-이름 시니피앙의 폐지나 추방은 자연스럽게 일관성이 없는 것으로 간주되었다. 그렇게 존재의 사고는 폐지의 사고를 향해가도록 했다. 이제 기능의 관점에서 기능의 정지(폐지)는 이런 폐지(기능 정지)의 동기를 폐기나 추방이 아니라, 쇠락이나 멈추는 것으로 고려할 것이다. 존재의 관점이 아니라 기능의 관점에서 아버지-이름에 적용해야만 하는 것은 적응이라 할 수 있다(Nasio, 1987: 123).

아버지-이름의 기능에는 두 가지 양상을 구별해야 한다. '아버지 은유'라 불리는 대체의 운동, 다른 말로 원심력 운동의 양상과, 다른 하나는 그 위치에 그 어떤 시니피앙이 나타날 수 있는 대체의 생산물이 그것이다. 그때는 그 어떤 시니피앙이라도 아버지-이름 시니피앙의 수식어를 산출한다. 그러나 부당하게도 이 시니피앙을 유일하고 변동 불가능한 것으로 간주했기에 신경증에서는 그것이 무엇을 뜻하는지 부단히 찾으려고 애를 쓰고, 정신증에서는 시니피앙의 폐지로 믿으려고 애를 쓰는 것 같다.

그런 의미에서 아버지-이름의 표현에 '아버지-이름들'이라는 복수를 써야만 된다. 이유는 아버지-이름들은 앞에서 본 거세들만큼이나 다양하고 부분적인 그런 사건들이기 때문이다. 문제는 아버지-이름의 유일한 위치와 복수의 다양한 시니피앙들을 잘 구별하는 것이고 어떤 것이든지 차례로 그 자리를 차지할 수 있으며, 특히 각각의 점유는 부분적이고 지엽적인 현실의 구성과 동등한 것으로 간주되는 것이다. 그런 아버지−이름들에서 그들의 일관성에 의존하고 유지하는 현실들이 있고, 또는 시니피앙들이 같은 자리를 다시 오면서 그 자리를 계승하려고 오는 아버지−이름들이 있다. 예컨대 어떤 증상, 증상으로서의 여인, 라디오의 목소리, 어떤 옷, 신발, 어떤 물건, 어떤 행위 등이 모든 것들은 아버지−이름 시니피앙들의 예들이다. 그들 각각은 부분적·지엽적이고 구체적인 그런 현실을 토대로 그들의 여정에 안정성을 보존한다.

그러므로 '아버지−이름의 시니피앙의 폐지'란 아버지−이름의 그 영원한 시니피앙, 그런 시니피앙의 예측이 없어져 폐기되었다는 것이 아니라, 계승의 자리에 점유할 구체적 순간에 오지 않는 그 어떤 시니피앙, 그 지엽적인 부분적 현실이 어떤 다른 논리로 그 자리를 대신하여 조직화한다는 뜻이다. 그 구체적인 순간은 부름의 순간을 말한다. 폐지가 한 시니피앙이 다음 계승자의 외부적 위치에 오지 않은 것이라면, 부름의 순간이 확인되지 않아서이고 그곳에서 부름이 존재하지 않았기 때문이다. 아버지−이름의 자리에 오지 않은 그 어떤 시니피앙은 불려진 시니피앙으로 불러도 오지 않는 시니피앙이다. 그렇다면 누가 부르는 것인가? 큰타자의 부름이다.

분석의 공간에서 폐지의 사건이 분석 주체에게서 시동되기 위해선 주체는 전이의 공감 내에서 부름을 수행하게 하는 말과 행동, 몸짓 등 그 모든 시니피앙의 짐꾼인 대상 a(objet a)가 있어야 한다. 부름이 아버지−이름의 외부 자리에 한 시니피앙을 안착시키는 원심력 운동을 구동시킨다. 부름이 큰타자로부터 온 것이라는 말은 어떤 부름−시니피앙과 관련된 의미를 뜻하고 그 부름−시니피앙의 대상 a는 메신저일 뿐이다.

예컨대 슈레버의 경우, 정신증적 위기들 중의 어떤 증상을 발생하게 한 것은 그의 치료를 담당 했던 정신과의사 프레히지히의 부름－시니피앙에 의해서 유발되었다는 것을 볼 수 있다. 슈레버는 아무런 반응을 할 수 없을 정도로 쇠약하고 무력감을 겪고 있었기에 의사 프레히지히는 슈레버에게 어떤 다른 시니피앙을 유발시키는 하나의 시니피앙, 부름－시니피앙이 된 것이다. 여기서 우리는 분석상담의 공간에서 분석가의 개입으로 분석가의 부름이 분석내담자(분석주체)에게 폐지적인 이야기를 우발적으로 유발하는 미묘한 일이 벌어질 수 있음을 본다. 프로이트도 어떤 행위들이나 말의 의미에 관련하여 분석내담자와의 의사소통을 하는 것 중에 자유연상이나 회상이 아닌 환각으로 일어나는 경우도 있다고 했다(S Freud, PUF 1985: 278).

결국 우리가 강조하고 싶은 점은, 폐지란 아버지－이름의 시니피앙이 존재하지 않은 것이 아니라 예상된 자리에 오지 않는 것을 설치해야 할 운동이라 할 수 있다. 그 운동이 바로 폐지이다. 그것은 어떤 요인이나 존재가 아니라 기능인 것이다. 프로이트적 의미에서 억압 기능의 정지라 할 수 있고, 라깡적 의미에서 메타포의 정지, 원심력 운동의 정지라 할 수 있다.

한 시니피앙을 주위의 다른 곳(다른 시니피앙)으로 끊임없이 보내는 원심력 운동을 정지한 결과로 시니피앙들 사이에서 행해지는 대치(Déplacement)와 압축(응축 Condensation)의 정지가 일어난다. 도래할 것이라 기대했던, 억압된 재현물(S2)의 그 어떤 대체물(S1)도 오지 않는다. 은유도 없고 상징적 사슬인 환유의 메카니즘도 없다. 하나의 시니피앙(S1)과 다른 시니피앙(S2)의 관계가 깨진다. 또한 그것과 상관되어 총체와 경계 사이에, S1과 S2 사이에 구분이 없어진다. 그것은 시니피앙을 형성하고 있는 모든 시니피앙의 연쇄, 그 틀이 사라지는 것을 의미한다.

그렇다면 새로운 조건에 따라 형성된 틀을 어떻게 상상할 수 있을까?

라깡은 슈레버 사례를 검토하면서 이 문제를 풀어간다. 정신증의 최종 상태의 구조의 특징을 탐구하면서 라깡은, 원천 시니피앙에 속해 있는 상징적 질서의 탈중심적 개정, 다시 말해서 낯선 개정 시니피앙의 갑작스런 등장을 말한다(Lacan, 1966: 573-577).

심신증(psychosomatisme)이나 소아정신증, 정신증과 같은 다양한 정신증적 증상을 검토하기 위하여 라깡은 시니피앙 짝의 핵심을 개정한 모델을 제안한다. S1과 S2 사이의 간격을 없애고 분절을 없앤 그 짝은 일종의 공통 덩어리로 응고된다. 체계의 분접, 연절을 수행하는 원심력 운동의 부재인 폐지 때문에 시니피앙들은 지금 상호 이끌림이 강요되고 서로 간의 구분 없이 특유의 덩어리로 침투하며 응고되는 것 같다. 마치 스케이트장을 점차 빠르게 빙빙 도는 스케이트 선수처럼 빠르게 속도를 내기 위해서 몸과 손을 낮추고 이어 몸을 기울여 원형 트랙의 장애를 최소화하며 확장된 온몸의 수축을 최소화하여 응축시킨다. 어떤 동일한 힘이 자기에게 집중하도록 강요하면서 시니피앙의 총체에 영향력을 행사하는 것 같고 그리하여 어떤 압축 요인이 되도록 강요하는 것 같다. 폐지에서 그 모든 것은 마치 소용돌이 운동에서의 그 시니피앙들이 개별성과 구별의 차원을 잃는 것처럼 행해지고 시니피앙들 서로서로가 압축되고 혼동되는 형태가 되며 시니피앙들의 분접, 연절이 얼음처럼 얼리게 된다. 한마디로 시니피앙들의 구분이 없어지면서 시니피앙들이 상실되는 것이다.

그렇다면 기존의 시니피앙들이 개정된 이 구조개편은 시니피앙의 짝(S1/S2) 사이에 어떤 지배권이 나타나는지를 검토해야 할 것이다. 개정된 시니피앙들에선 시니피앙들 S2는 한 덩어리로 축소되고 압축된 틀에 속해있어서 S2는 한 덩어리의 형태를 띨 것이기에 그때는 S1이 지배권을 행사할 것이고, 반대로 시니피앙 S1은 조각들로 흩어져서 S2로 포함될 것이기 때문에 그때는 그 구조개정은 흩어진 조각들의 혼합된 다수로 나타날 것이다. 그러므로 폐지에서 시니피앙의 짝은 덩어리의 형태를 따라 S2에서 S1으로 편광(polarization)을 겪거나 조각들로 흩어짐에 따라 S1에서 S2로 편광하는 형태를 띨 것이다. 하나(S1)는 다수 덩어리(S2)에 흡수되거나 다수 덩어리(S2)는 하나(S1)에 흡수된다(Nasio, 1987: 129).

그리하여 우리는 폐지 메카니즘의 실재에서 개정 시니피앙들의 고찰에 따라 두 가지 시나리오가 가능할 것이다. 첫 번째는 시니피앙의 연쇄에 묶여있던 요소가 자유롭게 해방되어 흩어지는 조각(파편)들을 지배하는 것이고, 두 번째는 모든 시니피앙들의 응고를 지배하는 것이다. 파편화의 시나리오인 첫 번째는 임상적으로 프로이트의 정신증적 자아의 파편화된 동일시에서 확인되고(Freud, 1979: 270) 라깡의 보로메앙 고리에서 그 매듭들이 서로서로 잘라져서 자유롭게 되고 흩어져 파편화되는 모습들로 충분히 설명되었다(Lacan, RSI 1975). 그리고 하나의 덩어리로 응고되는 두 번째 시나리오는 환각화(hallucination)로 설명될 것이다. 이 두 시나리오는 나누어진 것이라기보다는 아마도 서로서로 놀이 공간에 같이 들어와야 하는 것이고 서로서로는 우리에게 같은 결과를 인도하게 될 것이다. 다수의 시니피앙으로 파편화된 것이건, 한 덩어리로 응고된 것이건 간에 그 시니피앙들은 압축되고 통일된 실체가 되기 위한 그런 시니피앙들이 되는 것을 멈추게 될 것이다.

이제 우리는 라깡이 말한 "상징계로부터 버려진 것이 실재(계) 내에 재출현한다"는 말 중에서 '실재(계) 내에서 재출현한다'는 것의 의미를 찾아보아야 한다.

앞에서 살펴본 바와 같이 시니피앙들이 그들 사이에서 더 이상 관계를 맺지 못하고 더 이상 체계적인 정돈이 되지 못하는 순간부터 그것들은 시니피앙들이 되기를 멈춘다는 사실을 주목한다. 체계적인 정렬이 파괴되고 어떤 규칙이나 법들이 무너지게 되면, 더 이상 그 시니피앙들은 시니피앙으로서의 정당성을 잃고, 대신 어떤 다른 이질적인 사물이 그 자리를 대신한다.

시니피앙들이 그들 사이의 배열 정돈이 더 이상 존재하지 않는 순간부터 그것들은 시니피앙들이 되기를 멈춘다. 그것들의 존재를 입증하는 더 엄격한 구조의 망이 되는 그런 시니피앙들이 되기를 멈춘다는 의미이다. 구조의 망이 파괴되고 그것들을 규칙화하는 법들이 붕괴되므로 더 이상 시니피앙들의 규칙이 존재하지 못한다. 대신 그런 시니피앙과는 다른 이질적 다른 무엇에 노출되어 있게 된다. 압축된 하나의 실체이건 파편화된 복수의 압축된 실체이든지 그것들은 너무도 혼동된 고통 속에 있기에 시니피앙의 언어로 그것들을 접목할 수 없는 것이다. 그것들은 편의상 우리가 앞에서 살펴본 것처럼 응고된 시니피앙들이나 파편화된 시니피앙들이라 말하지 않는다. 그것들을 파편화나 혹은 응고화라고 한다면, 그것들은 시니피앙들이 아니라, 폐지 때에 변형되었던 너무도 다른 어떤 것들이다. 일관성의 구조가 변경되면서 그것들의 상태도 바뀌게 되는 것이다.

우리들은 폐지된 한 시니피앙이 변형을 겪지 않고 어떻게 실재 내에 다시 나타날 수 있는지 늘 궁금했다. 사실 그 실재(계)는 그것이 변경되기 위해서는 사건에 의해 자극되거나, 사건에 의해 정신심리의 고통을 당하거나, 사건에 의해 그런 일들이 차곡차곡 쌓이게 된다. 상처를 거부하고 폐지하는 관점 거기 그곳에서 유일하게 실재는 변경되고 어떤 미지의 현실적 모습으로 수용되고 구조화된다. 어떤 현실이 그것을 생산한 사건이 억압에 의한 것이면 억압이라고 부르고, 그것을 생산한 사건이 시니피앙들을 파편화나 덩어리로 변형한 것이라면 폐지라고 부르는 것이다. 그 현실은 사건이 부차적이고 지엽적이고 시간적인 것에 국한된 하나의 현실일 뿐이라는 점이 중요하다. 실재(계)는 사건이 발생할 때, 사건이 발생하는 바로 그곳에서 유일하게 현실이 된다. 그러므로 회귀 또는 재출현이 실재(계) 내에서 계승되는 그 순간에

그것은 더 이상 실재(계)에 관련된 것이 아니라 현실과 관련된 것으로
보아야 한다.

❖ ❖ ❖

그렇다면 결론적으로 "실재(계) 내에서 재출현한다"는 이 말을 어
떻게 이해해야 할까?

우리가 잠정적으로 그리고 분명하게 말할 수 있는 대답은 다음과
같은 세 가지 양상으로 구성할 수 있다. 첫 번째는 폐기(없애 버림)의
사고를 포기하는 것이고, 두 번째는 시니피앙들이 폐지(forclusion)에
의해 파편화된 다수로 변형되거나 덩어리로 응고된다고 추측하는 것
이며, 마지막으로는 이 파편들 또는 이 덩어리가 단순히 실재(계)가 아
니라, 항상 부분적이고 부차적인 하나의 새로운 현실을 구성하는 구성
물들이라는 것이다. 이 새로운 현실은 환각적인 말(환청 또는 환시)로
투덜거리는 그 시간에만 지속할 뿐이거나 신체화 증상으로 저절로 아
픔이 출현하는 시간에만 지속될 수 있는 부분적이고 지엽적인 구성물
일 뿐이라고 결론을 내릴 수 있겠다.

제6부

분석상담 공간에서의 라포, 전이(Transfert)의 분석

제1장

전이; 무의식의 감정들을 전하다

전이라는 용어는 1900년에서 1909년 사이에 프로이트(Sigmund Freud, 1856-1939)와 산도르 페렌치(Sandor Ferenczi, 1873-1933)에 의해 정신심리의 분석치료 구성과정을 정의하기 위하여 발전적으로 도입된 용어이다. 분석상담 진행 중에 외부 대상에 관련된 분석내담자[1](Analysant)의 무의식 감정들, 무의식의 재현들이 분석 관계에 들어서서 분석가를 다양한 대상으로 상정하면서 반복되는 현상이 바로 전이 현상, 줄여서 전이(Transfert)라 부른다.

여러 영역에서 이용되는 그 말의 일반적 의미는 "한 위치에서 다른 위치로 옮김, 대치, 대체한다"는 의미를 가르킨다. 전이는 프로이트 이전부터 관계, 관계형성, 라포(rapport), 최면술 효과, 지향욕구, 애정 관계, 공감, 유대 관계 등과 같은 여러 개념들로 풍부하게 논의되어왔다.

---

1) 원래 자신의 분석을 실현하는 동시에 자신의 분석가를 분석하는 적극적인 역할을 하는 분석내담자를 지칭하는 말로 "분석내담자(분석수행자 Analysant)"란 말을 처음 쓴 사람은 헝가리의 유명한 정신심리분석가 페렌치(Sandor Ferenczi, 1873-1933)이다. 그는 그의 내담자이자 동료인 그로덱(Georg Groddeck, 1866-1934)과 상호 분석하면서 이 용어를 사용했다. 거기에 라깡은 분석내담자 불어로 아날리장(Analysant)이 기호학의 시니피앙(Signifiant)과의 발음상의 유사성을 강조하면서 분석수행자가 '떠오르는 생각(자유연상)'을 말하는 것을 시니피앙이 말하는 것으로, 즉 '그거(거시기)가 말한다(ça parle)'라고 말하면서 전통적으로 사용해온 환자라는 개념을 버렸다.

전이는 모든 상담 과정에서 일어나는 분석 진행 과정의 주된 부분이며, 분석상담의 현실적 기반이 된다. 내담자의 자아는 분석가와의 관계에 들어와서야 비로소 분석상담 과정을 생생하게 현실화한다. 그러므로 전이는 적극적으로 활성화되고 존속되어야 한다. 그것은 단순히 저절로 발생하여 지속되는 것이 아니며, 분석가의 주의 깊은 관찰과 심사숙고, 집중력 발휘를 필요로 하고, 개입해야 할 중요한 순간에는 분석가의 집중력 몰입을 한층 강화해야 한다. 분석내담자의 증상이 심할수록 전이를 활성화하고 유지하는 데 더 많은 어려움이 있고, 전이 과정은 더욱 중심적인 일이 된다.

프로이트 사고의 혁신적인 면 중에 하나는 전이를 발견하고 전이 현상에서 정신심리분석의 본질적 구성 성분을 인식한 데 있다. 전이의 발견과 그 중요한 발전을 순차적으로 검토해 보자.

제2장

전이의 출발; 안나 O의 경우

『히스테리 연구』에서 안나 O는 당시 나이 21세(1880)로 지적이고 정력적이며 완고하고 놀랄 만큼 예민한 통찰력과 직관력을 가진 젊은 여인으로 서술되어 있다. 문학적, 시인적 정서를 지닌 그녀는 여러 나라 언어를 구사하면서 슬픔과 아픔의 고통을 너무도 예민하게 겪는다. 아버지의 죽음과 병에 연관지어서 표출하는 다양한 히스테리 증상에는 환각, 신경 수축, 마비, 기침 발작에 시각 장애, 언어 장애를 보인다. 그녀는 여러 나라 언어를 혼합해서 사용하고 가끔은 모국어인 독일어를 말하지 못하며 이해하지도 못했으며 프랑스어와 이태리어로 말하다 영어로 맺는 식으로 증상을 표출한다(Breuer, 1956: 15–35). 그녀의 인성은 이중화되어 있어서 처음에 브로이어는 대화치료와 굴뚝 청소의 진행으로 그녀를 안정시킨다. 그러나 증상이 가라앉는가 싶더니 더욱 심해져서 브로이어는 그녀를 입원실에 입원시키고 거기서 그녀를 최면술적 대화 치료를 행한다. 마침내 증상이 점진적으로 사라지고 치료된다. 트라우마적인 상처의 기억연상 덕분에 안나 O양은 진정한 자아를 발견하고 독일어로 말할 수 있게 되며, 수축 마비 증상이 사라진다. "그녀는 비엔나를 떠나 여행하고, 정신적인 균형을 찾기 위하여 많은 시간을 갖어야 했으며, 그 후 완전히 회복하여 건강해졌다"(Breuer, 30)라고 브로이어는 말한다.

안나 O양의 진정한 특징을 제기하면서 존스는 브로이어와 함께 치료의 종결에 관한 환상적인 버전을 부여했다. 브로이어는 자기 환자 안나 O양이 전하는 사랑의 전이의 그 성적인 특징에 몹시 두려워했고 특히 치료의 순간에 부딪친 신경성 임신(상상 임신)에 질렸다고 그 사실을 설명했었다. 그때 브로이어는 치료를 중단하고 부인과 딸을 데리고 베니스로 밀월 여행을 떠났었다. 그런 일이 있은 10년 후 어느 날 브로이어는 또다시 동일한 환자 안나 O양을 진료하도록 프로이트의 부름을 받는다. 프로이트는 브로이어에게 이 병의 증상은 상상 임신을 드러내보이는 것이라는 설명을 한다. 이 말을 듣고 브로이어는 안나 O양의 과거의 상상 임신 행위를 또 반복하는 것에 화가 치밀어서 참을 수가 없게 된다. 어떤 한 마디의 말도 없이 브로이어는 그의 지팡이와 모자를 들고 황급히 프로이트의 집을 떠날 정도로 안나 O양이 브로이어에게 전하는 사랑의 전이에 저항을 한다.

1909년 워스터의 클라크 대학교에서 주최한 정신분석에 관한 5가지 강의에서 프로이트는 『히스테리 연구』의 버전에 이어 "안나 O" 증례를 말하고, 이어 5년 후에 정신심리분석의 역사에서 앞에서 언급했던 전이의 사랑이라는 명제를 다시 취한다. "모든 증상을 사라지게 한 후, 브로이어는 새로운 증상으로부터 이런 전이의 성적 동기를 발견하는 숙명에 부딪쳐야 했다. 그러나 이런 예기치 않던 현상의 일반적인 특징이 그를 도피하게 했고, 예상치 못한 사건에 직면했다. 그래서 그는 분명히 그의 연구를 중단했다. 브로이어는 그것을 직접적으로 알리지 못했지만, 동시대의 여러 유형의 검토 사항들을 나에게 제공해 주어서 이런 가정을 증명하게 했다"(Roudinesco et Plon, 2000: 774-775)라고 프로이트는 말한다.

1925년의 자서전에서 프로이트는 브로이어가 환자가 전하는 전이의 사랑 때문에 치료를 멈추었다고 강조하면서 이 버전을 다시 언급한다. 같은 생각이 브로이어에게 봉헌된 추도 논문에서 되풀이되었고, 그 논문에서 프로이트는 그 증례의 경우 의학적인 조심성으로 인해 이야기를 압축했고 삭제했는데 그것은 과학적이어야 한다는 이유 때문에 필수적일 수밖에 없었다고 말한다. 7년 후, 1932년 6월 2일에 츠바이그(Stefan Zweig)에게 보낸 편지에서 프로이트는 상상 임신에 대한 그 이야기를 첨부하고, 브로이어의 딸 도라 브로이어는 아버지와의 대화를 통해 이 사실을 확인했다. 모든 증상이 사라진 후 어느 날 저녁, 안나 O양에게 새로운 현상이 나타났는데 아랫배의 통증을 호소하는 망상이었다. 브로이어가 그녀에게 왜 그러느냐고 묻자 그녀는 브로이어 박사님의 아이가 나올 거라고 대답한다.

　1927년, 프로이트는 마리 보나파르트에게 똑같은 비밀을 전하는데, 그것은 브로이어의 부인 마틸드 브로이어가 병환으로 안나 O양의 치료 말기에 자살을 시도한 사건이었다.

　　"12월 16일 비엔나에서 프로이트는 보나파르트 공작에게 브로이어의 이야기를 했다. 브로이어의 부인이 안나(베르다)의 치료 말기에 자살을 시도했다. 이어 안나의 병은 재발했고, 상상 임신이 있었으며, 브로이어는 멀리 도망갔다."(Roudinesco et Plon, 775)

　이런 이야기들을 토대로 검토해 볼 때, 안나 O양의 신경성적 임신 이야기는 프로이트 학파 모두에게 확실하게 받아들여진 것 같다. 프로이트의 말을 통해 나온 그 상상 임신 이야기는 공식적인 이야기의 최후 글인 그의 자서전을 통해서도 이용되었다.

　결국 브로이어는 안나 O를 상담할 때, 환자 안나 O양으로부터 보내오는 사랑의 감정에 부딪쳐서 두려움을 가졌다. 그래서 그는 그녀를 피했고 자기 아내와 딸을 데리고 여행을 떠났다. 프로이트는 이런 현상 앞에서 전이를 발견한 것이다.

제3장

전이의 실패; 도라의 경우

프로이트는 당시에 엄청나게 많은 환자를 치료했으나, 의사로서의 직업윤리 때문에 그 자료들은 공개되지 않았고 단지 몇 개의 사례를 소개했다. 그중 도라 사례는 아주 유명한 정신심리분석 치료 사례로 현재까지도 많은 학자들이 다양한 측면에서 연구하고 평가하는 텍스트이다.

본명이 이다 바우어(Bauer Ida, 1882-1945)로 확인된 도라(Dora)의 분석상담은 1899년 말에 시작되어 약 3개월간 진행되다가 중단된다. 형식상으로는 어느 날 도라가 상담을 그만하겠다고 떠났지만, 프로이트는 자기 환자 도라와의 상담에 많은 어려움에 부딪쳤으며 그것을 감추지 않았다. 프로이트는 치료의 중단 후, 1900년 12월-1901년 1월에 이 사례 분석에 관련된 원고를 집필해두었다가 1905년에야 공식적으로 출판한다.

도라(이다 바우어)는 부유한 유대인 가문인 필립 바우어(아버지, 1853-1913)와 카타리나 게르버-바우어(어머니, 1862-1912) 사이의 둘째 아이였다. 아버지는 도라의 출생 때부터 시각 장애가 있어서 외눈으로만 볼 수 있었고, 결혼 전에 매독에 감염되었었다. 대사업가인 아버지는 돈을 많이 벌었고, 딸(도라)은 아버지를 아주 많이 존경했다. 아버지는 35살에 결핵에 걸려서 가족을 떠나 공기 좋은 티롤 지방에서 살게 된다. 그곳에서 그는 K라는 사업가를 알게 된다. K씨는 이탈리아 출신의 미모의 여인 K(주세피나)와 결혼하였는데, 이 여인은 히스테리 증상으로 프로이트가 머무르는 요양원에 빈번하게 드나들었다. 자연스럽게 도라의 아버지와 K부인은 서로 돕는 사이, 애정을 교환하는 사이가 되었고, 도라의 아버지가 망막 절단으로 고통 받을 때 K부인은 옆에서 그를 간호하고 돌보았다.

도라의 어머니는 교육을 받지 못해 꽤나 어리숙했으며 만성적 복통에 시달렸다. 어머니는 자녀의 관심을 돌보고 소통할 줄 몰랐으며, 남편의 병에도 관심이 없는 오로지 '가사 강박증상'에 빠져있었다. 도라를 지탱시켜준 것은 가정부였다. 자유분방한 성격을 가진 가정부는 도라에게 성생활에 관련된 책도 읽어주기도 하면서 은밀하게 성을 알려주곤 했다. 도라는 가정부를 통해서 아버지와 K부인의 애정관계, 불륜에 대해서도 눈뜨게 되었다.

도라의 오빠(오토 바우어, 1881 – 1938)는 부모의 싸움을 회피했는데, 굳이 편을 든다면 엄마 편이었다.

도라의 상담 치료는 그녀가 18살 때인 1899년 10월 14일에 시작된다. 겉으로 보기에 건장해 보이는 이 소녀는 여러 가지의 문제들이 있어서 소녀의 아버지가 그녀를 프로이트에게 데려왔다. 증상에는 헛기침, 천식, 편두통, 히스테리 발작, 자살 망상, 생활 전반에 대한 불만, 발성 장애 등이 포함된다. 그녀의 아버지 역시 결혼 전에 전염된 매독을 치료하기 위하여 이미 의사 프로이트에게 치료를 받았던 적이 있었다.

부르즈와 가문 태생에 겉보기에 말이 없고 조용한 도라는 실제로는 자신의 주위 환경에 대한 코메디의 중심 역할을 하고 있었다. 소녀의 아버지는 사업을 하고 있었는데, 젊은 시절부터 줄곧 아팠으므로 도라가 아버지를 간호하곤 했다. 자연히도 소녀의 아버지는 도라를 무척 신뢰하게 되었고, 도라와 아버지는 매우 다정다감한 관계를 유지해왔다.

또한 도라는 K부부에게 매우 친절하게 대했고, 어떤 애정적 감정도 갖게 된다. K부인이 도라의 아버지를 간호할 때면, 도라는 그녀의 아이들을 돌보곤 했었다.

바야흐로 도라의 가정과 K부부는 서로 돕는 형편이 되었고, 편의에 따라 드러내놓고 서로의 애정적 감정을 교환하기 시작했다. 도라의 아버지와 K부인은 정을 통하고 있었고, K부인의 남편 K씨는 호숫가를 산책하다가 도라와의 키스를 시도한다. 도라는 그때 K씨의 따귀를 때린다. 도라가 아버지에게 그 사건을 이야기했을 때, 사람들이 모두 그것을 믿지 않았고, K씨도 소녀의 상상력의 소산이라고 하면서 그것을 부인했다.

크게 상처를 입은 도라는 얼마 안가서 아버지는 오직 유일한 대상 K부인의 말만 듣고 있다고 생각한다. 즉 아버지는 K부인과의 정을 통하기 위해서 K씨를 K부인으로부터 떨어지게 한다는 것이다. 결국 그런 억울함으로 도라는 병을 얻게 된다. 심한 천식, 실성, 여윔 등등의 병이다.

여기서의 이런 증상들은 그녀의 아버지를 K부인으로부터 등 돌리게 하는 압력의 수단으로 되었던 것이다. 도라의 히스테리 증후군들은 K씨가 그녀를 호숫가에서 유혹하기 전에 이미 나타났었다. K씨는 도라가 14살 때 가게 한 구석에서 키스를 하려고 도라를 포옹한 적이 있었다. 그때 도라는 더러운 살내음을 체험했었다. 그녀는 자신의 신체에 남성의 발기된 성기를 느꼈고, 그때의 그 흥분이 그녀로 하여금 위쪽으로, 목구멍으로 대체된 히스테릭한 반응으로 나타난 것이다. 더군다나 도라는 오랫동안 손가락 빠는 습관이 있었고, 키스할 때 발견할 수 없었던 완전한 만족감을 이미 거기서 경험했었던 것이다. 천식, 즉 목구멍에 히스테릭한 증후로 고착하는 것은 마찬가지로 상상 속에서 전개되는 어떤 환상으로 되었다.

도라는 어린 시절에 이미 아버지의 유혹을 받았었다고 프로이트에게 이야기했었는데, 만약 이 이야기를 믿는다면 무의식적으로 유혹의 장면이 바로 히스테리인 도라의 욕망을 낳게 한 장본인이 된다. 유혹받고자 하는 환타즘이 히스테리의 무의식 욕망이 된다. 그러므로 후에 K씨로부터 유혹을 받고자하는 도라의 욕망은 그 근원에 있어서 근친상간의 욕망이다.

아이러니하게도 도라가 관심을 갖고있는 것은 K씨가 아니라 K부인이다. 도라는 K부인과 동성 연애 감정을 갖는다. 도라는 아버지에 대한 관심을 축소하고 대체하기 위하여, 아버지가 사랑하는 K부인을 사랑하면서 보상 만족을 얻게 된 것이다.

결국 도라의 분석상담 치료는 1900년 12월 말에 중단된 채 끝을 맺는다.

"도라(Dora) 사례"에서 프로이트는 진실로 부정적 전이에 대한 첫 번째 경험을 야야기한다. 프로이트는 지적이고 매력적인 젊은 여성 도라에게 깊은 인상을 받는다. 분석가(프로이트)와 내담자(도라)의 관계에서 벌어진 전이를 검토해 보자.

프로이트는 이 증례를 통해서 전이 문제의 중요성을 인식했고, "정신심리분석 과정에 가장 큰 장애물로 점철되어 있는 것처럼 보이는 전이를, 매 순간 정확하게 간파하고 탐지하여 환자에게 그것을 잘 설명해 줄 수 있다면, 분석과정에 가장 강력한 치료 역할을 하게 된다"(Freud, 1992: 88)라고 말할 정도로 전이를 정신분석 과정의 핵심으로 생각했다. 물론 프로이트는 분석 진행 중에 도라가 들려주는 이야기들 속에서 그녀가 아버지에 대해서 강력하게 불만을 토로한 사실을 잘 간파한다. 아버지가 K부인과 맺고 있는 불륜의 로맨스에 대한 비난이다. 프로이트는 그녀가 그녀의 아버지와 관련된 상처, 그 무의식 사고를 잘 간파한 것이다. 그럼에도 불구하고 프로이트는 분석의 회기(세션) 당시에는 전이를 잘 해결하지 못한 점이 발견된다. 도라가 아버

지를 비난하는 것이 프로이트 자신과 어떤 연관을 맺고 어떤 의미를
주고 있는지를 미처 생각하지 못한 듯하다. 사실 내담자의 모든 언행
은 분석가와 의미있게 관련되어 있는 법이다. 프로이트에게 치료받은
적이 있는 도라의 아버지가 도라를 프로이트에게 보낸 것은 우연이 아
닌 숨겨진 의도가 있는 것 같다. 이 의도를 도라도 짐작했을 것이다.
그렇다면 도라의 눈에 프로이트는 K씨처럼 아버지의 대리인 역으로
비쳐졌을 것이고 도라는 아버지에 대한 부정적 감정을 프로이트에게
전이시켰을 것이다. 도라는 프로이트를 아버지의 대체 인물로 여긴 것
이다. 아버지와 같은 또래의 아저씨일 뿐만 아니라 프로이트도 다정한
면에서 아버지와 비슷한 점들이 있고 아버지와 친한 사람이기 때문이
다. 그래서 도라는 아버지에게 했던 것처럼 프로이트가 자신의 말을
진정으로 믿어주는 사람인지 늘 확인하려고 했다.

　　어릴 때부터 도라는 아버지에게서 항상 매력을 느꼈다. 아버지의
빈번한 병은 도라가 아버지를 향한 애정을 더욱 공고하게 했을 것이
다. 그리고 도라의 총명함을 뿌듯이 여기고 믿음직스러워 했던 아버지
도 병수발을 딸에게 맡기곤 했다. 그렇게 도라는 아버지에 대해 근친
상간 욕망을 갖고 있었지만, 이 욕망은 K씨로 옮겨갈 수밖에 없는 운
명에 부딪친다. 이것은 아버지가 K부인과 내연의 관계를 맺어감에 따
라 더욱 촉진된다. 이 욕망이 분석 진행 과정에서 프로이트에게 전이
된 것이다. 이렇게 아버지, K씨, 프로이트로 이어지는 도라의 심리극을
프로이트는 후에 다음과 같이 자평한다.

　　첫 번째 꿈, "집에 불이 나서 황급히 집을 빠져 나오는 꿈"을 해석
하면서 K씨의 집을 떠나려고 사흘 동안 반복해서 꿈을 꾸었다고 해석
했던 것처럼, 그 말은 프로이트와의 치료를 떠나겠다는 경고의 의미도
포함했었을 터인데, 프로이트는 그 경고가 프로이트 자신에게도 해당
된다는 것을 미처 알아차리지 못했던 것이다.

그녀(도라)의 관심이 우리들의 관계, 혹은 나 개인(프로이트), 혹은 주
변 상황에 쏠렸을 것이다. 그리고 이런 상황 속에는 K씨와 관련하여
겉보기에는 비슷하나 훨씬 중요한 그 무엇이 내포되어 있었을 것이
다. (…) 그러나 나는 이런 첫 번째 경고를 무시했다. 스스로 말하기를
아직 시간이 많이 있다. 왜냐하면 다른 전이 현상들이 나타나지 않고
있고, 분석의 재료들이 아직 다 끝나지 않았다고 스스로 자위했다. 이
런 방심을 틈타 전이는 무의식 중에 나를 사로잡았다. K씨에 대한 형
용할 수 없을 만큼의 앙갚음을 나(프로이트)에 복수했다. 그리고 그
남자(K씨)로부터 기만당하고 버림받았다고 믿는 만큼 나를 버렸다
(Freud, 89).

도라는 더 이상 프로이트를 찾아오지 않았다. 분석이 진척되지 않
는 느낌을 받았을 때, 자신의 사랑의 전이라는 매듭을 푸는데 이제는
도움이 되지 않는다고 판단했을 때, 도라는 어떤 핑계를 대면서 상담
을 못 오겠다고 말하고는 프로이트를 떠난 것이다. 도라는 프로이트에
게서 K씨의 모습을 보았고, 아버지의 모습을 보았으며, 여기서 발생하
는 사랑의 전이에 혼란스러웠고 당황했을 것이다. 다시 말해서 도라는
사랑하는 아버지가 자기를 멀리하고 K부인과 정을 통하는 모습에서
느끼는 배신감이 K씨와의 관계에서 똑같이 사랑과 배신의 감정으로
재현되었으며, 또 그것은 분석가인 프로이트에게 연속되어 사랑과 배
신이라는 감정의 두려움에 처해 있었던 것이다. 그래서 그 불안과 두
려움을 피하기 위하여, 또 버림받는 상황의 두려움을 피하기 위해 자
신이 먼저 선수쳐서 프로이트를 떠난 것이다.

여기서 지적할 사항은 프로이트는 도라의 사랑의 전이 상대자로
역할을 하게 되고, 프로이트는 도라의 전이에 대해서 방어의 자세를
취하게 된 것이다. 도라의 사랑 상대자가 되기를 거부하면서 프로이트
는 환자의 부정적 전이에 뒤로 물러서면서 저항을 한다. 몇 년 후 프로
이트는 이런 현상을 역－전이(contre－transfert)이라 부르게 된다. 이 점

에 관해서 라깡은 전이와 역전이가 불가분하게 관련을 맺고 있다는 것을 증명해 보이면서 프로이트의 전이 실패를 정확하게 지적한다.

> "전이는 주체와 정신심리분석가가 함께 어우러지는 현상이다. 전이와 역전이라는 용어로 구분하는 것은, 이런 주제를 화제로 삼는 것은 가끔 무모하고 경솔해 보이기도 한데, 전이와 관련된 진의를 회피하는 방식에 다름 아니다"(Lacan, 1973: 210).

자신(상담자)은 보지 않고 남(내담자)을 보려는, 자신은 판단받지 않고 내담자를 판단하려는 분석가를 정확하게 지적한 것이다. 일반적으로 내담자가 분석가에게 부가하는 전이에 대해서 분석가가 보이는 무의식 반응, 감정적 반응을 역－전이라 한다. 역－전이는 분석가의 문제, 편견, 감정, 불명료함, 곤란함의 총체적 형태라 할 수 있다. 라깡은 프로이트가 K씨의 자리에 자신을 놓으면서 감정을 추스리지 못하고 예민하게 반응했고, 이 때문에 도라가 K씨에게서 겪은 사랑의 문제를 프로이트 자신을 향하게 하는 이른바 사랑의 전이에 얽매여 있었다고 평한다. 분석가가 자신의 역－전이 현상을 제대로 보지 못하는 상황에서는 내담자의 전이 현상도 제대로 파악하지 못하는 법이다.

이렇게 프로이트는 도라의 전이를 이해하고 제압하는 것에 실패했고, 오히려 역－전이의 환타즘에 빠지게 되는 우를 범하게 되어 급기야 치료의 조기 중단을 불러온 것이다.

제4장

전이의 역동성

1909년부터 페렌치(Sandor Ferenczi, 1873－1933)는 전이가 모든 인간 관계에서 존재한다는 사실을 관찰한다. 스승과 제자, 교육자와 피교육자, 성직자와 신도, 성직자와 성직자, 남편과 아내, 부모와 자녀, 의사와 환자, 변호사와 손님, 검사와 피고인, 경찰과 범죄인, 직장 상사와 직원 또는 동료 간에, 군대에서의 상사와 하급자 등, 분석상담에서 내담자는 최면술과 암시요법처럼 분석가를 은연중에 무의식적으로 부성적 위치로 올려놓는다.

이와 때를 같이하여 "쥐 인간 증례"를 통해 강박증 신경증을 분석하면서 프로이트는 치료자를 향한 환자의 무의식 감정은 부성적 이마고(imago)[1)]의 억압된 감정 관계의 표출이라는 사실을 간파하기 시작한다.

1912년 전이 문제의 첫 번째 논문인 "전이의 역동성"이라는 글에서 프로이트는 호감과 사랑의 감정을 전하는 긍정적 전이와 적대감과 공격적 감정을 전하는 부정적 전이를 구별하고, 이어 여기에 부모에 대한 아이의 양가감정을 생산하는 혼합된 전이를 덧붙인다. 부정적 전이의 경우 분석가가 엄격하고 고지식한 태도를 보이면 원만한 상담 형

---

1) 원래 융에 의해 처음 소개된 라틴어 imago는 '이미지'라는 용어와 관련되어 있지만, 시각적 표상뿐만 아니라 느낌도 포함하는 개념이다. 이마고는 또한 '콤플렉스'와 밀접한 관련을 갖는다. 가령 이유(離乳) 콤플렉스는 어머니의 유방 콤플렉스에 연결되고 오이디푸스 콤플렉스는 아버지 이마고에 연결된다.

성을 할 수 없게 된다. 엄격하고 통제된 규율에서 분석가가 내담자와 만난다면, 내담자는 효과적으로 상담에 참여하지 못하게 되며, 종종 교착 상태에 빠지게 되고, 결국에는 분석이 실패로 끝나게 된다.

긍정적 전이의 애정 감정과 부정적 전이의 적대 감정은 병존하는 감정이라 할 수 있다. 우리들 대부분이 다른 사람들과 관계를 맺을 때 지니게 되는 감정을 생각해보면 이 두 감정은 언제나 병존하고 있다는 것을 느낀다. 적대 감정은 애정 감정과 마찬가지로 감정의 집착을 의미한다. 다시 말해서 애정 감정에서의 복종심처럼 적대 감정은 반항심에 종속되어 있다. 그러므로 내담자의 분석가에 대한 적대 감정들도 전이의 한 형태가 되는 것이다.

심리적 자료들의 충분한 검토와 확신이 없이 행해지는 분석가의 일방적인 해석은 주입이 되며 순응의 강요가 된다. 그 결과는 내담자와 분석가가 함께하는 전이의 놀이 공간 바깥에서 행해진 일방적 해석이 되는 것이므로 저항에 부딪치게 된다. 상호 유대감, 긍정적 전이가 이루어질 때, 서로의 마음을 공감하는 해석이라야 상담이 진전되는 것이다. 분석의 공간은 자발적이 되어야 하며 순응이거나 강제이어서는 안된다. 이러한 분석 공간, 상담 공간이 잘 활성화되기 위해서는 분석가의 자기 창조성과 내담자 내부의 창조적 잠재성이 상호 반응하는 양자의 관계에 기초를 둔다. 예컨대, 우울증의 경우, 분석가는 우울증 내담자의 내부적 심리 상태를 자신의 체험에 입각하여 잘 이론화된 상태로 준비되어 있어야 하며, 적절한 시기에 내담자가 자신의 심리적 우울 상태와 공격적인 면을 자각하고 인정하며 수용하는 공감, 애정의 긍정적 전이가 있어야 내담자의 우울이 해소되고 삶에 중요한 변화를 가져오게 된다. 마찬가지로 공격적이고 반항적인 역−전이의 모습이 자기 자신에 대한 공격이요 반항이라는 사실을 알지 못하면 문제의 근원이 해결될 수 없을 것이다.

공격성과 피해감정, 우월감과 열등감의 상호 작용을 유발하는 전이의 경우 어린 시절에 겪은 환경 또는 가정에서의 부모 행동들의 왜곡되고 분열된 모습의 반영일 수 있다. 부모의 역할 불균형, 가학/피학적(사도－마조히즘) 상호 작용, 정서적 이혼 감정, 갈등적 상호 비난, 상호 무시 등의 갈등과 긴장이 내담자의 마음에 내면화되어서 공격적이고 피해적인 감정을 조직화한다. 우리 문화에는 아주 빈번히 지배적이고 통제적인 아버지와 자기희생적이고 자기 비하적인 어머니가 짝을 이루어 왔다. 부모의 역할에서 표출된 이러한 불균형은 자녀들이 부모를 모델로 해서 공격적이고 피해자적인 감정을 내면화하도록 한다. 이러한 불균형이 심각할수록 가족 병리의 정도가 커지며 클라이언트의 병리도 깊이 왜곡되어 있게 된다.

분석가는, 상담자는 내담자가 말하는 것을 인내심을 갖고 주의 깊게 청취할 필요가 있다. 클라이언트가 경험하고 느끼는 것에 대해서 상담자가 감정이입을 하면서 이해해야 한다. 상담자가 내담자의 감정에 공감을 느끼게 되면, 내담자에게 마음이 통하는 느낌, 교감의 느낌, 소통이 통하는 느낌을 주게 되어 자기가 진정으로 이해받고 있으며, 그 결과 관계의 경험이 의미있는 차원들로 뿌듯한 환희, 주이상스(jouissance)를 준다.

내담자가 자기의 생각을 드러내지 않거나, 최소한의 말, 묻는 말만 겨우 드러내는 경우는 분석가의 판단이나 비판에 대한 두려움에서 올 수 있고, 또는 내담자 자신의 무력감이나 분석의 일방성에 대한 무기력한 의존, 포기에서 올 수도 있으며, 내담자 자신의 죄와 잘못에 대해서 오히려 분석가가 용서를 선언하도록 하는 상황이라고 간주할 때도 이런 일이 벌어질 수 있다. 마지막 후자의 경우는 부모가 자녀를 상담할 때 흔히 있을 수 있다.

분석가는, 상담자는 말과 태도와 느낌을 표현하는 모든 행위들에 어떤 일관성을 유지해야 한다. 상담자의 과제는 계속적으로 내담자의 신뢰를 형성하는 것이며, 내담자의 자율성을 지속적으로 격려하고 촉진하는 것이다. 상담자는 내담자와의 긍정적 전이, 내담자와의 신뢰를 형성하기 위하여 최선을 다해야 한다. 어린 시절 부모에게 했던 것처럼 의존적이고 유아적이며 무기력하게 매달리는 내담자에 대해서 분석가가 부모와 같은 역할을 해주게 되면, 뜻하지 않게도 역 – 전이 현상을 낳게 되어 내담자의 자율성과 신뢰를 침해하는 일이 일어날 수 있다는 점에 유의해야 한다. 그런 경우 일이 뜻대로, 바라는 바대로 되지 않으면 부모 탓을 하듯이 분석가를 비난하는 일이 발생할 수 있다.

전이의 활성화와 유지에 중요한 것은 분석가가 일관성을 지니는 것이며, 분석가는 내담자의 믿음, 자율성, 자존심을 해치는 일은 어떤 것이라도 해서는 안 된다는 것을 지속적으로 스스로에게 상기시켜야 한다. 그것은 분석가가 내담자의 저항에 부딪쳐서 그것을 극복하려 할 때 특히 더욱 어려워진다. 분석가가 저항을 분석할 때, 내담자의 취약한 자존심과 자율성을 침해할 위험이 늘 상존한다. 따라서 내담자의 저항에 대한 분석가의 해석은 전이에 더욱 집중하면서 행해져야 한다. 저항의 해석은 긍정적 전이가 잘 활성화되고 강화되는 그런 상황에서의 해석이라야 효과를 발휘할 수 있다.

분석내담자는 자기 자신이 소유한 최소한의 자존심과 나약한 자율성을 상실하지 않으면서 어떻게 분석가와 유대 관계를 맺고 분석 과정 속으로 들어갈 수 있을까라는 질문에 계속적으로 직면하게 된다. 전이가 견고하고 안정적일 경우에 분석 과정에 들어가기가 쉽다. 그러나 전이가 취약하거나 그릇된 전이의 요인들, 부정적 전이 요인들에 의해 오염된 경우에 분석 과정 안에 들어가기는 매우 어렵고 임시적일 수 있다. 어떤 경우이든지 긍정적 전이를 활성화하고 지속 강화하는 일은 상담에서 가장 중요한 일이다. 그런 전이는 본질적으로 분석을 수행하고 발전시키며 내담자를 치유하는 필수 요인이기 때문이다.

　　어떤 내담자는 피해의식에 사로잡혀 있어서 자신의 피해 감정을 분석가에게 투사2)하여 분석가를 자신에 대한 공격자로 여긴다. 사실 내담자는 종종 자신의 방어를 위해서 분석가를 자기를 대신하는 피해자로 만들어서 피해자의 처지에서 공격자의 위치로 바꾸는 경우가 있다. 이런 변경은 종종 분노의 분출, 분석가에 저항하는 적대적이고 증오적인 태도, 분석가의 개입에 대한 무조건적인 저항, 심지어는 분석 상담의 파기와 자살이나 자해를 하겠다고 위협하는 등으로 분석가의, 상담자의 노력을 좌절시키고자 한다. 이런 경우 분석가는 내담자의 피해감정이 투사되고 있음을 간파해야 한다.

　　과대망상적인 내담자는 분석가를 자신의 게임에서 물리쳐야 할 대상이라고 여길 수 있다. 그는 다른 사람이 또는 분석가가 자기보다 더 높은 수준의 만족과 성공을 성취했다고 느낄 때, 그것은 참을 수 없는 모욕이라고 느낀다. 그런 내담자는 분석가가 가진 모든 지식, 권력, 지위 등에 대한 시기심을 갖게 된다. 그는 어떤 의존 관계도 거부하고 상담에서 상호 교류되는 감정들, 예컨대 애정, 칭찬, 존중, 지지 등을 거부하려 한다. 분석가가 자신들과는 다르고 분석가와 거리감이 있고 분리되어 있다는 사실에 대해 강렬하게 시기하는 내담자의 시기심과, 분석가를 패배시키고 분석 과정을 파기시키려고 하는 내담자의 충동은 분석가의 자기 존중감을 위협하고, 분석가와 내담자의 정체성을 위협하여 분석가를 매우 어려운 곤경에 빠지게 할 수 있다. 이런 상황에서 자칫하면 분석가는 내담자와의 상담이 불가능하다고 느끼거나, 내담자의 과대망상에 직면하여 그 태도를 수정하려고 거친 해석을 가하거나 또는 내담자의 태도를 패배시키기 위해 역공으로 나오면서 내담

---

2) 1895년부터 프로이트에 의해 사용되어 온 용어로 외부로부터 심리적인 압박을 받은 주체가 그 불안에서 벗어나기 위해 원인을 외부 대상이나 사람으로 돌리는 것을 말한다.

자를 무시하고 가치절하하는 등의 공격성의 유혹, 역－전이에 빠지게 되는 것이다.

어떤 경우에 상담자는 자신이 특별한 기술이나 능력을 가지고 있다고 생각하거나, 내담자를 효과적으로 다룰 수 있는 유일한 사람인 것처럼 전능한 태도를 가지는 사람이 있을 수 있다. 범죄인 상담이나 의사들의 경우 또는 종교 상담에서 일어날 수 있는 경우이다. 그런데 생각과는 달리 상담이 강력한 저항에 부딪치거나 진전이 없을 경우에 상담자는 자신의 감정을 강하게 표출하여 반응하거나 또는 자신의 무가치와 나약함으로 빠질 수 있다. 이와 같은 정서 반응들에 처해있을 경우에 상담자는 전이/역－전이 현상에 사로잡혀 있다는 뜻이 되며, 이 상황을 바로 잡기 위해 어떤 조치를 취해야 한다. 상담자는 내담자와의 상담 관계에서 일어나는 역－전이 양상에 항상 관심을 가져야 한다. 내담자의 부정적 전이의 여동에 휘말리지 않고, 그 함정들을 피하기 위해 자신의 역전이 반응들을 계속 주시하고 조절하고 분석해야 전이/역－전이 상호작용을 슬기롭게 극복할 수 있는 것이다.

제5장

라깡의 전이 ;
"가정된 전지 주체", "대상 a ; 아갈마"

1923년에 발표한 글 "정신심리분석과 리비도 이론"에서 프로이트는 전이를 정신심리분석의 승리를 가져다주는 토대로 인식한다. 그는 "그것은 모든 치료 방식에서 가장 탁월한 치료 도구이다"라고 말한다. 그때부터 전이의 사랑이 프로이트의 모든 주의를 끌게 된다. 전이 과정을 관찰한 후 프로이트는 분석가는 절제의 규율을 존경하고 준수해야 할 절대적 필요조건을 강조한다. 단지 윤리적인 이유 때문만이 아니라, 모든 분석가들이나 상담자들이 추구해야 할 목표이기 때문이다. 이 경우 상담에서의 저항은 어떤 사랑의 형태를 꿈꾸므로 분석 진행 작업은 위에서 살펴본 바와 같이 전이를 표출하는 전이의 역동성과 그 무의식적 기원을 찾는 것을 겨냥하게 된다.

프로이트를 이어서 전이 문제에 대한 다양한 작업과 연구들이 펼쳐진다. 그 연구들은 전이에 관해 더욱 심사숙고하게 했고, 초창기 이론에 입각해 수립된 것을 발전적으로 수정 보완, 조화를 추구하면서 전이의 개념을 더욱 강화했다.

헝가리 정신심리 분석학파로 시작하여 후에 영국 정신심리 분석학파의 대표적 이론으로 지탱해온 멜라니 클라인(Melanie Klein, 1882-1960)은 전이를 분석 중에 일어나는 내담자의 무의식적 환상 전부를 상연화하는 것으로 생각한다. 클라인의 관점에서 그 환상은 현실을 반대하는 정신적인 방어의 표현일 뿐만 아니라 충동들의 표출이다. 그래서 자아는 프로이트가 생각한 것보다 훨씬 복잡한 방식으로 구성된다.

모든 사회적 관계에서 전이가 자연발생적으로 행해지는 것처럼, 분석 관계에 들어서면 전이가 자동적으로 발생한다. 주체의 입장에서 분석가이든 아니면 다른 누군가이든지 간에 모든 것을 알고 있다고 가정된 전지 주체의 기능이 구현되는 순간에는 이미 그때부터 전이 현상이 발생한다.

내담자가 분석가에게 말하는 것은 먼저 자신의 마음에 간직한 어떤 호소이다. 그 호소는 애정의 요구임과 동시에 자신의 무의식 감정들, 무의식 생각들을 알고 있다고 가정되는 분석가에게 말해지는 호소이다. 그래서 라깡(Jacques Lacan)은 내담자가 분석가에게 전하는 이 무의식의 앎을 설명하기 위해 알고 있다고 가정된 주체, 즉 "가정된 전지 주체(Le sujet – supposé – savoir)"라는 용어를 사용한다.

라깡은 이 개념을 그가 행했던 일련의 세미나 중 "전이(Transfert, 1960 – 1961년)"와 "동일시(l'Identification, 1961 – 1962년)"에서 도입했다. "가정된 전지 주체"를 알리면서 라깡은 주체로서의 큰타자(Autre)의 개념을 포기한다. "동일시" 세미나에서 큰타자는 주체가 아니라, 아리스토텔레스 이래로, 주체의 힘들을 전이로 강화시키는 장소이다. 이전의 세미나에서 큰타자를 주체의 범주 내에서 정의했었는데 이제는 "가정된 전지 주체"가 그 자리를 차지하게 된 것이다. 이제 큰타자는 주체의 앎이 전이로 되는 장소이자 동시에 주체가 아닌 시니피앙의 장소가 된다. 다시 말해서 분석내담자를 지배하고 있는 증상과 고통에 대해 무엇인가 잘 안다고 가정하기 때문에 내담자는 분석가에게 자신의 증상과 고통을 호소하는 것이다. 이때의 앎은 분석가가 신처럼 모든 것을 다 알고 있다고 가정한다기보다는 고통과 이해하지 못했던 모든 사건의 기원, 그 무의식을 분석가가 다 안다고 내담자 스스로가 가정한다는 뜻이다. 그런 의미에서 '가정된 전지 주체'라는 라깡의 표현은 분석가가 증상의 원인이고, 증상의 수신자이며, 증상의 큰타자가 된다는 의미를 담는다. 큰타자는 무의식의 시니피앙들을 의미하는 것이므로 라깡은 다른 시니피앙을 위하여 주체를 대신하는 시니피앙의 개념을 말하게 된다. 무엇인가가 누군가를 나타내는 사인(signe)과는 반대로 정확하게 말해서 하나의 시니피앙(S1)은 어떤 다른 시니피앙(S2)을 위하여 주체를 재현(대신)하는 것이다. 시니피앙은 말실수처럼 말하는 사람의 의지와는 상관 없는 표현이다. 그것은 한 의미로 고정할 수 없는 의미를 벗어난 것으로 단지 다른 시니피앙을 위한 시니피앙일 뿐이다. 하나의 시니피앙은 분석가의 시니피앙도 아니고 내담자의 시니피앙도 아니며 어떤 사람을 위한 시니피앙도 아니다. 그것은 다만 다른 시니피앙을 위한 시니피앙일 뿐이다.

이런 라깡의 기호학을 간단히 줄여서 다음과 같이 표현한다.

한 시니피앙(S1)은 꿈, 말 실수, 건망증, 농담, 이야기, 몸짓, 목소리, 침묵, 욕, 사투리, 등 무엇이나 될 수 있지만 그 의미를 설명할 수 있는 의미의 세계가 아니다. 단지 시니피앙으로 놓고 있는 빈 장소요 공간일 뿐이다. 그것은 다른 시니피앙(S2)들의 관계망이라는 조건 안에서만 무의식 주체($\hat{S}$)를 재현한다. 예를 들면 어떤 꿈의 의미(S1)는 그와 연관된 다른 맥락, 다른 시니피앙(S2)과 맺는 관계 안에서 주체($\hat{S}$)의 본심을 알 수 있는 것이다.

이렇게 큰타자는 시니피앙들의 장소가 되고 "가정된 전지 주체"가 된다. 분석에 들어서면 이 가정된 전지주체는 무의식의 앎의 장소인 큰타자가 되고, 분석가의 내면에 있는 욕망의 원인 대상 a가 되며, 어떤 가정된 전지 주체 대상 a(욕망의 원인)가 있게 되면서부터 전이가 발생하는 것이다. 라깡은 가정된 전지 주체인 분석가의 내면에 있는 욕망의 원인인 대상 a를 아갈마(Agalma)로 비유하면서 플라톤의『향연』 속의 인물들의 관계를 예로 든다. 말하자면 라깡은 전이의 사랑에 관한 진실을 규명하기 위해 분석가의 욕망을 도입한 것이다. 인물 중 한 사람은 소크라테스이고, 다른 사람은 소크라테스가 사랑하는 유명한 미남의 정치인 알키비아데스와, 연극 경연에 우승한 예술인 아가톤 등이 등장한다.

어느 날 아가톤이 연극 경연 대회에서 우승상을 받았다. 그는 여러 사람들을 초빙하여 성대한 "향연"을 연다. 알키비아데스도 이 연회에 참석한다. 알키비아데스는 소크라테스도 이미 그곳에 있음을 알게 된다. 소크라테스는 알키비아데스에게 말한다. 알키비아데스가 소크라테스 자기에게 애착을 갖고있는 것처럼 말하는 것은 사실은 알키비아데스가 아가톤과 소크라테스 사이를 갈라놓고 싶었기 때문이고, 알키비아데스가 진정으로 사랑하는 대상은 아가톤이라는 것을 폭로한다. 그렇게 소크라테스는 알키비아데스의 욕망을 드러낸다. 알키비아데스는 권력을 가진 정치인이자 미남 군인이다. 그가 아가톤을 욕망한 것이다. 아가톤은 최고의 시인이고 예술인이다. 알키비아데스는 그가 되고 싶어도 되지 못한 것, 갖지 못한 것을 갖고 싶었을 것이다. 그런 이유로 아가톤은 알키비아데스의 욕망의 대상이다.

그렇다면 알키비아데스는 어떤 아름다운 말을 하여 아가톤의 마음을 가질 수 있을까? 그것은 아무리 노력해도 불가능한 일이다. 차라리 소크라테스의 말을 통해 아가톤을 칭송하도록 하는 편이 제일 나을 것이다. 소크라테스의 칭송의 아름다운 말 속에는, 그 내면 속에는 아갈마(Agalma)가 들어있다. 그래서 알키비아데스는 아가톤을 빛나게 하고 매혹시킬 소크라테스의 말을 욕망하게 된다. 소크라테스의 말은 알키비아데스에게는 타자의 담론이다. 그의 욕망은 타자의 담론이다. 인간의 욕망은 큰타자의 담론(말)이다. 소크라테스의 담론 속에 있는 아갈마가 바로 욕망의 원인 대상 a이다. 그래서 대상 a는 전이를 활성화시키고 분석을 수행하는 힘이 되는 것이다. 라깡은 소크라테스를 분석가의 위치로 설정하고 그가 지녔다고 가정된 아갈마를 욕망의 원인 대상 a로 비유하면서 분석가의 욕망을 전이의 중심으로 자리매김한 것이다.

결국 분석이라는 대화(담론 또는 텍스트)의 상황이 존재해야 이런 "가정된 전지 주체", "아갈마"라는 전이가 활성화된다. 이때 분석 과정에서 펼쳐지는 전제된 무의식적 앎의 세계는 과학적 지식처럼 미리 설정되어 결론이 나와 있는 그런 지식과는 완전히 다르다. 분석 과정에서의 앎은 생산해야 할 앎이다. 그런 이유로 분석가는 아갈마, 대상 a, 결여, 무의 입장을 취해야 한다. 그래야 분석 중에 벌어지는 일들을 아무런 편견없이 받아들일 수 있다. 분석가, 상담자가 취해야 할 아갈마, 대상 a, 무의 세계는 헛되고 쓸모없는 그런 없음이 아니라, 근원에 너무 충만한, 이미 태초부터 충만으로 가득했던 그런 충만한 무의 세계이다. 결국 전이를 받아들이는 분석가의 자기 체험과 재능, 부단한 자기 인식의 노력을 필요로 한다. 분석가의 무의식은 내담자의 앎의 대상일 뿐만 아니라, 내담자의 무의식을 끌어내기 위한 유일한 수단이기 때문이다. 자신의 고통을 호소하는 내담자가 있고 이를 청취하는 분석가가 있다는 사실이 전이의 기본 원리와 개념의 중요성을 탐구하게 하며 그것의 현장 적용을 인도한다. 모든 상담에서 전이는 실제 현장을 통해 그 진실이 증명되기 때문에 항상 열려있는 열린 체계라는 사실을 강조하면서 글을 맺는다.

참고문헌

루디네스코/플롱(2005), 『정신분석대사전』, 이유섭 외 옮김, 백의.

슈레버(Schreber)(2010), 『한 신경병자의 회상록』, 김남시 옮김, 자음과모음.

이유섭(2012), 『정신건강과 정신분석』, 레인보우북스.

―――(2000), 『성 관계는 없다―라깡 정신분석학의 이론과 실제』―, 민음사.

―――(2018), 『현대인의 심리분석 에세이』, 박영사.

―――(2001), 「가학―피학증의 이해」, 『인문사회연구』, 명지전문대학 인문사회연구소.

―――(2007), 「돈과 돈의 사용에 관한 정신분석적 이해」, 『라깡과 현대정신분석』, Vol. 9 No 1, 한국라깡과현대정신분석학회.

―――(2009), 「사랑과 고통의 정신분석 소고」, 『라깡과 현대정신분석』, Vol.11 No 1, 한국라깡과현대정신분석학회.

―――(2010), 「라깡의 욕망의 기호학―소쉬르에서 라깡으로」, 『라깡과 현대정신분석』, Vol. 12 No.1, 한국라깡과현대정신분석학회.

―――(2011), 「라깡 정신분석의 오이디푸스와 거세」, 『라깡과 현대정신분석』, Vol. 13 No.1 2011, 한국라깡과현대정신분석학회.

―――(2012), 「정신분석적 가족치료 일고찰―보웬의 삼각관계와 라깡의 R도식을 중심으로―」, 『라깡과 현대정신분석』, Vol. 14 No.1.

―――(2014), 「라깡의 정신증 일고찰―I도식(Schéma I)과 폐지(forclusion)를 중심으로」, 임상복지예술심리치료학회.

―――(2017), 「라깡 정신분석의 실재와 현실, 환타즘 관계에 관한 일 고찰」, 『라깡과 현대정신분석』, Vol. 19 No. 2, 한국라깡과현대정신분석학회.

프로이트(1996), 『늑대인간』, 김명희 옮김, 열린책들.

―――(1998), 『억압, 증후 그리고 불안』, 황보석 옮김, 열린책들.

―――(1997), 『쾌락 원칙을 넘어서』, 박찬부 옮김, 열린책들.

―――(1997), 『농담과 무의식의 관계』, 임인주 옮김, 열린책들.

―――(2004), 『정신분석학의 근본 개념』, 윤희기/박찬부 옮김, 열린책들.

―――(2004), 『정신병리학의 문제들』, 황보석 옮김, 열린책들.

플라톤(2015), 『향연』, 강철웅 옮김, 이제이북스.

AFCF(1992), *Les stratégies du transfert en psychanalyse*, Navarin.

Ansaldi J. & alii(1989), *Le Père−Métaphore paternelle et fonctions du père−*, Denoël.

Barbier A.(1991), 「*Revue Française de psychanalyse; la douleur et la souffrance psychique, LV 4 1991, "Réflexions sur la place de la douleur dans la théorie psychanalytique"*」, P.U.F.

Bataille G.(1976), "La part maudite", in *OEuvres complètes*, Gallimard.

Chemama R.(1993), *Dictionnaire de la psychanalyse*, Larousse.

Courtés J.(1991), *Analyse sémiotique du discours,* Hachette.

Darmon M.(1990). *Essais sur la Topologie Lacanienne.* Editions de l'Association Freudienne.

Derrida J.(1967), *L'écriture et la différence,* Seuil.

───── *Positions,* Minuit, 1972.

Dolto F.(1982), *Sexualité féminine,* Scarabee & Compagnie.

Dolto F.(1987), *Tout est langage,* Vertiges−Carrère.

Dolto F.(1984), *L'image inconsciente du corps*, Seuil.

Dolto F.(1985), *La cause des enfants*, Robert Laffont.

Dor J.(2002), *Introduction à la lecture de Lacan*, Denoël.

Foucault M.(1972), *Histoire de la folie à l'êge classique*, Gallimard. 『광기의 역사』, 이규현(2017) 옮김, 나남.

Freud S.(1956), *Etudes sur l'hystérie,* PUF.

Freud S.(1971), *L'interprétation des rêves,* PUF.

─────(1971), *Psychopathologie de la vie quotidienne,* Payot.

─────(1968), *Trois essais sur la théorie de la sexualité,* Gallimard.

─────(1983), *Introduction à la psychanalyse,* Payot.

─────(1965), *Totem et tabou,* Payot.

─────(1981), *Essais de psychanalyse,* Payot.

─────(1979), *La naissance de la psychanalyse*, PUF.

─────(1973), 「Le Président Schreber」, *Cinq Psychanalyse*, PUF.

─────(1981), 「Le moi et le ça」, *Essais de psychanalyse*, Payot.

————(1973), *Névrose, psychose et perversion*, PUF.

————(1962). *The standard edition of the complete psychological works SE III.*

————(1993), "Remarques psychanalytiques sur l'autobiographie d'un cas de paranoïa(Le Président Schreber)", *OEuvres complètes, vol. x,* Paris: PUF.

————(1991), "Sur quelques mécanismes névrotiques dans la jalousie, la paranoïa et l'homosexualité", *Œuvres complètes, vol. XVI,* PUF.

————(1969),"Pour introduire le narcissisme(1914)", *La Vie sexuelle,* Paris: PUF.

————(1992), "Névrose et psychose", *Œuvres complètes, vol. XVII,* Paris: PUF.

————(1989),"Nouvelles remarques sur les psychonévroses de défense", *Œuvres complètes, vol. III,* Paris: PUF.

————(1992), "La perte de la réalité dans la névrose et dans la psychose", *Œuvres complètes, vol. XVII,* Paris: PUF.

————(1991), *Le mot d'esprit et sa relation à l'inconscient,* Gallimard.

————(1975), *Cinq psychanalyses,* Paris: PUF.

————(1957), *Character and anal erotism,* The standard edition of the complete psychological works of Sigmund Freud IX.

————(1957), *Two case histories,* The standard edition of the complete psychological works of Sigmund Freud X.

————(1957), *The standard edition of the complete psychological works of Sigmund Freud, XX,* Standard Edition.

Girard R.(1983), *De Lévi−Strauss à Lacan,* Ecrits/Cistre.

Greimas A.−J(1983), *Du sens II,* Paris: Seuil.

Klein M.(1975), *La psychanalyse des enfants,* Paris: PUF.

Kristeva J.(1985), *Au commencement était l'amour,* Hachette.

Lacan J.(1966), *Écrits,* Seuil.

Lacan J.(2001), "Radiophonie", *Autres écrits,* Seuil.

Lacan J.(1955−1956), *Le Séminaire III; Les psychoses.* Seuil, 1994.

Lacan J.(1957−1958), *Le Séminaire V; Les formations de l'inconscient,* Seuil, 1998.

Lacan J.(1956−1957), *Le séminaire VIII; La relation d'objet,* Seuil, 1991.

Lacan J.(1960−1961), *Le séminaire IX; Le transfert,* Seuil, 1994.

Lacan J.(1962−1963), *Le séminaire X; L'angoisse,* Inédité.

Lacan J.(1968−1969), *Le Séminaire XVI; D'un Autre à l'autre,* Seuil, 2006.

Lacan J.(1964), *Le séminaire Livre XI; Les quatre concepts fondamentaux de la psychanalyse,* Seuil, 1973.

Lacan J.(1972−1973), *Le Séminaire XX: Encore,* Seuil, 1972.

Lacan J.(1974−1975), *Le Séminaire XXII; R.S.I.* Inédité.

Laplanche J(1983), *Problématique II; castration, symbolisation,* Paris: PUF.

Miller G.(1987), *Lacan,* Bordas.

Nasio J.−D.(1987). *Les yeux de Laure,* Plammarion.

Nasio J.−D.(1994). *Cinq leçons sur la théorie de Jacques Lacan,* Payot & Rivages.

Nasio J.−D(1994), *Introduction aux oeuvres de Freud, Ferenczi, Groddeck, Klein, Winnicott, Dolto, Lacan,* Paris; Rivages.(『프로이드 페렌치 그로데그 클라인 위니코트 돌토 라깡−정신분석 작품과 사상−』, 이유섭 외 옮김, 한동네출판사, 2019.)

Nasio J.−D.(2000), *Les Grands cas de psychose,* Payot & Rivages.

Nasio J.−D.(2003), *Le Livre de la Douleur et de l'Amour, Grands,* Payot & Rivages.

Postel J.(1993), *Dictionnaire de psychiatrie et de psychopathologie clinique,* Larousse.

Razavet J.−C.(2002), *De Freud à Lacan,* Paris: de boeck.

Roudinesco E. & Plon M.(2002), *Dictionnaire de la psychanalyse,* Fayard [『정신분석대사전』, 이유섭 외역(2005), 백의].

Sauret M.−J.(1982), *Croire?,* Toulouse: Privat.

─────(1992), *De l'infantile à la structure,* Les séries de la découverte Freudienne, Toulouse: Presses Universitaires du Mirail.

Sauret M.−J., Alberti C., Lapeyre M., Révillion M.(2010), *La Psychanalyse,* Milan.

Sauret M.−J., Lapeyre M.(2000), *Lacan; Le retour à Freud,* Milan.

Saussure de Ferdinand(1986), *Cours de linguistique générale,* Payot.

Schreber D. P.(1903), *Denkwürdigkeiten eines nervenkranken,* [김남시역 (2010), 『한 신경병자의 회상록』, 자음과모음].

This B.(1980), *Le père: acte de naissance,* Seuil.

Vasse D.(1969), *Le temps du désir,* Seuil.

Viderman S.(1992), *De l'argent, en psychanalyse et au−delà*, PUF.

웹 사이트; W Philippe Pinel−Wikipédia

이 유 섭

현 명지전문대학 사회복지학과 교수

동교 학과장 및 상담센터 소장 역임

프랑스 툴루즈II대학교 DEA 및 박사(정신분석학)

프랑스 동교 정신분석최고학위 취득.

서울시립 서대문인터넷중독상담센터 센터장 역임

정신분석가(psychanalyste), 사회복지사(social worker)

현, 임상복지예술심리치료학회 회장 및 행복창조복지센터 운영위원장.
    한국현대정신분석학회 회장 역임.

저자 연구서:

『정신건강과 정신분석』(저서, 레인보우북스), 『가족상담 심리치료』(저시, 레인보우북스), 『성관계는 없다-라캉 정신분석학의 이론과 실제』(저서, 민음사), 『사회복지실천론』(저서, 해심), 『현대인의 심리분석 에세이』(저서, 박영스토리), 『코리안 이마고』1, 2(공저, 하나의학사, 인간사랑), 『낙태 포르노 인간복제』(공저, 고원), 『새로운 공동체를 찾아서』(공저, 한맥), 『우리시대의 욕망 읽기』(공저, 문예출판사), 『행동장애와 심리치료』(공저, 교육과학사), 『자원봉사론』(공저, 박영사), 『사회복지실천기술론』(공저, 레인보우북스), 『위대한 7인의 정신분석가』(책임역, 백의), 『정신분석대사전』(책임역, 백의), 『라캉 정신분석사전』(공역, 인간사랑), 『프로이트·페렌치· 그로데크·클라인·위니코트·돌토·라깡 정신분석 작품과 사상』(공역, 한동네) 등.

저자 연구 논문:

「프로이트의 '자아' 패러다임」, 「정신분석의 전이」, 「가학-피학증의 이해」, 「청소년의 정신분석」, 「마약류 남용 및 중독의 정신분석적 이해」, 「연쇄 살인범 유아무개의 정신분석적 이해」, 「프로이트 ·라깡으로 읽는 아버지-조상신」, 「라깡의 남근과 거세」, 「인간 발달과 환경」, 「돈과 돈의 사용에 관한 정신분석학적 일고찰」, 「정신심리(psychism)적 성의 이해」, 「라깡의 기호학적정신분석에 관한 일고찰」, 「사랑과 고통의 정신분석 소고」, 「라깡의 욕망의 기호학」, 「정신분석학적 가족치료 일고찰-보웬의 삼각관계와 라깡의 R도식을 중심으로-」, 「라깡의 정신증 일고찰 -I도식과 폐지(forclusion)를 중심으로-」, 「정신분석학적 자아 일고찰-프로이트의 자아와 라깡의 자아를 중심으로-」, 「라깡 정신분석의 실재와 현실, 환타즘 관계에 관한 일고찰」, 「한국사회의 중독에 대한 정신분석적 고찰」, 「라깡 정신분석의 꿈에 관하여」 등.

프로이트·라깡의 정신심리분석 사랑하기

초판발행	2020년 2월 25일
지은이	이유섭
펴낸이	노 현
편 집	김지영
기획/마케팅	정성혁
표지디자인	BEN STORY
제 작	우인도·고철민
펴낸곳	㈜ 피와이메이트
	서울특별시 금천구 가산디지털2로 53 한라시그마밸리 210호(가산동)
	등록 2014. 2. 12. 제2018-000080호
전 화	02)733-6771
f a x	02)736-4818
e-mail	pys@pybook.co.kr
homepage	www.pybook.co.kr
ISBN	979-11-6519-031-6 93180

정 가   19,000원

박영스토리는 박영사와 함께하는 브랜드입니다.